中 国 扶 贫 书 系

全国扶贫教育培训教材（第二批）

脱贫攻坚

前沿问题研究

国 务 院 扶 贫 办 政 策 法 规 司
国务院扶贫办全国扶贫宣传教育中心 ｜ 组织编写

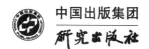

中国出版集团
研究出版社

图书在版编目 (CIP) 数据

脱贫攻坚前沿问题研究 / 国务院扶贫办政策法规司，
国务院扶贫办全国扶贫宣传教育中心编写 . –– 北京：研
究出版社，2019.3
ISBN 978–7–5199–0223–0

Ⅰ . ①脱… Ⅱ . ①国… ②国… Ⅲ . ①扶贫 – 研究 –
中国 Ⅳ . ① F126

中国版本图书馆 CIP 数据核字 (2018) 第 230330 号

出 品 人：赵卜慧
策　　划：张　博
责任编辑：寇颖丹　张　博

脱贫攻坚前沿问题研究
TUOPIN GONGJIAN QIANYAN WENTI YANJIU

国务院扶贫办政策法规司　国务院扶贫办全国扶贫宣传教育中心　组织编写

研究出版社 出版发行

（100011 北京市朝阳区安华里 504 号 A 座）

北京建宏印刷有限公司　新华书店经销

2019 年 3 月第 1 版　2019 年 3 月北京第 1 次印刷
开本：710 毫米 × 1000 毫米 1/16　印张：15.5
字数：230 千字

ISBN 978 – 7 – 5199 – 0223 – 0　定价：59.00 元

邮购地址 100011　北京市朝阳区安华里 504 号 A 座
电话（010）64217619　64217612（发行中心）

导　　读

党的十八大以来，我国扶贫开发进入脱贫攻坚阶段。在习近平总书记关于扶贫工作重要论述的指引下，脱贫攻坚战坚持精准扶贫精准脱贫方略，理论与实践创新深入推进，中国减贫事业迎来全新局面。与此同时，相关学术研究蔚然成风，形成了诸多具有前瞻性、启发性以及反思性的研究成果，对于提升一线扶贫工作效能，具有重要的参考价值。为此，近两年，全国扶贫宣传教育中心在国务院扶贫办的领导指导下，组织专家团队围绕当前脱贫攻坚中的关键领域、难点问题与薄弱环节开展研究，形成一系列研究报告或论文。为满足脱贫攻坚干部培训需要，我们选择了其中的 15 篇研究成果编写形成《脱贫攻坚前沿问题研究》，作为脱贫攻坚干部培训两本基础教材之一，旨在进一步凝聚各方共识、扩展广大干部群众理论视野、提升打赢脱贫攻坚战的创新能力。

全书 15 个选题立足脱贫攻坚新阶段，具有很强的前沿性，或以新的视角审视中国减贫历史进程与脱贫攻坚整体布局，或系统阐释脱贫攻坚战重要的理论实践创新，或是面向未来扶贫战略的转型与探索。这些研究报告或论文较为深入地回答了脱贫攻坚的重大意义，系统阐述了破解脱贫攻坚实践难题的路径，深入分析了未来中国减贫战略如何转型等重要问题。

《中国扶贫脱贫的历史进展与发展趋向》从经济发展、政治稳定、社会秩序等角度来分析我国扶贫脱贫发展的基本规律，进而对今后一段时期扶贫工作的发展作出初步研判。

《国家贫困治理体系的创新与完善》透过"国家贫困治理体系"创新的视角，揭示党的十八大以来中国减贫道路创新和发展的理论内涵与实践路径。

《创新精准扶贫方略落实的工作机制》以"精准扶贫"的政策体系为背

景，详细分析了精准扶贫的工作机制，有助于理解和把握精准扶贫的工作要领。

《深度贫困问题综合治理的理论与实践》系统阐述了治理深度贫困的基本理论，并基于深度贫困治理的实践，提出了具有较强操作性的对策建议。

《相对贫困治理的理论与实践》面向中国未来的减贫发展，结合浙江等经济发达省份的有关实践，对消除绝对贫困后的减贫战略做了初步的思考。

《脱贫攻坚与乡村振兴有效衔接》基于地方已有实践，分析了"脱贫攻坚"与"乡村振兴"衔接的模式与路径，对于打赢脱贫攻坚战以及乡村振兴战略的实施均有启示意义。

《建立稳定脱贫长效机制》着眼于提升脱贫攻坚战的质量，防范返贫风险，深入探讨了建立健全稳定脱贫长效机制的模式与路径。

《大扶贫格局中的社会扶贫参与》系统总结了党的十八大以来社会扶贫的顶层设计、制度安排以及地方实践，并归纳概括了中国社会扶贫的主要经验。

《东西部扶贫协作创新发展》系统介绍了东西部扶贫协作的历史进程和成效，在总结党的十八大以来东西部扶贫协作的实践创新的基础上，提出了完善东西部扶贫协作的对策建议。

《干部教育培训助推脱贫攻坚实践》总结了党的十八大以来扶贫干部培训的实践创新与基本经验，对于开展新阶段的干部培训工作具有重要的启示意义。

《驻村帮扶打通扶贫"最后一公里"》分析了驻村帮扶工作队员的选拔和培训对于扶贫效果的影响，并指出建立一支稳定不走的驻村帮扶工作队是贫困村可持续发展的关键。

《参与式扶贫的制度化与本土化》回顾了"参与式扶贫"结合中国独特的扶贫实践逐步地制度化与本土化的历程，并反思了"参与式扶贫"所面临的若干问题。

《益贫导向的特色产业扶贫路径》在总结党的十八大以来我国产业扶贫创新的基础上，对产业扶贫的未来发展提出若干建设性意见。

《教育精准扶贫阻断贫困代际传递》分析了我国教育扶贫政策演变的内在

逻辑，在总结教育精准扶贫基本经验的基础上，提出了提升教育扶贫效能的对策建议。

《增强社会保障兜底扶贫功能》全面总结了社会保障兜底扶贫的理论逻辑与实践发展，有助于加深读者对于"社会保障"在脱贫攻坚战中重要地位的理解。

这15篇报告或论文尽管各有侧重，但仍存在若干共同特点：一是都具有鲜明的问题导向，或是立足当前政策设计和地方实践的难点，或是面向未来政策的走向开展研究；二是体现了学术研究的系统性，各篇多兼具对于中国贫困治理历程与体系的总结，避免孤立地对具体问题展开分析；三是都体现出了社会科学的反思性，在分析既有实践发展的同时，也剖析所存在的问题和矛盾。

本书各位作者来自不同领域和不同专业，有着不同的分析范式和话语系统。因此读者在阅读参考时应甄别学术分析与政策表述的差异性，注意学术研究的反思性与政策执行权威性之间的张力。另外，由于全书前沿性的特点，书中一些学术观点仍有待实践进一步检验和完善，我们期待读者明鉴，从而持续推进相关研究的深入。

目 录
CONTENTS

综合篇

专题篇

综合篇

中国扶贫脱贫的历史进展与发展趋向

2018 年 2 月 12 日，习近平总书记在四川省成都市主持召开打好精准脱贫攻坚战座谈会时强调，"建立了中国特色脱贫攻坚制度体系。我们加强党对脱贫攻坚工作的全面领导，建立各负其责、各司其职的责任体系，精准识别、精准脱贫的工作体系，上下联动、统一协调的政策体系，保障资金、强化人力的投入体系，因地制宜、因村因户因人施策的帮扶体系，广泛参与、合力攻坚的社会动员体系，多渠道全方位的监督体系和最严格的考核评估体系，为脱贫攻坚提供了有力制度保障"。[①]立足于中国的扶贫开发制度、政策与实践，梳理中国扶贫脱贫的发展脉络和内在机理，提炼具有推广性的经验与启示，具有重大的学术价值和现实意义。在精准扶贫、精准脱贫的新战略和新背景下，应当从经济发展、政治稳定、社会秩序等多个角度来梳理与探讨扶贫脱贫的历史进展和演变规律，厘清经济发展、政治社会稳定与扶贫脱贫的关联程度和机制，并结合习近平关于扶贫工作的重要论述，对我国今后一段时期扶贫脱贫工作的发展趋向和策略作出初步研判。

一、经济发展与减贫的关系

以经济发展促进贫困地区扶贫开发和贫困农民脱贫致富，是中国加快减贫进程的基本动力，也是中国减贫的基本经验。改革开放以来，中国的减贫成果是在经济持续快速增长的背景下通过有组织、有计划、大规模的扶贫开发取得的，其基本的运行机制是体制、政策因素的外在推动。中国的扶贫事业坚持以开发式扶贫为主的方针，即坚持"以开发促扶贫""以开发促发展"

---

① 中共中央党史和文献研究院：《习近平扶贫论述摘编》，中央文献出版社 2018 年版。

的工作思路，[①] 强化经济要素的主导性和带动性。习近平主席在 2015 减贫与发展高层论坛上提出，"我们坚持改革开放，保持经济快速增长，不断出台有利于贫困地区和贫困人口发展的政策，为大规模减贫奠定了基础、提供了条件"。[②] 这是中国扶贫工作的基本历史经验之一，并经受了实践的检验。开发式扶贫的基本思路是，调整以直接的生活救济为导向的扶贫方式，实现扶贫脱贫与经济发展之间的有效连接，以利益为纽带，以发展为目标，增强贫困人口的脱贫主动性，通过发展生产、扩大就业和增加收入来缓解或消除贫困，提升贫困人口的自我发展能力。

有关经济发展与减贫关系的讨论往往是被放在经济增长的话语体系下。经济发展与减贫的关系可以细分为两个层面：一是经济增长与减贫的关系，着重于收入水平与减贫的关系，一般操作化为收入增长与减贫的关系；二是基于经济增长的质量和性质等，着眼于收入分配状况与减贫的关系，一般操作化为收入差距或不平等状况与减贫的关系。已有研究主要有两种代表性观点：一种观点认为，经济增长的减贫效应具有普适性和自发性，即经济增长能够使包括穷人在内的所有人受益，进而达致绝对地减少贫困甚至消除贫困。这也被称为经济增长的"涓流效应"。另一种观点认为，经济增长的减贫效应具有不确定性，经济增长如果不能使所有人尤其是贫困者平等受益，反而会导致贫困恶化，经济增长的"涓流效应"也受制于经济环境、文化习俗、制度安排等多重因素的影响。这两种观点在一定程度上意味着从不同历史时段来考察经济增长对贫困减少的影响，或者从不同维度和评判指标来探究经济增长的减贫效应。

运用《中国统计年鉴》《中国农村统计年鉴》《中国农村贫困监测报告》的全国性、分年度的宏观数据，并以国定贫困线标准为分析基点，对改革开放以来经济增长的减贫效应进行数据分析和理论解释时发现，经济增长对贫

---

① 中国发展研究基金会：《在发展中消除贫困》，中国发展出版社 2007 年版。
② 中共中央党史和文献研究院：《习近平扶贫论述摘编》，中央文献出版社 2018 年版。

困减少的贡献是显著的；[①] 但是，在不同的贫困线下，在不同的时间段，对于不同的区域和不同收入水平的人群而言，经济增长对贫困减少的贡献程度存在着明显的差异；[②] 而且，城乡之间、农村内部的收入差距或收入不平等状况的恶化又消解了经济增长的质量和性质，进而抵消或弱化了经济增长的减贫效应。

除此之外，应立足于农村和农民尤其是贫困地区和农民的主位立场和视角，梳理、解释与分析经济发展对贫困减少的影响机理和脉络，挖掘经济发展与减贫的关联方式和机制。

一是农村经济活力得到极大激发、自主性日益增强，是经济发展的减贫效应最重要的内在动力。家庭联产承包责任制的实施极大地解放了农村生产力，增强了农民发展生产和脱贫致富的动力。农民在农业生产和经营管理上的决策权、收益权和相关权益得到了政策的支持和法律保护，从而拥有了对生产资料、生产过程、农产品等的控制权和支配权。这些都强化了经济发展的减贫效应，使得改革以后逐渐加速的经济增长能够辐射到农村和农民，使其共享或者较大程度地享受经济发展的成果。

二是非农就业和社会流动扩展了农民的经济自由度、优化了农户的收入结构，是经济发展的减贫效应最重要的外部推力。在现代化和工业化进程中，农业在三次产业中的边际经济效益是最低的。为了拓展收入来源并优化收入结构，乡镇企业开始异军突起，非农收入逐步成为农民收入的重要来源，并成为农村减贫的新动力。[③] 与此同时，随着城市化的加速，农民开始大规模进城务工，其收入结构进一步优化，收入水平进一步提高。非农收入对农民收

[①] 相关研究参见闫坤等：《我国经济增长的减贫效果测算——基于1981年—2005年的数据分析》，《中国社会科学院研究生院学报》2013年第3期；夏庆杰等：《经济增长与农村反贫困》，《经济学（季刊）》2010年第3期；林伯强：《中国的经济增长、贫困减少与政策选择》，《经济研究》2003年第12期。

[②] 相关研究参见李小云等：《2000—2008年中国经济增长对贫困减少的作用：一个全国和分区域的实证分析》，《中国农村经济》2010年第4期；罗楚亮：《经济增长、收入差距与农村贫困》，《经济研究》2012年第2期；沈扬扬：《经济增长与不平等对农村贫困的影响》，《数量经济技术经济研究》2012年第8期。

[③] 李小云等：《关于中国减贫经验国际化的讨论》，《中国农业大学学报（社会科学版）》2016年第5期。

入增长的贡献率不断提升。可见，逐步放开并鼓励农民非农就业和社会流动，赋予农民经济活动的自主性，增强农民的可行能力，是经济发展的减贫效应的重要实现路径。

三是城乡居民之间、农村居民内部收入不平等的双重恶化，是经济发展的减贫效应最主要的阻力和障碍。总体上看，城乡居民之间、农村居民内部的收入差距和贫富差距不断加大，经济社会分化呈现扩大趋势，收入和社会不平等程度也日益增大。这就对经济发展的减贫效应构成了反向的作用，极大地减缓甚至部分抵消了经济增长的涓流效应和益贫效果，成为国家对扶贫脱贫战略和政策体系进行重大调整的内在动因。

二、政治社会稳定与减贫的关系

毫无疑问，贫困首先是经济意义上和物质层面的，从而使得经济发展与贫困和减贫具有高度的相关性。与此同时，贫困也具有政治社会意涵。对贫困人口而言，政治社会层面的致贫因素比经济层面的致贫因素更不易消除，这就导致政治稳定、社会秩序与贫困和减贫也存在很强的关联性。笔者着重从政治社会体制对减贫的支撑、作为一种政治社会稳定机制的减贫、农民致贫的政治社会因素三个方面对政治社会稳定与减贫的关联作出解析。

（一）政治社会体制对减贫的支撑

政治社会稳定对减贫的影响，首先表现在政治社会体制为减贫所创造的支撑环境和条件上。一个稳定的政治体制、有序的社会环境和良好的治理格局，自然而然对以改善民众生活福祉为中心的减贫进程产生促进作用。鉴于国家转型和社会转变，贫困和贫困者与政治社会体制的关联度越来越高，而减贫很大程度上也逐渐成为现代国家的基本职能和现代社会的重要责任。为此，国家和社会应当将减贫事业从个体、社区、地方层次提升到更高层面，将之转化为国家行为和社会行动。

事实上，政治社会体制对减贫的支撑及其相应的实现机制，正是中国的减贫效果如此显著、减贫进程如此快速的重要动因之一，亦是中国改革开放以来减贫经验的核心要点之一。从全球减贫进程来看，一个国家和地区的减贫进程很大程度上取决于该国家和地区的政治社会稳定程度，以及该国家能否从政治责任高度和发展战略层面构建减贫的政策体系和行动框架。处于战争、动乱等状态或面临这些风险以及具有不稳定政治体制的国家和地区，往往在减贫行动中毫无起色甚至可能引发更大面积、更高程度的贫困。对于中国而言，改革开放以来，不管是政治运转还是社会运行，基本上都保持着一种稳定、有序的状态。在这种有利的政治社会状态下，逐渐构建了专项扶贫、行业扶贫、社会扶贫三位一体和政府、市场、社会协同推进的大扶贫开发格局。这一扶贫开发格局强调专项扶贫、行业扶贫、社会扶贫三种扶贫类型和政府、市场、社会三方扶贫力量在扶贫战略、策略、政策等多个层面上的相向而行、协同推进，由此就形成了政府主导型扶贫、市场导向型扶贫和社会参与型扶贫三种扶贫机制的多元协同架构。[1] 2018 年 6 月，习近平总书记对脱贫攻坚工作作出重要指示，"调动社会各界参与脱贫攻坚的积极性，实现政府、市场、社会互动和行业扶贫、专项扶贫、社会扶贫联动"。[2]

实质上，政治社会体制对减贫的支撑很大程度上源于中国减贫进程中所具有并得到运用的政治优势和制度优势。在脱贫攻坚的背景下，中国扶贫脱贫的政治优势和制度优势集中体现在以下的体制机制上，即脱贫攻坚党政一把手负责制、省市县乡村五级书记一起抓的工作格局和"中央统筹、省负总责、市县抓落实"管理体制，自上而下层层签订责任书和军令状、以扶贫脱贫为中心的干部考核奖惩制度，定期或不定期的党政系统内部或第三方督查巡查评估制度，集中力量办大事的工作机制等。

而在社会体制机制层面，恐怕有三点是值得探讨的：一是扶贫济困的历史传统。这种传统具有较强的伸缩性或张力，可以局限在以血缘和姻缘为基础的家族、宗族、亲族，也可以扩展到血缘与地缘合一的社区或地方共同体，还可以拓展到非人格化的社会和国家。事实上，中国在救助、救济、慈善等公共事务领域一直存在着官方与民间合作、官治与民治互动的历史传统和文

---

① 李海金、罗忆源：《连片特困地区扶贫开发的战略创新——以武陵山区为例》，《中州学刊》2015 年第 12 期。

② 《真抓实干埋头苦干万众一心 夺取脱贫攻坚战全面胜利》，《人民日报》2018 年 6 月 12 日。

化底蕴。二是政府的社会动员能力。自 20 世纪以来，伴随着国家政权建设，政党和政府等政治力量对社会的渗透和动员程度、深度不断强化，以至于形成了动员型体制和动员式参与。当然，政府超强的社会动员能力也为政府治理带来了更丰富的外部资源，取得更大的治理绩效。三是多元化、网状化的贫困治理格局。鉴于贫困问题的历史性、复杂性和多样性，贫困治理在主体、资源、工具、结构等方面除了保持政府主导的特点之外，还需要社会各方面力量和资源的参与和支持。这是中国减贫的基本经验之一，也是今后稳定脱贫和可持续发展的核心议题之一。

在实践层面，政府在中国农村减贫中发挥着决定性的作用，政府主导是中国减贫最重要的特点和经验之一。其具体表现和实现机制主要有：通过建立扶贫领导和协调组织体系、将扶贫整合到国家的经济社会发展计划之中，使扶贫成为政府工作的重要内容，保证了扶贫所需要的组织支持；政府利用其行政体系和资源，动员和安排扶贫资源，保证了必要的扶贫投入；政府根据扶贫的需要，调整相关的政策或者制定必要的法规和制度，为扶贫工作的有序开展提供了制度保障。[1] 政府主导型扶贫集中体现在扶贫资金投入上，"八七扶贫攻坚计划"实施以来，国家一直在推行有组织、有计划、大规模的扶贫开发行动，国家层面的扶贫资金投入也处于不断地增长之中。

除了政府主导扶贫之外，政府对社会的动员能力和资源调动能力也很强，从而形成社会参与扶贫的局面并构建政府与社会合力推进扶贫的工作格局。在政策和实践层面，扶贫开发工作不只是扶贫部门的一项专门工作，也是牵涉到各级各类政府职能部门的一项系统工程；扶贫开发事业不仅是国家和政府的一项政治任务，也是企业组织、社会组织等共同参与和支持的一项全社会的大事业；扶贫开发格局不仅仅是政府一元化、单向度的治理体系，更是包容定点帮扶单位、东西扶贫协作机构、社会组织、民营企业、公民个人等在内的统合型治理结构。自 1986 年以来，社会扶贫一直是我国扶贫脱贫的重要力量。经过长期实践，已初步探索出一条具有中国特色的社会扶贫动员机

---

[1] 吴国宝：《中国减贫的成就与挑战》，http://world.chinadaily.com.cn/2015-10/16/content_22204487.htm，2015 年 10 月 16 日。

制和多元扶贫主体共同参与的运行体系。在新一轮精准扶贫进程中，社会参
与型扶贫将成为脱贫攻坚的一大亮点和扶贫脱贫机制创新的重点领域之一。
当然，在国家治理体系和治理能力现代化的进程中，也亟须将社会治理视角、
理念和资源引入减贫领域，拓展减贫事务的活动范围和运作空间，构建可持
续减贫的整体框架和稳定脱贫的长效机制。

（二）作为一种政治社会稳定机制的减贫

当前，中国扶贫仍面临着解决温饱和巩固温饱的双重压力，以及消除绝
对贫困与减少相对贫困的双重任务。为此，扶贫开发工作就不能仅仅满足于
改善不利于人生存的自然环境或解决温饱问题，还应关注人的发展权和社会
的公平正义。[①]减贫不仅具有经济功能，还具有很强的政治社会功能，它对于
政治稳定和社会安定有着不可或缺的安全阀和稳定器的作用。中国的贫困问
题在区域分布上存在着明显的地区差异和城乡差异，农村贫困比城市贫困严
重得多，西部地区、中部地区与东部地区之间的整体发展差距也很大。基于
资源禀赋、发展条件的差异以及发展战略的影响，沿海地区与中西部相对贫
困落后地区在发展水平和速度上存在着显著差异。从贫困类型上看，区域性
贫困也成为当下农村贫困的主要类型之一。尽管贫困人口在逐年减少，但贫
困特征没有发生较大变化，贫困人口分布呈现明显的地缘性特征。贫困人口
仍主要集中分布在以地理环境险恶、生态环境脆弱、少数民族聚居、经济基
础薄弱、基础设施落后为基本特征的连片特困地区。这些地区大多地处省际
交会地带，生态脆弱、贫困面广、贫困程度深、脱贫难度大。在当下脱贫攻
坚进入冲刺阶段后，深度贫困地区和深度贫困问题仍很突出，成为扶贫脱贫
的短板和瓶颈。国家层面的深度贫困地区的主要特征是集革命老区、民族地
区、边疆地区于一体。西南缺土，西北缺水，青藏高原缺积温，直过民族地
区生态环境脆弱、自然灾害频发造成经济发展滞后。这些深度贫困地区主要
集中在"三区""三州"和"三类人"。"三区"是指西藏、新疆南疆四地州
和四省藏区；"三州"是指甘肃临夏州、四川凉山州和云南怒江州；"三类人"

---

① 李海金：《构建中国的益贫性社会保护政策框架》，《国家治理》2016 年第 5 期。

包括因病致贫人群、因灾和市场行情变化返贫人员以及贫困老人。①深度贫困地区和深度贫困问题在属性上可归入整体性贫困和区域性贫困，往往与多维贫困、贫困人口内生动力、贫困代际传递、文化贫困、贫困心理等扶贫脱贫的关键挑战和核心论题具有高度的关联。鉴于深度贫困地区和深度贫困问题的区位特性、政治社会属性及其应对策略，深度贫困地区的扶贫脱贫工作与民族融合、边疆治理、国家安全等重大政治社会议题紧密联结在一起，从而充分地彰显了减贫的政治社会功能。

在功能定位上，减贫实质上是一种有效的政治社会稳定机制。鉴于此，党和国家领导人一直将扶贫脱贫作为一项政治任务，并将贫困、富裕问题与社会主义制度联结在一起。邓小平指出："贫穷不是社会主义，社会主义要消灭贫穷。""社会主义的本质，是解放生产力，发展生产力，消灭剥削，消除两极分化，最终达到共同富裕。"②习近平也指出，"消除贫困、改善民生、逐步实现共同富裕，是社会主义的本质要求，是我们党的重要使命"。"如果贫困地区长期贫困，面貌长期得不到改变，群众生活长期得不到明显提高，那就没有体现我国社会主义制度的优越性，那也不是社会主义"。③其实，从全球意义上看，消除贫困和不平等，不论是作为一项理论命题还是一条实践经验，一直嵌入在发展结构、社会政策和政治权力之中。联合国发展研究院基于世界各大区域的历时性和比较性的经验研究发现，减贫需要有效的国家行动。在相对短暂的时间内成功减贫的国家成立和维持了能够胜任的官方机构，并拥有目标明确、增长驱动和福利增进的政治制度。高效的政府必须能够克服关键性市场失灵，协助掌握新技术、为生产部门调动和分配资源、执行标准和规则、建立社会契约、成立和管理服务和社会项目。④因此，将贫困问题

① 国务院扶贫办：《国务院扶贫开发领导小组关于学习贯彻深度贫困地区脱贫攻坚座谈会精神的通知》，http://www.cpad.gov.cn/art/2017/7/6/art_50_65281.html，2017 年 7 月 4 日；《国务院扶贫办：采取超常规方法让深度贫困地区脱贫》，http://news.xinhuanet.com/politics/2017-07/05/c_1121270531.htm，2017 年 7 月 5 日。

② 《邓小平文选》第 3 卷，人民出版社 1993 年版。

③ 《习近平总书记系列重要讲话读本（2016 年版）》，学习出版社、人民出版社 2016 年版。

④ 联合国发展研究院：《反对贫困与不平等——结构变迁、社会政策与政治》，《清华大学学报（哲学社会科学版）》2011 年第 4 期。

和减贫工作及时、有效地纳入国家权力的运转体系并上升到国家层面的政治行动，甚至在必要的时候对行政机构进行适应性的改造，提升减贫政策的执行能力和效果，亦是国际减贫事业的基本经验之一。在国家权力和行动的支持下，减贫战略和政策体系所内含的社会安全网也就能够承接政治社会稳定机制的功能需要。

（三）农民致贫的政治社会因素

贫困是经济和非经济因素共同作用的产物，有其产生的历史、社会背景及发生、发展变化的规律，它不仅是人口问题、经济问题，也是政治问题和社会问题。贫困的产生、延续、传递和消除与一个国家的政治结构、权利格局和社会变迁等具有高度的关联，贫困在内涵和类型上不仅有收入贫困，也有权利贫困和能力贫困，而且后两种贫困在当下急剧的政治社会变迁中更应该引起我们的关注。笔者着重从制度视角、权利视角和社会排斥视角来考察与分析农民致贫的政治社会因素。

制度视角是贫困研究的基本研究视角之一，即从社会制度及其操作化的体制政策安排等角度探讨贫困的成因和特性。马克思和缪尔达尔是这种观点的典型代表。其基本观点是，失业及其所导致的贫困完全是资本主义制度的产物；导致贫困的根本原因在于发达国家与不发达国家之间存在着结构上或制度上的差异，正是由于这种差异的存在，滞后、短缺、过剩成为不发达国家经济的普遍现象。[1] 在探讨中国农民贫困的成因时，一些研究者把分析的视角转向国家制度和政策安排所造成的影响，包括非均衡发展战略、土地制度、金融政策、税收制、就业制度等。他们认为许多国家制度、政策安排都是不利于农民的，或者就是农民贫困的直接成因。[2] 立足于中国国情和发展脉络来看，城乡二元结构及其一系列的制度体制是农村贫困发生和存续的重要制度因素之一。城乡二元结构带来了一系列不公平、不合理的制度安排和政策框

---

① 马克思：《资本论》第 1 卷，人民出版社 1975 年版；［瑞典］冈纳·缪尔达尔，［美］赛思·金缩写，方福前译：《亚洲的戏剧：南亚国家贫困问题研究》，商务印书馆 2015 年版。
② 陆汉文：《当代中国农村的贫困问题与反贫困工作——基于城乡关系与制度变迁过程的分析》，《江汉论坛》2006 年第 10 期；刘明宇：《贫困的制度成因——产业分工与交换的经济学分析》，经济管理出版社 2007 年版。

架，如城乡二元户籍制度、公共服务体制、资源配置体系等，这些制度安排和政策框架极大地限制了农村尤其是贫困地区的发展空间和机会，妨碍了贫困人口社会流动以及通过自由流动扩展生计来源和发展机遇的机会，导致贫困农村民生事业发展滞后、公共服务水平低下及其与发达地区和城市之间显著的非均衡性，从而使得贫困地区和农民难以平等地分享改革发展成果。

将权利理论和社会排斥理论引入贫困研究领域，很大程度上就实现了贫困研究视角的转换，即从宏观的结构、制度层面转向微观的贫困者个体和家庭层面，关注作为个体的人的发展和权利以及个体与社会的互动关系。美国著名经济学家舒尔茨提出的人力资本理论，将贫困的根源主要归结于人力资本的质量，[1]使人们对贫困的认识从外部环境转移到人的自身上，凸显了贫困者的主体性和自主性。贫困问题研究集大成者阿马蒂亚·森则进一步指出，贫穷主要是由人的基本能力受到剥夺和机会的丧失造成的，而并非单纯的收入少。他认为应高度重视人类贫困、收入分配不公等问题，并从赋权给贫困者以增强其可行能力的角度来探寻减贫和发展方案。[2]阿马蒂亚·森的权利贫困理论是建立在对印度、孟加拉等发展中国家的实证分析的基础上，这对中国的反贫困问题自然也有很强的参照性和解释力。改革开放以来，农民的发展权利与机会总体上处于不断增长和扩展中的，但是由于城乡二元结构的长期延续和国家区域发展战略的优先次序等因素，贫困地区和农民的权利、机会与能力受到较大的限制，一定程度上被排斥在优质资源配置和优先发展机遇之外。在区域发展方面，尽管国家也实施了西部大开发战略，但是鉴于区位条件、资源禀赋等因素，东部开放、中部崛起和东北振兴却带来了更强的发展引擎，西部贫困地区与东中部的发展差距不降反增，而且各区域内部的发展差距也有所增大。同时，在农村政治领域实施村民自治和基层民主，赋予了农民在村庄公共事务和公益事业上的利益表达、民主参与和自治等政治权利；在农村社会领域构建以救济、救助、保障为主要内容的社会安

① ［美］西奥多·W.舒尔茨，梁小民译：《人力资本投资》，商务印书馆1984年版。
② ［印度］阿马蒂亚·森，王宇、王文玉译：《贫困与饥荒：论权利与剥夺》，商务印书馆2009年版；［印度］阿马蒂亚·森，任赜、于真译：《以自由看待发展》，中国人民大学出版社2012年版。

全网提升了农民的生存、发展以及追求幸福生活的权利。然而，由于村民自治和基层民主受制于经济社会发展条件和文化资源约束，各地的实施效果参差不齐，普通农民在村庄治理与发展中的权益仍然得不到应有的重视，而城乡之间在公共服务、社会保障等方面的差距仍相当突出，如在交通、通信、教育、医疗、低保、养老等方面因城乡二元体制和政策的排斥而出现较明显的滞后与缺失。这些其实都是贫困人口在脱贫致富和发展道路上的关键性社会支持体系。另外，在城市化、工业化进程中涌现的新型贫困群体如失地农民、进城农民工和留守人群的权利受损，利益表达不畅和关照不够等问题也尤为棘手，这些新现象和新问题在应对策略上往往面临更为复杂多样的境况和约束条件。

三、精准扶贫精准脱贫所面临的挑战

在当下精准扶贫精准脱贫的战略体系和政策背景下，我国的扶贫脱贫事业将迎来千载难逢的发展机遇，贫困和反贫困问题被纳入政治问题的范畴，并与经济社会发展理念、国家治理以及社会主义阶段性发展目标等重要战略和目标关联起来。但是，与此同时，由于贫困问题和扶贫脱贫工作自身以及外部环境和条件等多重因素的交织影响，我国的扶贫脱贫问题也将面临复杂多样的挑战。

一是贫困人口在市场背景下的风险应对能力和自我发展能力不足。在现代社会中，贫困与市场紧密相关，贫困的产生及其程度和深度的差异很大程度上取决于与市场的联结状况，市场及其相关发展资源的缺失、不足或疏离是贫困人口的重要致贫因素之一。在现代化和市场化向纵深发展的背景下，现代化和市场化的机遇与挑战并存的双面性对拥有不同资源禀赋和发展能力的贫困人口的影响与冲击差异迥然，其可能的结果是农民群体内部的收入和贫富差距等分化程度也越来越高。而对于贫困地区和群体尤其是处于深度贫困的村庄和农民而言，现代化和市场化所带来的不一定是发展机遇，更多的可能是一种不适感、无力感、被剥夺感，甚至面临更大、更深层的生存发展风险。其主要表现有，贫困人口的优质市场资源较少，与市场及其配套要素之间的物理和社会距离较远，市场意识和观念不强，参与市场进程的机会较少，运用市场要素的成本高、能力弱等。当然，市场化对于贫困人口而言还有另一重效应，市场化也可以为贫困人口带来全新的发展机遇。反贫困的基本策略之一就是发展贫困地区经济，引导与带动贫困人口融入市场化进程，并将其纳入现代化轨道。

二是新型贫困群体在城市化进程中难以及时有序地被纳入扶贫脱贫政策体系之中。目前，城乡二元的社会保障体系、公共服务体系、贫困监测和扶贫脱贫政策体系，均在不同程度上对留守农民、失地农民和进城农民工等新型贫困群体关注不够；而快速的工业化和城市化进程以及急剧的经济社会转型，又进一步恶化了新型贫困群体的生存发展境况；现有的权益保障和社会保护机制却远远滞后于现实需要，难以及时有效地承接贫困人口的实际需求和诉求。这三类贫困群体所面临的关键难题在于：对于妇女、老人和儿童等留守人群而言，主要是整体性的村庄基础设施落后和公共服务滞后以及个体性的家庭结构功能残缺和社区关照、社会支持不足。对于失地农民来说，除了常态性的征地补偿问题之外，还有因收入结构的调整和生活消费支出状况的变化等所引发的可持续生计困境，以及失业、医疗、养老等社会保障体系没有及时跟进或水平较低等。而进城农民工所面临的难题最为复杂，农民工的贫困问题往往是多维的，涉及收入、消费、居住、子女受教育、社会保障等多个层面，而且处于城乡二元体制的夹缝中，其中离土又离乡的农民工面临"生存—发展—风险"三维贫困问题，不仅收入不稳定、发展机会少，而且缺乏社会保险，易因外部风险致贫。[1] 在贫困问题的应对层面，新型贫困群体很大程度上也被现有的城乡分割式扶贫体制和部门职责分工与利益机制边缘化。国务院扶贫办的工作重心在农村，重点工作对象是农民。城市贫困问题的解决和贫困群体的救济则分散在民政部、人力资源和社会保障部、卫健委、教育部等多个部门，显现出明显的碎片化和非均衡性等境况。介于城乡贫困人口之间的新型贫困群体受制于城乡二元户籍制度及其配套的社会保障

---

[1] 朱晓、段成荣：《"生存—发展—风险"视角下离土又离乡农民工贫困状况研究》，《人口研究》2016年第3期。

体系以及单一性、同质化的贫困监测机制和反贫困政策体系等因素，难以或者无法充分地被纳入常规化、体制性的扶贫脱贫框架之中。

三是精准扶贫精准脱贫的实施路径和方式与贫困问题的长期性、扶贫脱贫的长效性等之间存在着较大的张力。鉴于目标的强约束性和任务的高度紧迫性，精准扶贫精准脱贫在一定程度上往往采取动员式乃至运动式的实施策略，在扶贫脱贫体制机制、政策工具、资源调配方式等方面都具有明显的超常规、行政主导等特征，以至于扶贫脱贫领域较大范围内出现了较严重的形式主义问题。实际上，精准扶贫精准脱贫的实施路径和方式以及所引发的诸多问题，很大程度上根源于扶贫脱贫政策的实践者对贫困问题及反贫困策略的认知偏差。精准扶贫精准脱贫在目标设定和时间限定等方面的约束，并不意味着贫困作为一个问题或一种现象将被完全消除，农村贫困不会也不可能走向终结。在表现形态上，中国农村贫困问题将从原发性的绝对贫困进入一个以转型性的次生贫困为特点的新阶段，转型贫困群体和潜在贫困群体将会成为新阶段扶贫脱贫的目标群体。[①] 在扶贫脱贫战略和政策层面，项目制治理机制仍然是主要的操作方式，在运行和监管体制机制上，目标管理责任制和压力型体制仍将得到延续。其弊端在于，扶贫脱贫工作往往局限于短期目标和直接效应，仅仅聚焦于贫困人口脱贫、贫困村出列和贫困县摘帽等显性指标，难以深度关注并解决贫困地区和贫困人口中具有区域稳固性、代际传递性的发展瓶颈与关键难题。只有有效回应贫困人口的真正需求和发展意愿，综合考量劳动力、人才、市场、资本、技术、信息以及观念、文化、心理等多重发展要素和资源，才能进而探寻贫困地区可持续发展的实现路径并建立贫困人口稳定脱贫的长效机制。

四、对我国未来扶贫脱贫发展趋向的初步研判

鉴于我国扶贫脱贫和社会发展的阶段性目标以及国际社会的减贫议程，有两个时间节点和发展事项将对我国未来扶贫脱贫的发展趋向和策略构成较

---

① 李小云：《把攻克深度贫困堡垒作为脱贫攻坚的重中之重》，《贵阳日报》2017 年 8 月 9 日，第 A6 版。

强约束：一是 2020 年打赢脱贫攻坚战和全面建成小康社会。届时在现行标准下农村贫困人口实现脱贫，贫困县全部摘帽，区域性整体贫困得到解决，绝对贫困将被消除。二是 2016 年联合国大会第七十届会议通过的"2030 年可持续发展议程"。该议程包括 17 项可持续发展目标。基于在减贫领域的超前性和引领性，我国恐怕会提前启动该项发展议程尤其是在某些发展目标上开展开拓性和创新性的行动。为此，我们着重从以下三个层面研判我国未来扶贫脱贫的发展趋向和策略：

首先，推动贫困地区和人口脱贫的可持续发展，必须构建稳定脱贫的长效机制。这将是一项核心议题。出于农村、农业在地理区位、资源禀赋、产业效益等方面的绝对或相对劣势，抑或"三农问题"具有一定的历史延续性，贫困或发展滞后仍将是农村和农民尤其是贫困地区和人口的关键难题。为此，如何从长效性和可持续性两个维度探寻脱贫和发展的实现路径与机制，将是 2020 年后扶贫脱贫战略和政策体系的核心论题。我们认为至少有两个层面需要引起关注：其一，在脱贫和发展的主客体互动上，通过建立一套分工合理、责任明确、结构完备、层次分明的管理制度、工作体制和运行机制，实现政府机构、市场组织、社会组织、贫困人口等内部与外部、主位与客位之间良性的参与、沟通、协商，形成全社会支持、参与农民脱贫和农村发展的强大合力。在贫困乡村和人口层面，应综合考量地域文化、价值理念、生产生活方式等复杂治理情境，将脱贫和发展资源嵌入农村治理结构中，深入贫困人口的日常生活及其逻辑体系中，增强脱贫和发展资源的开放性、共享性，保障其基本权益和平等发展机会。其二，在脱贫和发展的内容体系层面，因应收入贫困、能力贫困、权利贫困等多维贫困的认识框架以及脆弱性、可持续生计等的贫困分析范式，建立并完善以政治—经济—社会为基本结构的支持体系，强化以政党领导和政府主导为基础的稳定脱贫的政治支持系统，引导市场力量和机制参与到脱贫和发展尤其是弱势群体保护、贫困人口心理疏导、考核评估等事务中。

其次，以城乡公共产品均等化和社会保障一体化为导向，架构一套以城乡统筹和一体实现稳定脱贫为目标的体制机制，将成为必然选择。立足于中国经济社会背景，城乡、区域等的发展差距是贫困产生和存续的重要因素之一。城乡统筹减贫与发展自然成为破解贫困难题的关键性策略，其实施方式主要有：一是从体制、内容、工具等多个角度，彻底改造城乡二元公共产品和公共服务供给体系，着力实现城乡公共服务均等化并推动农村民生事业发展，达成改革开放和经济社会发展成果的公平公正享有。在实际操作层面，主要聚焦于贫困人口最关心、最迫切需要并与其生产生活尤其是脱贫致富密切相关的各项事务，至少应包括农田水利、饮水、用电、交通、房屋、教育、医疗卫生、社会保障、文化事业等。二是消解妨碍城乡互动和融合的体制机制问题，进一步打破不利于城乡人口、劳动力流动的分割式、差异化、不公平的户籍制度和就业制度，化解城乡社会保障制度之间的差距性和非均衡性，保障农民的基本生存发展权利。三是探索以工促农、以城带乡的城乡发展模式。贫困农村稳定长效脱贫机制的建立需要城市和第二、第三产业的辐射与带动，推动贫困地区的产业化发展和城镇化建设。

最后，以转型贫困群体和潜在贫困群体为关照对象，实现从开发式扶贫向保护性扶贫转变，重建联结城乡居民益贫性的社会保护政策框架和体系将成为必然趋势。自 20 世纪 90 年代以来，"社会保护"逐渐替代"社会福利""社会保障""社会保险"等，成为西方发达国家社会政策实践和学术研究领域中使用频率更高的概念。它既涵盖了"福利国家"和"社会政策"所包括的内容，又比这两个概念单独使用时更具包容性，在外延上包括了社会福利和社会保障的所有项目。在减贫与发展领域，国内外研究者发现，社会保护政策与反贫困之间存在高度的相关性。社会保护政策具有明显的益贫（减贫）效应，它既能够缓解和消除暂时性贫困，亦可以降低周期性贫困人群处于贫困陷阱和代际传递的风险。① 在当前贫困人口的可持续生计、脆弱性、社会排斥日益凸显以及多维贫困显现为贫困的新型样态的新背景下，保

---

① Armando Barrientos, David Hulme & Andrew Shepherd, "Can Social Protection Tackle Chronic Poverty?", *European Journal of Development Research*, 2005（3）; 唐钧：《从社会保障到社会保护：社会政策理念的演进》，《社会科学》2014 年第 10 期; 徐月宾、刘凤芹、张秀兰：《中国农村反贫困政策的反思——从社会救助向社会保护转变》，《中国社会科学》2007 年第 7 期。

护性扶贫将面临新的发展机遇和创新空间。在保护性扶贫的政策内容上，应当综合考量内在完备性与外在延展性，构筑以生产保险、生活保障、社区和社会支持等为中心的全方位、网状化的政策框架，将最低生活保障、医疗保障、养老保障、灾害救助、生活救助、就业促进和风险管理等诸多层面都纳入其中。在政策工具层面，应考虑将市场化和社会化的新型政策工具引入扶贫脱贫领域，其中政府购买服务、民营化等市场化工具以及社区治理、志愿者、公众参与等社会化工具可以为提升扶贫脱贫政策的精准度和绩效提供更多的载体。

国家贫困治理体系的创新与完善

改革开放以来，中国共产党领导下中国政府主导的贫困治理取得了举世瞩目的重大成就，被国际社会誉为贫困治理的"中国道路"。过去的40年间，有7亿贫困人口摆脱贫困，农村贫困人口减少到2017年的3046万人，贫困发生率下降到3.1%，贫困地区基础设施明显改善，基本公共服务保障水平显著提升，贫困人口的生存权、发展权等各项权益得到了有效保障。理论界的一个基本共识在于，中国之所以能够取得如此巨大的减贫成就，起决定性作用的因素是，在40年的探索中，因应各个时期的减贫形势变动，中国国家贫困治理体系能够做出适应性调整，经历了不断地自我完善与发展过程。打赢全面建成小康社会背景下的脱贫攻坚战，对中国国家贫困治理体系的进一步完善与发展提出了全新的课题。党的十八大以来，在习近平总书记关于扶贫工作重要论述的指导下，以精准扶贫精准脱贫为基本方略的中国国家贫困治理体系不断地调整与优化，贫困治理现代化水平和治理能力显著提升，但同时也有一些需要进一步改进和完善的方面。本专题聚焦于党的十八大以来，中国国家贫困治理机制的完善与创新，阐释国家贫困治理体系现代化对于打赢全面建成小康社会的背景下的脱贫攻坚战具有的重大意义，并讨论其进一步完善的路径与方法。

一、中国国家贫困治理历程的回望

从一个历史的长时段视角来看，中国国家贫困治理体系演进具有显著的反思性和发展性特征，即在扶贫开发工作的各个历史阶段，以农村改革和政府扶贫干预为主轴，科学研判制约农村减贫与发展的瓶颈因素，找准释放减贫动力①的关键领域和关键环节，不断优化贫困治理的政策工具，注重运用好市场机制和社会力量，从而提升国家贫困治理体系的有效性。党的十八大以来，打赢全面建成小康社会背景下脱贫攻坚战的"时代呼唤"，对国家贫困治理体系建设提出了一系列新的挑战与新的命题，中国扶贫道路的完善站在了全新的历史节点。

（一）中国贫困治理的几个阶段

改革开放以来，中国国家贫困治理体系的演进，经历了若干重要的阶段。②起自20世纪70年代末的农村改革，构成了中国农村减贫的最初动力。农村改革之初，中国政府的扶贫事业主要依靠体制改革来推动。这一阶段，运行低效的家庭联产承包责任制被废除，建立了以家庭联产承包为基础的双层经营体制，放开农产品价格和市场，在财政体制改革和农村改革的强劲推力之下，乡镇企业得到了快速的发展，快速而有效地解放和发展了生产力，使农村贫困问题大面积缓解，同时为解决农村贫困问题奠定了良好的制度基础。据统计，这一时期，农民人均纯收入增长了2.6倍，绝对贫困人口从2.5亿减少到1.25亿。③此后，通过不断深化改革破除农村发展的瓶颈因素和短板因素，从而激活农村发展的潜能，始终是中国国家贫困治理体系的基本特征之一。20世纪80年代中期，随着改革的重心向城市转移，普遍意义的农村改革一度陷入停顿，但在农村贫困治理领域，1986年，国务院扶贫开发领导小组的前身——国务院贫困地区经济开发领导小组成立，由时任国务院副

---

① 大致而言，中国农村减贫的主要动力包括三个方面：其一，持续推进的各项农村改革，为脱贫攻坚提供了有力支撑；其二，持续增长的中国经济对贫困人口脱贫形成了有效带动；其三，强有力的国家干预，构筑起坚实有效的减贫政策体系。
② 较为常见的划分是"五阶段说"。按照这种观点，1978年中国农村改革元年至1986年，是中国农村贫困治理的第一个阶段，主要的减贫动力来自普遍意义的农村改革；1986—1993年，国家成立了专门的扶贫开发机构推动经济落后地区的发展与减贫；1994—2000年，八七扶贫攻坚规划实施；2001—2010年《中国农村扶贫开发规划纲要（2001—2010年）》颁布与实施；2011年至今为第五阶段。这种划分方式主要依据的是国家扶贫开发规划的继替。另有研究者提出，2007年，中国农村最低生活保障制度建立标志着我国形成了开发式扶贫与兜底式扶贫相结合的治理体系，继而2013年，精准扶贫的理念和方略付诸实施，标志着中国扶贫开发进入了全面建成小康社会背景下的脱贫攻坚战时代。
③ 吕方、梅琳：《"精准扶贫"不是什么？——农村转型视阈下的中国农村贫困治理》，《新视野》2017年第2期。

总理的田纪云同志担任组长。其职能定位为"组织调查研究，拟定贫困地区经济开发的方针、政策和规划，协调解决开发建设中的重要问题，以及督促、检查和经验总结"。1988 年，国务院贫困地区经济开发领导小组与"三西地区农村建设领导小组"合并，同时正式更名为国务院扶贫开发领导小组。至此，我国政府建立了专门的议事协调机构，有组织地推进开发式扶贫的战略。20 世纪 90 年代以来，中国社会主义市场经济体制不断完善，对外开放程度持续提升，在内外部因素的共同作用下，中国经济经历了持续快速增长的过程，为带动脱贫提供了强劲的支持。另外，区域性的贫困问题依然是中国农村发展的最大短板因素，为此 1994 年中国政府组织实施"八七扶贫攻坚计划"的国家战略，力争在 20 世纪的最后 7 年时间里，解决 8000 万农村贫困人口的温饱问题。这一时期，国家专项减贫干预领域走出"救济式扶贫"，推进"开发式扶贫"的思路更加清晰和明确，强调通过综合运用土地改良和基本农田建设、发展经济作物、创造非农就业、改善基础设施、公共服务等方法，整体性地提升贫困社区和贫困人口的发展能力。21 世纪以来，农村贫困治理的体系更加完整。一方面，经济继续保持快速增长，为贫困地区农户从事生产经营和获得务工收入提供了空间和机遇；另一方面，自 2003 年以来，中央颁布实施了一揽子以"少取、多予、放活"为核心的惠农政策，为农村贫困治理提供了不断加码的政策和资源支持。特别是，国务院印发了《中国农村扶贫开发规划纲要（2001—2010 年）》，国家强有力惠农政策和专门的减贫干预与人民群众的自身努力相结合，贫困地区的发展面貌显著改观。特别值得一提的是，这一时期，中国国家贫困治理体系中政府专项扶贫模式和方法不断成熟，行业扶贫的参与形式不断丰富，社会扶贫领域活力逐渐显现，"三位一体"的大扶贫工作格局初步形成。

（二）全面建成小康社会背景下的脱贫攻坚战

全面建成小康社会时期，打赢脱贫攻坚战具有重大的战略意义。同时，随着新时期中国农村减贫形势的变动，既往的贫困治理体系难以有效适应新阶段的减贫需求，迫切需要整个国家贫困治理体系的调整与完善。可以说，推进国家贫困治理体系的现代化建设，提升治理能力，恰恰是回应打赢全面建成小康社会背景下脱贫攻坚战这一"时代呼唤"命题的内在要求。

第一，打赢脱贫攻坚战具有重大的战略意义。脱贫攻坚不单纯是一个"补短板"的问题，而是事关全局的战略性问题。中国改革走过了近40年的历程，站在了全面建成小康社会，实现"第一个百年目标"的时间节点，从总量来看，中国经济总量已经达到全球第二位，具备了全面建成小康社会的基础，但贫困地区的短板因素依然十分突出。[①] 近年来，中国进入了经济运行的新常态，随着利益格局的分化，各种社会矛盾也到了积聚期，这是对党的执政能力的巨大考验。脱贫攻坚不仅能够补齐全面小康的突出短板，同时是重大的民生战略和民心战略，体现着中国共产党执政为民的初心，是巩固党的执政基础的关键之举。此外，实施脱贫攻坚，有利于促进区域协调发展、城乡统筹发展，对中国扩大对内开放，培育经济增长新动能，促进发展模式转型具有重要的发展战略意义。还应看到，打赢脱贫攻坚战，需要通过深化改革的办法，完善基层治理体系提升基层治理能力。应当认识到脱贫攻坚与基层治理体系完善和治理能力提升之间的辩证关系，看到实施脱贫攻坚的基础战略意义。

第二，中国农村减贫形势发生了重要的变化。进入新时期，中国农村贫困人口的分布特征发生了显著的变动，主要分布在以武陵山区、乌蒙山区、秦巴山区、滇黔桂石漠化地区等为代表的十四个连片特困地区。深入考察便会发现，这些地区多具有自然地理条件的复杂性和经济社会文化的多元性特点，贫困片区之间、片区内部，乃至同一县域的不同地点、不同社区，致贫因素的组合皆具有差异。[②] 从贫困治理的角度来看，新时期中国农村贫困问题受到多重因素共同影响，既体现了中国农村改革与发展的一般性问题，又具有自身的特殊性。从致贫因素来看，农村贫困地区的减贫与发展面临着基础设施支撑不足，公共服务水平不高，产业基础薄弱，基层组织战斗堡垒作用

---

① 刘永富：《确保在既定时间节点打赢脱贫攻坚战——学习贯彻习近平总书记关于扶贫开发的重要论述》，《社会治理》2016年第1期。

② 吕方：《发展的想象力：迈向连片特困地区的贫困治理》，《四川省委机关党校学报》2012年第3期。

弱化等多重短板因素制约。因而,有效的贫困治理必然是建立在认识到贫困成因具有系统性、综合性的基础上,统筹各类资源,协调各种力量,形成合力,系统性地改善贫困地区的发展面貌。[①]换言之,随着中国农村扶贫开发形势的变迁,有效的贫困治理,意味着不断增进国家减贫干预,对于贫困地区、贫困社区和贫困农户多元化、差异化需求的综合性回应能力。鉴于此,国家贫困治理体系的现代化建设,一方面应着眼于各项政策之间的配合与衔接,形成完备的政策体系,另一方面应着力提升政策供给对于政策需求的匹配程度,实现贫困治理的"滴灌式"作业。

第三,既往的贫困治理模式难以适应新时期的减贫需求。毫无疑问,过去三十余年间,中国共产党领导下中国国家贫困治理体系的建设取得了突出成就,但既有的贫困治理模式和手段,已经难以适应新时期的减贫需求。国际经验表明,贫困人口总量下降到总人口比重10%以下的时候,一般性的经济增长对减贫的"涓滴效应"将逐渐消失。[②]以2010年不变价格2300元的贫困线计算,2012年全国贫困人口总体规模为9899万人,占总人口比例为10.2%,因此,新时期国家贫困治理体系建设的一个基本问题,就是如何形成更为有效的综合性政策工具组合,有效回应贫困人口的减贫与发展需求。其复杂性在于,不同的贫困地区和贫困社区致贫因素组合和潜在的资源禀赋均存在差异,因此在实践层面保持国家减贫干预对具体情境的适用性,是避免政策资源错配、提升干预成效的关键所在。[③]换言之,如何更为准确地掌握贫困社区和贫困农户层面的基础信息,在科学研判致贫因素的基础上,综合运用多元化的支持手段,"滴灌式"回应贫困人口的需求,是脱贫攻坚过程中国家贫困治理体系建设所必须解决的问题。此外,应当看到,存量贫困人口都是"贫中之贫、困中之困",属于"难啃的硬骨头",特别是"两高、一低、

---

① 吕方、梅琳:《精准扶贫:农村贫困治理的关键》,《中国社会科学文摘》2017年第6期。
② Abhijit V. Banerjee, and E. Duflo, "Inequality and Growth: What Can the Data Say?", *Journal of Economic Growth*, 2003, 8(3).
③ 吕方、梅琳:《"复杂政策"与国家治理——基于国家连片开发式扶贫项目的讨论》,《社会学研究》2017年第2期。

一差、三重"①的深度贫困地区，国家贫困治理体系建设需要能够聚合更为广泛的合力，以过硬办法和过硬举措确保打赢脱贫攻坚战。

第四，三十多年的扶贫经验积累和国家发展取得的成就，为国家贫困治理体系的进一步完善奠定了基础。改革开放以来的四十年间，中国国家贫困治理取得了举世瞩目的成就，形成了独具特色的中国减贫道路，为构架新时期国家贫困治理体系现代化和治理能力提升提供了经验。三十年间，中国扶贫开发在专项扶贫、行业扶贫和社会扶贫领域都形成了一些行之有效的减贫经验，大扶贫的工作格局基本形成。同时，改革开放以来中国经济总量的提高、国家财政实力的进一步增强，为一揽子解决绝对贫困问题提供了财力保障。

二、党的十八大以来国家贫困治理体系的完善与创新

党的十八大以来，以习近平同志为核心的党中央高度重视扶贫开发，将打赢脱贫攻坚战作为全面建成小康社会的底线目标和标志性指标，纳入"五位一体"总体布局和"四个全面"战略布局，摆到治国理政的重要位置，以前所未有的力度推进。中共中央、国务院出台《关于打赢脱贫攻坚战的决定》《"十三五"脱贫攻坚规划》等纲领性、统揽性重要文件，对脱贫攻坚总体思路、目标任务、实现路径进行了决策部署，各部门、各领域结合工作实际密集出台了一揽子政策文件，共同构筑起新时期国家贫困治理体系的"四梁八柱"，为各地结合实际推进脱贫攻坚提供了有效支撑。

（一）国家贫困治理体系调整与优化的思想指引

全面建成小康社会背景下的脱贫攻坚战，开启了中国贫困治理的一个新时代。作为对时代呼唤的回应，党的十八大以来，习近平总书记围绕着打赢脱贫攻坚战的重大战略意义，如何认识新时期中国农村贫困问题，以及如何构架新时期的国家贫困治理体系发表了一系列重要的论述，作出了一系列

---

① 习近平总书记在深度贫困地区脱贫攻坚座谈会上的讲话，提出深度贫困地区的贫困问题体现为"两高、一低、一差、三重"，即贫困人口占比高、贫困发生率高；人均可支配收入低；基础设施和住房差；低保五保贫困人口脱贫任务重、因病致贫返贫人口脱贫任务重、贫困老人脱贫任务重。习近平：《在深度贫困地区脱贫攻坚座谈会上的讲话》，《求是》2017 年第 17 期。

重要指示和批示，为国家贫困治理体制机制的完善与创新提供了科学的指引。[①]习近平总书记指出，新时期国家贫困治理体系的建设，要坚持发挥好中国特色扶贫开发道路的政治优势和制度优势，"脱贫攻坚任务重的地区党委和政府要把脱贫攻坚作为'十三五'期间头等大事和第一民生工程来抓，坚持以脱贫攻坚统揽经济社会发展全局，要层层签订脱贫攻坚责任书、立下军令状，形成五级书记抓扶贫、全党动员促攻坚的局面"。[②]要强化领导责任、强化资金投入、强化部门协同、强化东西协作、强化社会合力、强化基层活力、强化任务落实，集中力量攻坚克难，更好推进精准扶贫、精准脱贫，确保如期实现脱贫攻坚目标。习近平总书记在部分省区市扶贫攻坚与"十三五"时期经济社会发展座谈会、中央扶贫开发工作会议上发表重要讲话，全面部署脱贫攻坚工作，系统阐释了精准扶贫精准脱贫的基本方略。这些战略性思维，全面论述了国家贫困治理机制完善与创新的关键在于发挥好中国特色扶贫开发道路的"两个优势"，坚持精准扶贫精准脱贫的基本方略，以改革创新的办法，破除各种体制机制障碍，形成最广泛的合力，从而有效提升国家贫困治理能力。

（二）党的十八大以来国家贫困治理机制完善与创新的主要方面

从学理层面来看，国家贫困治理体系的新一轮调整，意在增强国家减贫行动对于贫困地区、贫困社区和贫困人口多元化、差异化需求的回应能力。这一过程的突出特点在于以准确掌握农村减贫与发展需求为基础，将政治优势和制度优势的发挥与全面深化改革相结合，形成更加完备的政策体系，综合运用政府、市场、社会三种机制、三种资源，因地制宜、分类施策，系统性地改善贫困地区、贫困社区和贫困人口的内生发展动能。下面从信息汲取能力、政治保障和制度保障能力、系统回应能力、资源动员能力、政策执行能力五个方面，讨论党的十八大以来国家贫困治理体系现代化的主要内容。

首先，通过"减贫大数据"建设，掌握新时期中国农村贫困的"底数"，

---

① 黄承伟：《打赢脱贫攻坚战的行动指南——学习领会习近平扶贫开发战略思想》，《红旗文稿》2017年第16期。

② 习近平：《在中央扶贫工作会议上的讲话》，《人民日报》2015年11月29日。

为相关政策安排提供坚实的信息基础，提升国家贫困治理体系的信息汲取能力。[①] 长期以来，底数不清、情况不明，是制约国家减贫干预取得实效的主要原因之一。2014 年，被誉为精准扶贫"一号工程"的建档立卡工作在全国范围铺开，各省密集推进，在当年 10 月实现了数据全国并网，经历了多轮"精准扶贫回头看"以后，建档立卡数据的精准度大幅提升。建档立卡的"减贫大数据"不仅找准了贫困人口，解决了"扶持谁"的问题，也为回答"怎么扶"的问题提供了坚实的基础信息。脱贫攻坚战的实践中，"五个一批""深度贫困地区"脱贫攻坚等重大战略决策都是建立在对建档立卡大数据的动态管理和科学分析基础之上。毫无疑问，"减贫大数据"有效提升了国家扶贫开发政策部署的科学化程度，是中国国家贫困治理体系理性化程度的重大跃升。

其次，发挥好政治优势和制度优势，为国家贫困治理体系有效运转提供政治保障和制度支撑。脱贫攻坚进入"攻坚拔寨"的阶段，任务十分艰巨，打赢脱贫攻坚战需要凝聚全党全社会的合力。2016 年 11 月，中共中央、国务院颁布了《关于打赢脱贫攻坚战的决定》，打赢脱贫攻坚战上升为执政党和中国政府的重大战略决定，为全党统一认识、协调行动提供了思想基础。按照习近平总书记的要求，脱贫攻坚任务重的省份要将扶贫开发作为统揽经济社会发展全局的"第一民生工程"，全国范围自上而下形成了省、市、县、乡、村"五级书记一起抓扶贫"的局面，对地方工作主要考核减贫成效、精准识别、精准帮扶、扶贫资金使用管理等方面，涉及建档立卡贫困人口减少和贫困县退出计划完成、贫困地区农村居民收入增长、贫困人口识别和退出准确率、群众帮扶满意度、扶贫资金绩效等指标，树立脱贫实效导向，确保脱贫攻坚质量经得起实践和历史检验。此外，注重基层党建促进脱贫攻坚，有效提升贫困村基层党组织战斗堡垒作用。同时，发挥好"集中力量办大事"的制度优势，中央明确扶贫投入力度要与打赢脱贫攻坚战的要求相匹配，财政投入大幅度增长，各类金融机构加大对扶贫的支持力度，保险业扶贫、证券业扶贫的工作力度也明显加强。这些顶层设计，为新时期国家贫困治理体

[①] 王雨磊：《数字下乡：农村精准扶贫中的技术治理》，《社会学研究》2016 年第 6 期。

系的有效运转提供了有力的政治保障和制度支撑。

再次，形成完备政策体系，推进国家贫困治理系统化程度，提升综合性回应减贫需求能力。围绕着贯彻落实总书记关于扶贫工作重要论述的精神，确保打赢脱贫攻坚战，中央层面科学谋划精准扶贫精准脱贫的政策体系。党的十八大以来，党中央、国务院颁布了《关于打赢脱贫攻坚战的决定》，并出台了系列配套文件。据不完全统计，中央和国家机关各部门累计出台120多个政策文件或实施方案。内容涉及贫困户建档立卡、驻村干部选派与管理、扶贫开发体制机制创新、财政扶贫资金管理办法改革、扶贫开发成效考核、精准退出，以及产业扶贫、易地扶贫搬迁、劳务输出扶贫、交通扶贫、水利扶贫、教育扶贫、健康扶贫、金融扶贫、农村危房改造等多个领域和方面，系统落实了总书记提出的通过实现"六个精准"、做好"五个一批"、解决好"四个问题"的精准扶贫精准脱贫基本方略，很多"老大难"问题都有了针对性的措施，打出了政策组合拳。这些政策体系，为各行业、各部门、各领域合力推进脱贫攻坚工作设定了行动指南，为有效回应贫困地区、贫困社区和贫困农户多层次、多元性、差异化需求提供了政策保障。

又次，运用好政府、市场与社会三种机制、三种资源，为脱贫攻坚凝聚巨大的合力，提升国家贫困治理体系的资源动员能力。中国农村贫困问题的成因具有复杂性、多元性的特点，因而有效的贫困治理需要同时解决两个方面的问题：一方面要着力补齐贫困地区、贫困社区在基础设施、公共服务、基层组织、基本产业等领域的短板因素，综合性地改善其发展环境；另一方面要坚持因地制宜、分类扶持的原则，让政策资源"精准"对应贫困社区和贫困人口差异化的需求。换言之，赢得脱贫攻坚战的胜利，需要更好发挥政府的主导作用，在加大专项扶贫的政策投入，优化专项扶贫政策模式的同时，强化各行业部门、社会力量的有序参与，形成系统性回应各类减贫需求的政策方案。此外，从建档立卡的数据分析来看，近半数的贫困人口可以通过发展生产、扶持就业的方式实现脱贫，通过优化政策环境，让市场有效运转起来，从而带动贫困人口脱贫增收，仍是重要的减贫策略。因此，在新一轮国家贫困治理机制完善与创新的过程中，更好地发挥政府、市场和社会三种机制，成为一个突出的特点。

可以说，明晰政府与市场关系，发挥市场在资源配置中的基础性作用，有效提升经济增长对贫困人口脱贫增收的带动效应，更好发挥政府作用，是中国新时期贫困治理机制完善与创新的一体两面。在新一轮的调整中，政府部门与市场部门形成了有效协作的关系：一方面，政府发挥主导作用，承担政府责任，着力补齐贫困地区的基础设施和公共服务短板，营造利于市场发育的制度环境，让市场有效运转起来，承担社会保护责任，构建社会安全网，发挥社会保障政策兜底线的作用，形成开发式扶贫与兜底式扶贫相互衔接的政策体系。另一方面，市场化程度提升、贸易繁荣、国际参与带来了中国经济的持续稳定增长，为脱贫攻坚营造了有利环境。特别是形成了针对市场运行微观主体支持政策体系，农业部门市场化程度、现代化水平提升，农村生产要素被激活，劳动生产率显著提高。

最后，充分发挥好中央和地方两个积极性，提升国家贫困治理体系的韧性和执行力。不同于一般性的公共治理项目，国家主导的减贫与发展需要同时发挥好中央和地方"两个积极性"。[①]信息经济学的理论成果表明，大量对于有效治理至关重要的关键信息，分散在地方情境，相对于中央政府而言，基层政府组织更易于掌握这些信息，因而将政策"操作文本"形成的事权下沉到地方，有利于政策供给对于政策需求的"精准"匹配。另外，贫困治理涉及统筹协调各方主体，需要强有力的顶层设计整体谋划，有序推进。党的十八大以来，中国贫困治理领域形成了"中央统筹、省负总责、市县抓落实"的扶贫开发管理体制，党中央、国务院主要负责统筹制定扶贫开发大政方针，出台重大政策举措，规划重大工程项目。省（自治区、直辖市）党委和政府对扶贫开发工作负总责，需要结合省情，抓好目标确定、项目下达、资金投放、组织动员、监督考核等工作。市（地）党委和政府主要职责在于做好上下衔接、域内协调、督促检查工作，把精力集中在贫困县如期摘帽上。县级党委和政府承担主体责任，书记和县长是第一责任人，需要结合县域实际，

① 吕方、梅琳：《"复杂政策"与国家治理——基于国家连片开发式扶贫项目的讨论》，《社会学研究》2017年第2期。

做好进度安排、项目落地、资金使用、人力调配、推进实施等工作。[1] 通过明晰党政分工的治理格局、借助政府间权责关系的调整，国家贫困治理实现精准施策、有力执行有了制度上的保障。

国际减贫研究的理论成果表明，增进国家减贫行动对多元化、差异化需求的回应能力，是有效减贫的关键。2013 年以来，我国政府主动适应减贫形势的变动，以习近平总书记关于扶贫工作重要论述为指引，贯彻落实"精准扶贫、精准脱贫"的基本方略，减贫资源配置的重心进一步下沉到县，缩短政策安排与政策需求之间的决策执行链条，同时利用建档立卡"减贫大数据"，提升决策科学性，改善"央—地"之间的信息不对称，更为有效地引导地方政府的减贫行动。这些经验，为破解贫困治理领域的难题提供了参考方案，为国际减贫与发展提供了中国智慧。

三、党的十八大以来国家贫困治理机制完善与创新的地方实践

各地在习近平总书记关于扶贫工作重要论述的指引下，坚持精准扶贫精准脱贫的基本方略，坚持因地制宜抓好政策落实，在实践中勇于创新，形成了丰富的地方模式，取得了突出的减贫成就。

首先，坚持以习近平总书记关于扶贫工作重要论述为引领。各地在推进脱贫攻坚工作的过程中，始终坚持以学习促实践，通过系统学习、原原本本领会习近平总书记关于扶贫工作重要论述的理论与方法精髓，把握打赢脱贫攻坚战的重大战略意义，提高政治站位和认识水平，掌握精准扶贫精准脱贫的基本方略，提高政策水平和工作能力。按照习近平总书记关于扶贫工作重要论述的指引，坚持发挥好政治优势和制度优势，以脱贫攻坚统揽经济社会发展全局，逐级明确分工、压实责任，完善精准扶贫政策体系，统筹协调各类主体行动，综合运用政府、市场和社会三种资源、三种机制，稳步推进精准扶贫精准脱贫的基本方略。

---

[1] 中共中央、国务院：《关于打赢脱贫攻坚战的决定》，2015 年 11 月 29 日。

其次，缜密谋划省级层面二次顶层设计。省级层面的二次顶层设计，有效衔接国家层面的政策部署，统揽全省的脱贫攻坚工作。各省在习近平总书记关于扶贫工作重要论述指引下，结合中央决策部署，出台了省级层面精准扶贫精准脱贫的"1+N"政策文件，总体谋划省域脱贫攻坚的目标体系和战略重点，明确界定各方主体的分工与责任，层层签订责任状、落实五级书记一起抓扶贫的要求，统筹安排财政资源投入，引导市场主体参与脱贫攻坚，广泛动员社会力量参与，制定了完备的监督和考核评估制度。同时，建立省级扶贫开发融资平台、县级扶贫开发资金项目管理平台、贫困村扶贫脱贫工作落实平台和社会扶贫对接平台，为各项工作有效开展提供体制机制保障。

再次，从县级层面因地制宜狠抓落实。县域是脱贫攻坚的"一线战场"，赢得县域脱贫攻坚战的胜利对于全局有基础性和支撑性的意义。实践层面，各县坚持以脱贫攻坚统揽经济社会发展，着力补齐县域农村贫困地区的发展短板，结合县域实际完成精准扶贫精准脱贫政策体系的"再设计"，将国家政策安排与贫困社区和贫困农户需求有效衔接，动员群众积极参与。狠抓政策落实，着力解决政策执行的"最后一公里"问题，让贫困群众有实实在在的获得感。特别值得一提的是，实践中，各县以深化改革的办法，为各项政策部署有效落实，为脱贫攻坚目标实现保驾护航，将脱贫攻坚作为提升县域治理水平和治理能力的抓手，作为提升党建水平、密切当地人民群众血肉联系的重要方法，作为培养和锻炼干部的重要阵地。

最后，结合地方实际勇于开拓创新。各地根据新时期脱贫攻坚的形势和特点，形成了众多创新型的做法和经验。在精准识别方面，结合地方实际形成科学细致、群众认可的识别办法，如贵州威宁的"四看法"；在产业扶贫领域，探索利益连接机制建设，提升农户参与发展和分享红利的能力，探索保险扶贫的模式，降低产业发展风险；在金融扶贫领域，创新金融扶贫模式，以政府财政扶贫资金作为担保金，金融机构按照一定比例放大，发放扶贫信贷，积极利用资本市场解决产业扶贫的融资难题；在兜底保障方面，加大政策投入，织密农村社会安全网；在解决精神贫困问题方面，注重激发斗志，涵养社区良俗。此外，还形成了资产收益扶贫、光伏扶贫、消费扶贫等扶新模式，有力促进了贫困人口脱贫增收。

2017年，一些县市相继脱贫摘帽，县域发展面貌为之一新，城乡协调发展稳步推进，贫困社区和贫困农户的内生发展动能逐渐形成。在脱贫攻坚过程中，各地自觉对标习近平总书记关于扶贫工作重要论述的指引与要求，自觉体认共产党人执政为民的初心，勇于与各种形式主义做斗争，保证脱贫成效真实、可信，让人民群众有实实在在的获得感。

四、党的十八大以来国家贫困治理机制完善与创新的主要成就

党的十八大以来，经过密集调整，脱贫攻坚阶段的中国国家贫困治理体系不断完善，现代化水平和治理能力显著提升，为地方有序推进扶贫开发工作确立了基本的政策框架和体制机制安排。在习近平总书记关于扶贫工作重要论述的指引下，各地坚持精准扶贫精准脱贫的基本方略，坚持因地制宜抓好政策落实，在实践中勇于创新，形成了丰富的地方模式，取得了突出的减贫成就。

脱贫攻坚取得非凡成绩。2013年至2017年，中国农村平均每年减少贫困人口超过1391万人，农村贫困发生率从2012年底的10.2%下降至2016年底的4.5%。[1]贫困地区基础设施、公共服务短板逐渐补齐，发展环境明显改善，贫困社区和贫困人口内生发展动力逐步形成。脱贫攻坚促进了各项改革发展成果更多更公平惠及全体人民，不断增强贫困群众的获得感，为贫困群众的生存权、发展权提供了有力保障，为打赢全面建成小康社会背景下的脱贫攻坚战奠定了坚实基础，为应对经济新常态、打造经济增长新引擎创造了有利条件，为巩固党的执政根基凝聚了党心民心。2017年，一些县市相继整县脱贫摘帽，县域发展面貌为之一新，城乡协调发展稳步推进，贫困社区和贫困农户的内生发展动能逐渐形成。这些非凡成就证明了习近平关于扶贫工作重要论述的科学性、战略性、前瞻性和指导性，证明了习近平总书记关于扶贫

---

[1] 刘永富：《不忘初心 坚决打赢脱贫攻坚战——党的十八大以来脱贫攻坚的成就与经验》，《求是》2017年第11期。

工作重要论述指引下的中国国家贫困治理体系具有有效性，证明了中国共产党领导和中国特色社会主义制度的优越性，增进了全党全社会对中国特色社会主义的道路自信、理论自信、制度自信和文化自信。

五、党的十八大以来国家贫困治理体系建设的经验与启示

以习近平总书记关于扶贫工作重要论述为指引，中国政府坚持精准扶贫精准脱贫方略，中国国家贫困治理体系的现代化水平和治理能力显著提升。其主要特点是：发挥政治优势，层层落实脱贫攻坚责任；不断完善精准扶贫政策工作体系，切实提高脱贫成效；坚持政府投入的主体和主导作用，不断增加金融资金、社会资金投入脱贫攻坚；坚持专项扶贫、行业扶贫、社会扶贫等多方力量有机结合的大扶贫格局，发挥各方面的积极性；尊重贫困群众扶贫脱贫的主体地位，不断激发贫困村贫困群众内生动力。脱贫攻坚的实践表明，以"精准扶贫、精准脱贫"为基本方略的国家贫困治理体系新一轮机制完善与创新取得了非凡成就，中国逐渐探索出了一套具有科学性和有效性的贫困治理体系，为打赢脱贫攻坚战提供了有力保障，为全球贫困治理贡献了"中国方案"。

但同时，也应当认识到，中国国家贫困治理体系现代化的过程仍在不断推进，因应不断变化的减贫与发展形势，中国国家贫困治理体系建设仍处于不断自我完善与优化的过程，而发展性与反思性也恰恰是中国国家贫困治理体系现代化的核心特质之一。首先，脱贫攻坚进入攻克最后堡垒的阶段，减贫难度更大，存量贫困人口发展能力低，实现"三保障"更显必要，同时成本也更高。特别是深度贫困地区，贫困发生率高，基础设施薄弱、公共服务发展滞后，村级组织战斗力弱，要实现有效减贫，需要拿出更加过硬的办法和举措。

其次，经过不懈的努力，国家贫困治理体系的"四梁八柱"性质的顶层设计已经搭建起来，但一些地方在结合实际贯彻落实的过程中，存在着形式主义。以行政思维替代贫困治理思维的倾向依然存在，特别是局部存在着片

面强调政治动员，而忽视配套的政策设计和体制机制创新的问题，制约着国家贫困治理体系现代化成果的显现。

最后，到 2020 年，中国完全有能力消除绝对贫困现象。在打赢脱贫攻坚战以后，中国国家贫困治理体系需要进一步调整和完善，以应对可能出现的新的贫困问题，以巩固全面建成小康社会成果，继续改善民生，实现共同富裕的使命和任务。

总之，中国国家贫困治理机制完善与创新，以及国家贫困治理体系现代化建设是一个持续的历史进程。坚持回应民生之需、人民之盼，发挥政治优势和制度优势，全面深化改革，不断推进体制机制创新，是中国贫困治理体系不断成熟的基本经验。中国"摆脱贫困"走向"共同富裕"的道路，必将不断地为世界减贫与发展贡献经验和智慧。

创新精准扶贫方略落实的工作机制

一、精准扶贫工作机制创新的时代背景

（一）精准扶贫的国际背景

在人类发展历史上，贫困问题一直是困扰很多国家、地区及民众的重大挑战之一，"二战"后，消除贫困成为广大发展中国家政府的重要任务。1992年12月，第47届联合国大会决定将每年的10月17日定为国际消除贫困日。2000年9月，联合国千年首脑会议把到2015年将世界极端贫困人口和饥饿人口减半，作为联合国千年发展目标的主要内容。2015年7月，联合国发布的《千年发展目标2015年报告》显示，全球生活在极端贫困中的人口从1990年的19亿人降至2015年的8.36亿人，极端贫困人口人数已减少了一半以上，全球总体上实现了千年发展目标的减贫目标。[1] 其中，我国成功减少了贫困人口7.91亿人，占全球减少贫困人口的72%，为实现联合国千年发展目标中减贫目标做出了重要贡献。世界银行认为，"中国在如此短的时间里使如此多的人摆脱了贫困，对全人类来说这是史无前例的。如果没有中国的扶贫努力，在20世纪的最后20年，发展中国家贫困人口数量不会有所减少"。[2]

2015年9月，联合国举行第70届大会，审议通过了《改变我们的世界：2030年可持续发展议程》。该发展议程提出，到2030年在世界各地消除贫困与饥饿的目标，为2015年以后国际减贫指明了方向。该发展议程包括了17个可持续发展目标和169个具体目标，主要涉及经济、社会、环境、安全、

---

[1] 联合国：《千年发展目标报告2015（摘要）》，联合国官方网站，http://www.un.org/zh/millenniumgoals/。
[2] 刘永富：《我国"十三五"脱贫攻坚的形势与任务》，《时事报告（党委中心组学习）》2016年第1期。

伙伴关系五个方面。就减贫而言，2030 年可持续发展议程的减贫目标包括：消除全球极端贫困现象，到 2030 年在世界所有人口中消除极端贫困；改善穷人的医疗卫生条件，促进健康和控制疾病；提升穷人的人力资本水平，阻断贫困代际传递；促进性别平等和女性赋权；改善穷人的居住环境，生活质量提升；增强穷人的灾害抵御能力。

总体而言，我国取得显著的减贫成就，为世界减贫做出了重要贡献。同时也应看到，我国仍属于全球最大的发展中国家，发展不平衡、发展差距扩大的趋势没有得到根本性改变。我国扶贫开发成就显著，但脱贫攻坚面临的困难和问题不少。在国际社会提出 2030 年消除极端贫困目标并制定可持续发展议程的大背景下，我国扶贫开发唯有在不断创新中解决所面临的困难和问题。

（二）精准扶贫的国内背景

2008 年国际金融危机爆发后，世界经济衰退，全球特别是欧美消费市场疲软。我国以出口为导向的劳动力密集型企业获得的国际订单大幅减少，且面临着环境、人力资本成本上升等诸多压力和挑战。国际金融危机爆发后，我国经济发展进入了以增长速度换挡、结构调整加速和增长动力转化为特征的新常态。新常态下，国家主推的创新驱动发展产业较难为人力资本偏低的农村贫困人口提供发展机会，市场和经济推动减贫的"涓滴效益"变弱。

党的十八大以来，我国步入全面建成小康社会决胜阶段和经济发展新常态。全面建成小康，以习近平总书记为核心的党中央深化对人类社会发展规律的认识，提出了创新、协调、绿色、开放、共享的新发展理念，对关于发展的目的、方式、路径、着力点、衡量和共享等方面的问题做出了全面回应。创新发展着眼于培育经济新常态下的经济增长新动能，使创新成为引领发展的第一动力，形成经济增长的长期可持续动力，确保全面建成小康社会目标，进而跨越"中等收入陷阱"；协调发展着眼于发展的健康性，以促进城乡区域协调发展、缩小城乡发展差距作为重点，推进经济社会协调发展，增强发展的协调性和均衡性；绿色发展着眼于发展的永续性，建设资源节约、环境友好型社会，形成人与自然和谐发展的新格局；开放发展着眼于用好国际国内两个市场、两种资源，实现内外发展联动；共享发展着眼于解决社会公平正义问题，坚持普惠性、保基本、均等化、可持续方向，从解决人民最关心最直接最现实的利益问题入手，提供更充分、更均等的公共服务，增进人民福祉、促进人的全面发展。[①]

全面建成小康社会阶段，农村贫困问题成为一个突出的"短板"。农村贫困人口规模依然庞大，剩余贫困人口贫困程度深，脱贫难度大。打赢脱贫攻坚战，不仅是实现全面建成小康社会目标的现实需要，更是社会主义共同富裕目标的基础和前提。以习近平同志为核心的党中央高度重视扶贫开发工作，把扶贫开发摆到治国理政的重要位置，提升到事关全面建成小康社会、实现第一个百年奋斗目标的新高度，将扶贫开发纳入经济社会发展全局进行决策部署，做出了"确保到 2020 年农村贫困人口全部脱贫，让中国人民共同迈入全面小康"的庄严承诺。

二、精准扶贫工作机制的顶层设计

（一）精准扶贫工作机制的发展过程

1. 精准扶贫的提出与工作机制建立

2013 年 11 月，习近平总书记在湖南湘西考察时，首提"精准扶贫"概念，他指出："扶贫要实事求是，因地制宜。要精准扶贫，切忌喊口号，也不要定好高骛远的目标。"[②] 2014 年 10 月首个"扶贫日"，习近平总书记做出重要批示，要求各级党委、政府和领导干部对贫困地区和贫困群众要格外关注、格外关爱，履行领导职责，创新思路方法，加大扶持力度，善于因地制宜，注重精准发力，充分发挥贫困地区广大干部群众能动作用，扎扎实实做好新形势下扶贫开发工作，推动贫困地区和贫困群众加快脱贫致富步伐。[③] 2013 年底，中共中央办公厅、国务院办公厅印发《关于创新机制扎实推进农村扶

---

① 蔡昉：《践行五大发展理念 全面建成小康社会》，《光明日报》2015 年 11 月 5 日，第 1 版。
② 习近平：《扶贫切忌喊口号》，http://news.xinhuanet.com/politics/ 2013-11/03/c_117984312. htm，2013 年 11 月 30 日。
③ 《习近平论扶贫工作——十八大以来重要论述摘编》，《党建》2015 年第 12 期。

贫开发工作的意见》，提出今后一个时期，扶贫开发要进一步解放思想，深化改革，创新机制，创新实施以精准扶贫工作机制为核心的六项扶贫改革机制和十项扶贫开发重点工作。[①] 其中，建立精准扶贫工作机制的主要内容为：国家制定统一的扶贫对象识别办法，各省（自治区、直辖市）在已有工作基础上，坚持扶贫开发和农村最低生活保障制度有效衔接，按照县为单位、规模控制、分级负责、精准识别、动态管理的原则，对每个贫困村、贫困户建档立卡，建设全国扶贫信息网络系统。专项扶贫措施要与贫困识别结果相衔接，深入分析致贫原因，逐村逐户制定帮扶措施，集中力量予以扶持，切实做到扶真贫、真扶贫，确保在规定时间内达到稳定脱贫目标。

2014 年 5 月，国务院扶贫办等七部委联合印发《关于印发〈建立精准扶贫工作机制实施方案〉的通知》，进一步细化精准扶贫工作机制的目标任务，即通过对贫困户和贫困村精准识别、精准帮扶、精准管理和精准考核，引导各类扶贫资源优化配置，实现扶贫到村到户，逐步构建精准扶贫工作长效机制，为科学扶贫奠定坚实基础。2014 年 4 月，国务院扶贫办印发《扶贫开发建档立卡工作方案》，对精准识别、扶贫对象建档立卡系统部署，为扶贫精准干预和退出奠定基础。至此，我国基本建立了精准扶贫工作机制，为精准扶贫的具体实施提供了制度保障。

2. 精准扶贫机制的丰富与完善

2015 年 6 月，在贵州召开的部分省区市党委主要负责人座谈会上，习近平总书记强调扶贫开发贵在精准，重在精准，成败之举在于精准。要坚持因人因地施策，因贫困原因施策，因贫困类型施策，区别不同情况，做到对症下药、精准滴灌、靶向治疗，不搞大水漫灌、走马观花、大而化之。[②] 习近平总书记提出的扶贫工作"六个精准"要求，进一步细化了精准扶贫工作机制的内容，也丰富了精准扶贫的内涵。2015 年 11 月中央召开扶贫工作会议，习

---

① 六项扶贫机制创新分别是改进贫困县考核机制，建立精准扶贫工作机制，健全干部驻村帮扶机制，改革财政专项扶贫资金管理机制，完善金融服务机制，创新社会参与机制。十项扶贫重点工作分别是村级道路畅通工作，饮水安全工作，农村电力保障工作，危房改造工作，特色产业增收工作，乡村旅游扶贫工作，教育扶贫工作，卫生和计划生育工作，文化建设工作，贫困村信息化工作。
② 《习近平论扶贫工作——十八大以来重要论述摘编》，《党建》2015 年第 12 期。

近平总书记指出，坚持精准扶贫、精准脱贫，重在提高脱贫攻坚成效。找准路子、构建好的体制机制，在精准施策上出实招、在精准推进上下实功夫、在精准落地上见实效。切实解决好"扶持谁""谁来扶""怎么扶"和"如何退"等问题，按照贫困地区和贫困人口的具体情况，实施"五个一批"工程。中共中央、国务院随后发布的《关于打赢脱贫攻坚战的决定》(以下简称《决定》)指出，健全精准扶贫工作机制要抓好精准识别、建档立卡关键环节，对建档立卡贫困村、贫困户和贫困人口定期进行全面核查，建立精准扶贫台账，实现有进有出的动态管理。根据"六个精准"要求，弄清致贫原因和脱贫需求，对贫困人口实行分类扶持，通过产业扶持、转移就业、易地搬迁、教育支持、医疗救助、社会保障兜底等措施实现脱贫。建立贫困对象脱贫退出认定机制，制定贫困退出标准、程序、核查办法。加强对扶贫工作绩效的社会监督，开展贫困地区群众满意度调查，建立对扶贫政策落实情况和扶贫成效的第三方评估机制。

（二）精准扶贫的核心内容

自 2013 年底提出精准扶贫以来，精准扶贫工作机制不断完善，政策体系日益丰富，形成了以"六个精准""五个一批"为核心的精准扶贫精准脱贫体系。

1. "六个精准"

2015 年 6 月，习近平总书记指出，扶贫开发贵在精准，成败之举在于精准，并要求各地在扶持对象精准、项目安排精准、资金使用精准、措施到户精准、因村派人（第一书记）精准、脱贫成效精准上想办法、出实招。坚持扶贫对象精准，通过精准识别将贫困人口识别出来，以建档立卡的方式记录下扶贫对象基本情况和脱贫需求等信息。坚持项目安排精准，找准贫困户致贫原因，做到因村因户因人施策。坚持资金使用精准，进一步下放项目审批和资金使用权限，确保项目资金瞄准贫困人口。坚持措施到户精准，扶贫措施要与贫困识别结果相衔接，扶贫措施要到村到户。坚持因村派人（第一书记）精准，普遍建立干部驻村帮扶机制，将驻村入户扶贫作为培养锻炼干部的重要渠道，落实帮扶责任，帮助贫困户、贫困村脱贫致富。不脱贫，不脱钩。坚持脱贫成效精准，加强检查督查，实行最严格的考核评估，脱贫过程必须扎实，脱贫结果必须真实，防止数字脱贫、虚假脱贫。

2. "五个一批"

2015 年 11 月，中央召开扶贫工作会议，提出实施"五个一批"工程。实施发展生产脱贫一批，引导和支持有劳动能力的贫困人口立足当地资源禀赋，以市场为导向，发展特色优势产业，促进增产增收，实现脱贫。实施易地搬迁脱贫一批，对"一方水土养不起一方人"地区的农村贫困人口实施易地扶贫搬迁，通过"挪穷窝""换穷业""拔穷根"，从根本上解决搬迁人口的稳定脱贫问题。实施生态补偿脱贫一批，国家重大生态工程在项目和资金安排上进一步向贫困地区倾斜，加大对贫困地区生态保护修复力度，增加重点生态功能区转移支付，创新生态资金使用方式，利用生态补偿和生态保护工程资金使当地有劳动能力的部分贫困人口转变为护林员等生态保护人员。发展教育脱贫一批，加快实施教育扶贫工程，让贫困家庭子女都能接受公平有质量的教育，阻断贫困代际传递。国家教育经费向贫困地区、基础教育倾斜，提升基础教育水平，降低贫困家庭就学负担，加快发展职业教育，对农村贫困家庭幼儿特别是留守儿童给予特殊关爱。社会保障兜底一批，完善农村最低生活保障制度，对无法依靠产业扶持和就业帮助的贫困家庭实行政策性保障兜底。统筹协调农村扶贫标准和农村低保标准，推进农村低保制度与扶贫开发政策有效衔接，加大社会救助力度，加强医疗保险和医疗救助，逐步提高保障水平。

（三）精准扶贫的保障举措

围绕打赢脱贫攻坚战和保障精准扶贫工作顺利推进，我国逐步建立了精准扶贫的责任体系、政策体系、投入体系和监督考核体系。

1. 建立精准扶贫责任体系

建立精准扶贫工作机制是多部门参与、协同推进的系统工程。为落实各层级部门扶贫责任，中央出台精准扶贫责任制实施办法，按照"中央统筹、省负总责、市县抓落实"的扶贫管理体制机制，构建起责任清晰、各负其责、合力攻坚的责任体系。明确中央国家机关 76 个有关部门任务分工。中西部22 个省份党政主要负责同志向中央签署脱贫攻坚责任书，贫困县党政正职攻坚期内保持稳定。① 精准扶贫工作中，党中央、国务院主要负责统筹制定扶贫开发大政方针，出台重大政策举措，规划重大工程项目；省级党委和政府对扶贫开发工作负总责，抓好目标确定、项目下达、资金投放、组织动员、监督考核等工作；市（地）党委和政府做好上下衔接、域内协调、督促检查工作，把精力集中在贫困县如期摘帽上；县级党委和政府承担主体责任，做好进度安排、项目落地、资金使用、人力调配、推进实施等。层层签订脱贫责任书，扶贫开发任务重的省份的党政主要领导要向中央签署脱贫责任书，每年向中央做扶贫脱贫进展情况的报告。省（自治区、直辖市）党委和政府向市（地）、县（市）、乡镇提出要求，层层落实责任制。

2. 建立精准扶贫政策体系

截至 2017 年 8 月，中共中央办公厅、国务院办公厅出台 12 个《决定》配套文件，各部门出台 173 个政策文件或实施方案。② 各地也相继出台和完善"1+N"的精准扶贫和脱贫攻坚系列文件。精准扶贫政策内容涉及产业扶贫、易地扶贫搬迁、劳务输出扶贫、交通扶贫、水利扶贫、教育扶贫、健康扶贫、金融扶贫、农村危房改造、土地增减挂钩指标、资产收益扶贫等诸多领域。③ 很多"老大难"问题都有了针对性措施。

3. 建立精准扶贫投入体系

实施精准扶贫以来，中央加大对贫困地区转移支付力度，中央财政专项扶贫资金规模大幅增长，一般性转移支付资金、各类涉及民生的专项转移支付资金和中央预算内投资进一步向贫困地区和贫困人口倾斜。2013—2017 年各项投入不断加大：中央财政安排专项扶贫资金从 394 亿元增加到 861 亿元，累计投入 2822 亿元；安排地方政府债务 1200 亿元，用于改善贫困地区生产生活条件；安排地方政府债务 994 亿元和专项建设资金 500 亿元用于易地扶贫搬迁。④ 另外，国家还鼓励和引导商业性、政策性、开发性、合作性等各类

---

①③ 刘永富：《不忘初心 坚决打赢脱贫攻坚战》，《求是》2017 年第 11 期。

② 刘永富：《中国特色扶贫开发道路的新拓展新成就》，《人民日报》2017 年 9 月 4 日，第 7 版。

④ 黄承伟：《党的十八大以来脱贫攻坚理论创新和实践总结》，《中国农业大学学报（社会科学版）》2017 年第 5 期。

金融机构加大对精准扶贫的金融支持：设立扶贫再贷款，实行比支农再贷款更优惠的利率，重点支持贫困地区发展特色产业和贫困人口就业创业；支持省级和县级政府设立扶贫开发投融资平台，支持农村信用社、村镇银行等金融机构为建档立卡贫困户提供扶贫小额贷款。还有，中央和省级在安排土地整治工程和项目、分配下达高标准基本农田建设计划和补助资金时向贫困地区倾斜。

4. 建立精准扶贫监督考核体系

为确保精准扶贫各项政策贯彻落实并取得成效，中央出台精准扶贫督查巡查工作办法，对各地各部门落实中央决策部署开展督查巡查。8 个民主党派中央分别对应 8 个贫困人口、贫困发生率高的省份，在攻坚期内开展精准扶贫工作民主监督。[①]扶贫部门加强与纪检监察、巡视、审计、财政、媒体、社会等监督力量合作，把各方面的监督结果运用到考核评估、督查巡查中。中央出台省级党委和政府扶贫开发工作成效考核办法，实行最严格的考核评估制度，从 2016 年到 2020 年，由国务院扶贫开发领导小组组织每年开展一次考核。对综合评价好的省份通报表扬，并在中央财政专项扶贫资金分配上给予奖励；对综合评价较差且发现突出问题的，约谈党政主要负责同志；对综合评价一般或发现某些方案问题突出的约谈分管负责同志。考核结果送中央组织部，作为省级党委、政府主要负责人和领导班子综合考核评价的重要依据。对被约谈的省份开展巡查，对其他中西部省份开展督查。

三、精准扶贫工作机制的基层落实

（一）扶贫对象识别与建档立卡

扶贫对象精准识别与建档立卡包括贫困对象规模分解、精准识别、信息录入和动态管理等内容。贫困对象规模分解采取自上而下、逐级分解的办法，根据国家统计局测算的 2013 年全国 8249 万贫困人口逐级分解到村。其中，到市到县贫困人口规模分解依据国家统计局调查总队提供的乡村贫困人口数

---

① 黄承伟：《党的十八大以来脱贫攻坚理论创新和实践总结》，《中国农业大学学报（社会科学版）》2017 年第 5 期。

和低收入人口发生率计算形成；到乡到村的贫困人口规模数确定依据由县级相关部门计算本地拟定贫困发生率，结合本地农村居民年末户籍人口算出。精准识别办法由国家统一制定，识别标准以 2013 年农民人均纯收入 2300 元（2010 年不变价）的国家农村扶贫标准为基本依据，综合考虑住房、教育、健康等情况。按照农户申请、民主评议、公示公告和逐级审核的方式，实施整户识别，即"两公示、一公告"识别程序：农户自愿提出申请，行政村开展村民民主评议，形成初选名单，经村委会和驻村工作队核实进行第一次公示，无异议后上报乡人民政府审核；乡人民政府对上报初选名单审核后，确定乡镇贫困名单，在各行政村进行第二次公示，无异议后报县扶贫办复审；县扶贫办复审结束后在各行政村及县级门户网站公告。

精准识别过程的难点是对申请农户收入的准确测算。由于信息不对称、不同层级行为主体利益诉求差异，以及以工具理性为目标的国家逻辑与农村乡土逻辑冲突[1]等因素影响下，容易造成精准识别的目标偏离。针对精准识别的困境，一些地方对精准识别机制进行了创新，如贵州省的"四看法"（一看房，二看粮，三看劳动能力强不强，四看家中有没有读书郎），广西的"一进二看三算四比五议"方法。实施精准识别以来，广西动员 25 万名干部组建精准识别工作队来实施贫困户精准识别，采取"一进二看三算四比五议"[2]方法，按照"两入户、两评议、两审核、两公示、一公告"[3]程序，对贫困村所有农户、非贫困村在册贫困户和新申请贫困户的农户逐户识别。为防止"富人当选"，广西在精准识别贫困户评议时，对有两层以上（含两层）砖混结构

---

① 李博、左停：《谁是贫困户？精准扶贫中精准识别的国家逻辑与乡土困境》，《西北农林科技大学学报（社会科学版）》2017 年第 4 期。

② "一进二看三算四比五议"中，"一进"指工作队员与户主及其他家庭成员进行交流，了解家庭情况、生活质量状况、子女读书情况、家庭成员健康情况等；"二看"指看住房、家电、农机、交通工具、水电路等生产生活设施，看农田、山林、种养等发展基础和状况；"三算"指算农户收入、支出、债务等情况；"四比"指与本村（屯）农户比住房、比收入、比资产、比外出务工等情况；"五议"指评议分是否合理，是否漏人，是否弄虚作假，是否拆户、分户、空挂户，家庭人口是否真实等情况。

③ "两入户"指入户调查和贫困户名单确定后入户填写《贫困户建档立卡登记表》，"两评议"指村民小组评议和行政村评议；"两审核"指行政村两委对贫困户名单进行审核和乡（镇）对贫困户名单进行抽验审核；"两公示"指贫困户名单在村民小组公示和在乡镇公示；"一公告"指贫困户名单公示无异议后，在县政府网站和各行政村、自然屯进行公告。

精装修住房或两层纯木结构住房且人均住房面积在 50 平方米以上（含 50 平方米）等八种情形采取一票否决制，即"八个一票否决"。

扶贫对象信息录入和动态管理。在确定扶贫对象之后，由县级政府统筹安排有关帮扶资源，明确结对帮扶关系和责任人。村委会、驻村工作队和帮扶责任人结合贫困户需求和实际，制订帮扶计划。在县扶贫办指导下，乡镇人民政府组织村委会、驻村工作队等将扶贫对象家庭基本情况、致贫原因、帮扶责任人、帮扶计划、帮扶措施和帮扶成效等内容填入《扶贫手册》，并将相关信息录入全国扶贫信息系统。在县扶贫办的指导下，乡镇人民政府组织村委会和驻村工作队根据脱贫、返贫情况，对贫困户信息进行更新，实施动态管理。

（二）贫困问题精准干预

精准帮扶和精准施策是精准扶贫工作机制的核心内容。扶贫政策措施要与贫困识别结果相衔接，分析致贫原因，因村因户因人施策。对贫困问题精准干预，要求在细致分析致贫原因的基础上根据致贫原因将扶贫对象分类管理，把扶贫资源下沉至贫困村、贫困户，实现扶贫资源与扶贫对象需求相衔接。

扶贫对象分类管理是根据基本情况、贫困状况、发展需求等对扶贫对象进行类型划分。在中央没有具体指导意见的情况下，各地实践操作中形成了一些创新做法。如贵州省毕节市针对"贫困的原因是什么"，对"三个因素"进行分类：一是从灾、病、学或缺技术、劳力、发展资金等原因中找出 1~2 项主要原因，分列出每户的贫困成因；二是以人均纯收入为依据，按照贫困程度将贫困户划分为扶贫户、扶贫低保户、低保户、五保户四类。铜仁市印江县对贫困农户做出了"六型"农民的类型划分。

扶贫资源到村到户并与扶贫对象需求相衔接，是变扶贫资源"大水漫灌"为精准"滴灌"的根本途径。不同类型的扶贫项目到村到户有难易之别。产业扶贫、基础设施扶贫具有公共性或整体性特征。技能培训、教育扶贫、社会救助类、社会保障等扶贫干预具有较强的针对性和个体性特点，能够较好地实现扶贫政策措施与精准识别结果相衔接。后一类扶贫干预精准识别结果相衔接较好操作,将相关政策措施瞄准和锁定建档立卡贫困户就能较好地实现贫困精准干预。前一类扶贫干预除政府和扶贫对象外,还有企业、非贫困对象等多个参与主体,实施不当很容易使非贫困对象受益或贫困对象利益受损。增加基层组织特别是扶贫对象的项目决策权是提高该类扶贫措施效果的重要方式。要简化资金拨付流程,项目审批权限原则上下放到县,发挥基层特别是村级经济组织和能人的积极性,利用乡土社会网络资源带动贫困对象参与和受益。

随着贫困人口减少,剩余贫困人口主要为长期性贫困,脱贫难度越来越大。在群体分布上,主要是残疾人、孤寡老人、长期患病者等"无业可扶、无力脱贫"的贫困人口以及部分教育文化水平低、缺乏技能的贫困群众。[1] 这部分贫困人口通过自身能力很难实现稳定脱贫。要探索资产收益扶贫方式,依托财政专项扶贫资金和其他涉农资金投入设施农业、养殖业、光伏、水电、乡村旅游等项目形成的资产,具备条件的折股量化给深度贫困的贫困村和贫困户。

(三)脱贫效果保障

1.普遍建立干部驻村帮扶制度

实施精准扶贫以来,各省区逐步建立全覆盖的驻村工作队(组),实现驻村帮扶制度化、长期化。驻村帮扶工作重点围绕两项任务展开:一是协助村委会等开展精准识别和建档立卡工作。在该项任务中,驻村帮扶工作队的工作内容有:在贫困户精准识别和建档立卡中参与核实扶贫对象初选名单,参与填写《扶贫手册》、数据录入及信息更新。参与制订贫困村帮扶计划、填写《贫困村登记表》和信息录入。二是成为结对帮扶的重要力量。与扶贫对象结对帮扶的帮扶责任人主要来自驻村帮扶力量。各地在实施精准帮扶中形成了相应的结对机制,实现了扶贫对象结对全覆盖。如广西百色对贫困村、贫困户实行定点和结对帮扶,实施"13515"帮扶机制(即1名市县(区)四家班子领导干部带领3个单位,用5年时间定点帮扶1个贫困村,

---

① 习近平:《在深度贫困地区脱贫攻坚座谈会上的讲话》,《求是》2017年第17期。

开展整村推进，实现农民人均纯收入达 5000 元以上）和开展"321"结对帮
扶（即厅局级干部每人帮扶 3 户，处级干部每人帮扶 2 户，科级以下干部职
工每人帮扶 1 户）。①

2. 贫困对象精准退出

贫困对象脱贫退出是精准扶贫效果的重要体现。中共中央办公厅、国务
院办公厅印发《关于建立贫困退出机制的意见》，对贫困人口、贫困村、贫困
退出的标准和程序以及工作要求做了详细规定。各省（自治区、直辖市）制
定了相应的贫困退出政策。贵州省出台《贵州省贫困县退出实施方案》，制定
重点县"减贫摘帽"、贫困乡（镇）"摘帽"、贫困村退出、贫困人口脱贫的标
准和退出步骤。贫困县退出中 2014 年（含 2014 年）之前已实现省定退出标
准的 25 个重点县，加大投入力度，每年贫困发生率确保下降 4.3%，2017 年
底全部按"全县贫困发生率低于 4%"的国定退出标准实行刚性退出。未实
现省定退出标准的重点县，按照省定退出标准考核，从达到省定标准次年开
始，按照"年度贫困发生率下降 4.3% 点以上"的标准考核，并按照国定退
出标准和退出计划在 2020 年全部刚性退出。贫困乡、村退出与贫困县退出做
法相似。贫困人口脱贫退出以年人均可支配收入稳定超过国家贫困标准、实
现"两不愁、三保障"为主要衡量指标，按照乡村提名、民主评议、入户核
实、户主签字确认、村委会公示、乡镇审核、县级公告、州市汇总、省级备
案管理和信息录入的程序进行。广西印发《广西壮族自治区人民政府办公厅
关于进一步明确精准脱贫摘帽标准及认定程序有关问题的通知》，制定"八有
一超"贫困人口退出、"十一有一低于"贫困村脱贫摘帽标准、"九有一低于"
贫困县脱贫摘帽标准。贫困户脱贫认定按入户核验、村级评议、乡（镇）审
核公示、县级审定公告、省区市和自治区备案五步程序进行；贫困村脱贫摘
帽按照乡（镇）初验上报、县级审核公示、市级复核审定、自治区抽查反馈、
市级公告退出五步程序进行；贫困县脱贫摘帽按照县级申请、市级初审、自
治区审定（审核）、向国家报告、自治区批准退出五步程序进行。广西在贫困

---

① 参见《百色市扶贫开发攻坚战精准扶贫工作实施方案》（百扶领发〔2014〕5 号）。

户退出中创新出"双认定"做法，即严格对照脱贫标准，每个贫困户建立统一的收支台账，台账中列出精准脱贫的各项标准条款，由帮扶干部、贫困户共同对已达标和未达标的内容进行登记，完成一项，双方认定一项，为脱贫验收提供可靠依据。[①]"双认定"做法解决了贫困退出中的贫困户收入"一笔糊涂账"、戴上"帽子"不愿摘、没有达标"被脱贫"等难题。[②]

3. 精准扶贫工作的评估考核

在科层制中，干部考核对干部起到导向作用、鞭策作用和激励作用，是干部做事的"指挥棒"。2016年中共中央办公厅、国务院办公厅印发《省级党委和政府扶贫开发工作成效考核办法》，对扶贫开发任务重的中西部22个省（自治区、直辖市）党委和政府进行扶贫开发工作成效考核。2014年12月，中央组织部、国务院扶贫办联合印发《关于改进贫困县党政领导班子和领导干部经济社会发展实绩考核工作的意见》，把扶贫工作作为经济社会发展实绩考核的主要内容，将提高贫困人口生活水平、减少贫困人口数量和改善贫困地区生产生活条件作为考核评价扶贫成效的主要指标，着力考核通过精准扶贫、扶贫资金使用、扶贫项目实施、扶贫产业发展，增强贫困地区发展内生动力和活动，带动贫困群众持续稳定增收的情况。

国家精准扶贫考核形成后，各省（自治区、直辖市）纷纷出台精准扶贫考核办法。广西出台《广西壮族自治区设区市党委和政府扶贫开发工作成效考核办法（试行）》，把脱贫成效、精准识别、精准帮扶、扶贫资金使用管理等作为考核主要内容，采取自评、第三方评估等多种方式。从2016年起每年开展一次考核评估，并将考核结果作为各区市党政领导班子和主要领导综合考核评价的重要依据。出台《广西壮族自治区贫困县党政领导班子和领导干部经济社会发展实绩考核办法（修订）》，对贫困县和片区县党政领导班子和主要领导进行考核，将贫困改善情况、扶贫重点工程、扶贫资金整合使用、扶贫资金监管、精准管理、精准帮扶等作为主要内容，采取平时考核

---

① 许贵元：《"双认定"是精准扶贫的好办法》，《广西日报》2016年8月30日，第11版。
② 韦继川：《绘就贫困地区画卷——广西精准扶贫决胜小康综述》，《广西日报》2017年5月19日，第1版。

与年终考核相结合、定性考核与定量考核相结合的方式进行考核，考核结果与贫困县级自治区定点帮扶部门领导干部年度考核、综合考核评价挂钩，作为相关单位和领导干部评先评优、选拔任用、责任追究的重要依据。云南省出台《云南省驻村扶贫工作队管理办法》，提出由县级"挂包帮、转走访"工作联席会议办公室统筹、乡镇党委具体负责，对驻村扶贫工作队队长及队员每年进行年度考核，考核结果分为优秀、称职、基本称职、不称职等四个等次。

四、精准扶贫工作机制创新的经验启示

（一）贫困识别的经验与启示

贫困的识别是一项专业性强、复杂性高的技术工作。国际的贫困识别方法主要有自上而下的识别方法（如个体需求评估法）和自下而上的贫困识别方法（如以社区为基础的瞄准方法），其在单独运用中都存在一定的局限性。[1]在贫困的多层级治理中，由于贫困识别技术的复杂性，基层干部往往难以胜任贫困识别的专业性任务。贫困规模庞大，采用一家一户的统计调查的贫困识别成本高、耗时长，且难以排除贫困变动对识别精准的干扰。我国精准识别工作采取自上而下与自下而上相结合的方法。即通过统计部门抽样测算全国贫困规模，并由国家扶贫部门自上而下逐级分解贫困指标（分解到县）的方法较好保证了贫困识别的科学性。同时通过农户自愿申请、民主评议等自下而上的识别方法和简单易懂的识别标准（如贵州的"四看法"），利用乡村熟人社会中的信息优势提升贫困识别中群众参与度和监督效果，保障了贫困识别的真实性。在多层级的贫困治理中，信息在多层级间传递造成的信息不对称，加上各层级利益诱导，往往容易导致贫困识别的目标偏离。需要上级部门利用统计部门测算数据实施贫困规模指标化，同时发挥乡村贫困人口、基层政府的积极性，采取自下而上的识别程序和简单易懂的识别标准，引导群众参与和监督。

---

[1] 罗江月、唐丽霞：《扶贫瞄准方法与反思的国际研究成果》，《中国农业大学学报（社会科学版）》2014年第6期。

（二）贫困干预与脱贫保障的经验与启示

精准扶贫涉及不同需求扶贫对象，多类贫困干预主体，多层级政府治理。贫困治理的复杂性，加大了精准扶贫治理的难度。向基层政府"授权"有利于提升治理的有效性，但增加了地方政府利用信息优势和自由裁量空间发生"道德风险"的可能性。这就需要以出台纲领性、指导性的专项政策，以及扩大社区参与等手段防止地方政府贫困干预行为目标偏离。[1] 习近平总书记将我国精准扶贫实践经验概括为："加强领导是根本、把握精准是要义、增加投入是保障、各方参与是合力、群众参与是基础。"[2] 在贫困问题精准干预中，坚持不断加大投入，保障了精准扶贫治理在资金资源获得有效供给，通过"四到省""四到县""贫困县统筹整合使用扶贫资金"等"授权"机制，激发地方政府和群众参与的积极性，发挥基层扶贫信息优势，保障了扶贫治理的精准性。精准扶贫实践强调加强领导特别是中央对扶贫开发的统揽全局，加强领导是贫困治理的根本。在实施精准扶贫治理过程中，中央出台《中国农村扶贫开发纲要（2011—2020年）》《关于打赢脱贫攻坚战的决定》等纲领性文件及各部委百余项配套文件。省级政府也出台和完善"1+N"的精准扶贫脱贫系列政策。这些政策，涉及扶贫力量动员、贫困干预施策、贫困人口管理、贫困退出、扶贫工作考核评估等各个扶贫领域，加上中央及各部门在精准扶贫工作的督查巡查、纪检监察、巡视、审计、媒体、社会等监督力量全方位合作，形成全党全社会共同参与精准扶贫的合力脱贫攻坚格局，防止了地方政府"道德风险"在贫困治理中的发生。

---

① 吕方、梅琳:《"复杂政策"与国家治理——基于国家连片开发扶贫项目的讨论》,《社会学研究》2017年第3期。

② 《习近平在中央政治局第三十九次集体学习时强调 更好推进精准扶贫精准脱贫 确保如期实现脱贫攻坚目标》,《人民日报》2017年2月23日,第1版。

深度贫困问题综合治理的理论与实践

党的十八大以来，我国每年减贫人口在 1300 万人以上，贫困发生率从 2012 年底的 10.2% 下降到 2017 年底的 3.1%，农村贫困人口从 2012 年底的 9899 万人减少至 3046 万人。剩下的贫困人口主要分布在深度贫困地区。深度贫困就是"贫中之贫，困中之困"，其本质是绝对贫困，是指个人或家庭不能维持基本生存和生活需要的生存状况。深度贫困地区具有贫困代际传递特点，同时也是生态型贫困、社会发育型贫困、边境贫困等特殊贫困和地方病的高发区。2017 年 6 月 23 日，习近平总书记在深度贫困地区脱贫攻坚座谈会上指出："脱贫攻坚工作进入目前阶段，要重点研究解决深度贫困问题。"[1] 截至 2017 年底，在深度贫困地区，贫困发生率超过 18% 的县还有 110 个，贫困发生率超过 20% 的村还有 16000 多个，这些都是脱贫攻坚的难中之难。[2] 为了打赢这场硬仗，党和国家给予了更加集中的支持，采取了更加有效的举措，开展了更加有力的工作。

一、深度贫困问题综合治理的基本理论

深度贫困问题综合治理的基本理论，可以从深度贫困的成因、深度贫困治理的主体及过程等角度去梳理。深度贫困问题的成因是复杂的，其治理方式也绝不可能是单一化和碎片化的，而应该是综合性和系统性的。基于文献梳理与分析，我们着重从地理空间、文化理念、可行能力、社会风险和多元治理等与深度贫困问题综合治理紧密相关的理论视角，对深度贫困地区的减

---

[1] 习近平：《在深度贫困地区脱贫攻坚座谈会上的讲话》，《人民日报》2017 年 9 月 1 日。
[2] 数据来源：《国务院扶贫办主任刘永富就"打好精准脱贫攻坚战"的相关问题回答中外记者的提问》，新华网 2018 年 3 月 7 日。

贫与发展提出理论解释与借鉴。

（一）"空间贫困"视野中的深度贫困及治理

深度贫困问题的形成与其自然地理条件紧密相联。"空间贫困"理论提出了"地理资本"的概念，与物质资本、社会资本相提并论。"地理资本"是指把多种差异集合在空间地理位置这一要素之中，例如教育、卫生、社会保障、政治等在城乡之间、贫富人群之间的各种差别，都可以用空间地理位置禀赋不同来确定。地理位置越偏远，推动当地发展的由自然、经济、社会等多种因素集合而成的地理资本也就越低；反之，地理位置以及地理条件优越，地理资本也就越高。正是因为空间地理位置禀赋低劣，才造成了农户自身发展环境与能力低下，进而使之陷入"贫困陷阱"之中。研究者认为空间地理因素会促使农户面临的风险暴露出来，引起贫困状况在空间上的相对集中，因此贫困的发生与空间地理位置密切相关。[①]

从空间贫困的视角来看，深度贫困的主要成因是自然地理条件。首先，深度贫困地区依据距离城镇的远近呈现分层的格局，梯度加深，以"城镇中心—乡村—村庄"为单位贫穷程度逐级加深。其次，深度贫困地区的贫困人口拥有的地理资本低劣，发展资源紧张，土壤、气候、地质等条件不利于农户生存与发展，交通道路等基础设施和公共服务极度欠缺，这种恶劣的生存环境使贫困农户远离市场、远离信息，无法参与到市场经济体系之中，进一步"固化"了贫困群体。最后，传统对深度贫困地区的扶贫也呈现出"县城郊区—稍远乡镇—偏远乡镇"的由近及远的空间位置特征，即一些扶贫资金、扶贫项目会投放到空间距离较近的村组，而偏远的乡村得到的扶贫支持较少。[②]这种空间型贫困造成了扶贫资源传递的"马太效应"，使深度贫困人口陷入持续贫困之中。

从空间贫困的视角来看，深度贫困地区的减贫治理，需要改善交通道路、缩短空间距离，提高农业生产补贴，以防止因自然灾害与市场波动冲击造成

---

① 陈全功、程蹊：《空间贫困及其政策含义》，《贵州社会科学》2010 年第 8 期。

② 陈全功、程蹊：《空间贫困理论视野下的民族地区扶贫问题》，《中南民族大学学报》2011 年第 1 期。

的损失，克服"生态劣势"。此外，对于根本不适宜居住、地理条件极差的地区，实施移民搬迁措施与小城镇建设相结合，可以提高资源利用和政策干预的精准度。

（二）"贫困文化"视野中的深度贫困及治理

贫困文化是贫困阶层所具有的一种独特的生活方式，是对长期生活在贫困之中的人们经济状况的映射与适应。形成于贫困环境中的行为方式、习惯习俗、心理定式、生活态度和价值观深刻地影响着贫困人口的生活，导致了文化贫困、能力不足、机会丧失、社会排斥等情况，不仅使他们难以摆脱贫困，而且一定程度上起到了巩固和加深贫困的效果。[①] 人类学家刘易斯首先提出了"贫困文化"的概念，他认为贫困文化是一个拥有自己的结构和理性的社会亚文化，它表现出在既定的历史和社会脉络中，穷人所共享的是有别于社会主流文化的一种生活方式，同时也表现为穷人对其边缘地位的适应。正是由于对这种贫困文化的自我适应，才使得穷人难以摆脱贫穷的命运。深度贫困地区存在一些制约减贫的文化因素，如贫困人口的文化水平不高、人口受教育程度低、各种专门人才与科技人员稀缺、文化设施相对落伍等，同时某些传统文化和习俗限制了贫困人口多元化生计的选择，并对脆弱的生态环境形成严重压力。

从文化贫困的视角来看，深度贫困地区大都是少数民族地区，在深度贫困的综合治理过程中，应当积极地挖掘深度贫困地区的优秀文化以促进脱贫攻坚，引导贫困群体摒弃一些不好的生活生产习惯，逐步培养其现代文明的生活方式。每个民族在其长期的生存与发展中，创造了各具特色的生产生活方式与民族文化。要在尊重贫困人群合理需要的基础之上，把地方性知识、民间智慧与外来文化很好地融合起来，提高贫困人口的生产技能、市场经营能力以及参与社会经济活动的意识，激励贫困地区人民形成埋头苦干、奋发图强、自力更生的精神面貌。同时，要以文化阵地、活动为载体，提高贫困人口的文化素质，普及科技知识，创造特色文化产业，提升深度贫困地区文

---

① 周怡：《贫困研究：结构解释与文化解释的对垒》，《社会学研究》2002 年第 3 期。

化产业的市场竞争力。

（三）"能力贫困"视野中的深度贫困及治理

能力贫困理论主张，贫困的实质不是收入的低下，而是人的可行能力的贫困。阿马蒂亚·森认为，贫困的实质是贫困人口基本能力的剥夺和机会的丧失，而不仅仅是低收入。能力是获得收入的重要手段，能力的提高会使个人获得更多的收入；良好的教育和健康的身体不仅能直接地提高生活质量，而且还能提高个人获得更多收入及摆脱贫困的能力。[1] 深度贫困地区环境封闭，教育发展落后，人口文化素质较低，容易陷入"贫困—受教育少—文化素质低—更贫困"的恶性循环。出于受传统观念与文化素质较低的影响，没有任何技术技能的广大村民也很难走出大山，从而导致了一些贫困人口流动能力弱，不能通过外出务工来增加收入。能力贫困理论经常与人力资本投资理论相互结合，认为贫困的主要根源就在于人力资本的投资不足，因此解决贫困问题的关键在于提高贫困者的人力资本投入水平。[2]

从能力贫困的角度来看，深度贫困地区的综合治理需要考察个人在实现自我价值方面的实际能力，将改变人的能力和提高人的素质作为扶贫的重点。通过典型示范、科技活动、教育培训、完善社会保障体系、增加民主参与等渠道，提高贫困人口的文化素质与身体素质，增强自我脱贫的能力，把单纯给钱给物的"输血式"扶贫逐步转化为以培育贫困人口自主脱贫能力的"造血式"扶贫。

（四）"灾害风险"视野中的深度贫困及治理

灾害风险管理理论认为，自然灾害是深度贫困地区农民增收和减贫的主要制约因素。通过分析深度贫困地区的自然灾害、脆弱性、农业与贫困之间的作用机制，相关研究发现，自然灾害加大了深度贫困地区农业的弱质性。深度贫困地区的自然条件恶劣，生态环境脆弱性高，集中了全国主要的大山、高原、沙漠、戈壁、裸岩、冰川以及永久性积雪地域，寒、暖、干、湿季节

---

① 宋宪萍、张剑军：《基于能力贫困理论的反贫困对策构建》，《海南大学学报》2010 年第 2 期。

② 宋本江：《人力资源开发：少数民族地区反贫困的根本途径》，《经济研究导刊》2009 年第 3 期。

变化很大，导致自然灾害频繁。①同时，由于贫困人口的抗风险能力差，基础设施落后，生态环境自身的脆弱性和贫困带来的社会环境的脆弱性使自然灾害对这些地区的破坏力极大，特别是给农业生产带来了灾难性影响，严重威胁到人们生计的维持和地方经济的发展，这进一步加剧了贫困地区的脆弱性，有可能使已经脱贫的地区返贫，使抗灾害能力变弱，而加剧的贫困对自然环境和社会环境又一次的脆弱性累积，形成恶性循环。

从灾害风险视角看，深度贫困的综合治理需要增加承载体的减灾防灾能力和对农业自然灾害的风险预防能力。一是增强深度贫困地区农业灾情的监测与预防，建立农业灾情监测体系；二是在资金与技术上支持减灾农业，加强灾害教育，不断挖掘适合该地区的避灾经验与方法，发展避灾农业；三是加强减灾与减贫结合的农业风险管理，开发贫困地区的农业保险与农业灾害救济；四是增加防范和抵御自然灾害的基础设施以及生态扶贫的项目。通过这些方式有效改善深度贫困地区脆弱的自然环境和社会环境，降低自然灾害对贫困地区的强破坏力，促进地方有序发展。

（五）"社会分工"视野中的深度贫困及治理

社会分工理论立足于马克思、恩格斯的社会分工思想，认为深度贫困地区的长期贫困与其内在的社会分工有密切联系。深度贫困地区存在着封闭的"村社"性质的社会经济组织，维持着以家庭为单位的自给自足的自然经济和男耕女织的自然分工。这种简单的自然分工影响了社会分工的专业化，以满足家庭成员消费为目的的生产活动不利于商品交换，致使由各种社会劳动的分化引起的社会分工发展得十分缓慢，成为这些地区至今还极端贫困的基本原因。②深度贫困地区不利的自然生存环境使人们无法从事除种养植业以外的其他商业活动，产业结构单一，农产品加工业没有形成规模经营，市场过于狭小，消费主体少，生产目的仅限于满足家庭成员的消费需要，在一定程度上阻碍了社会分工，使贫困人口陷入持续贫困之中。

从社会分工视角看，深度贫困地区的治理需要重点帮助贫困人口利用当

① 王国敏：《农业自然灾害与农村贫困问题研究》，《经济学家》2005 年第 3 期。
② 罗时法：《社会分工与少数民族的贫困》，《中南民族学院学报》1994 年第 5 期。

地资源和优势，发展用于交换的商品生产，引导他们逐步走出自然经济的封闭状态，通过市场经济改变生产方式和生活条件，促进社会分工，提高生产能力和经济发展水平。同时，可以在家庭经营的基础上，实施连片开发，集中扶贫资金，采用现代科学技术，建设区域性生产基地，实行大规模经营，逐步脱贫。①

（六）"治理理论"视野中的深度贫困及治理

治理理论主要关注的是国家以日益依赖公私合作的方式来制定和执行政策时的能力问题。②将治理理论运用于深度贫困的综合治理领域，可以使我们重新审视已有的减贫工作。具体而言：一是贫困治理不是政府一方的事，而是全社会的事，是政府、市场组织、社会组织、社会公众多方合作的网络结构。二是贫困治理过程是多个行动主体积极嵌入贫困治理场域之中，共同开展贫困治理项目，对多种贫困资源进行协调整合的过程。三是贫困治理的总体效应是贫困人口减少及其贫困程度降低，社会发展的均衡程度提高以及贫困治理效率的有效提升，而非单一的经济收入增长。

从治理理论的角度来看，要实现深度贫困地区的减贫与发展，需要通过政府、企业、社会组织、社区、贫困群体等各相关利益主体之间的互动合作，发挥每个行动主体的扶贫优势，并针对深度贫困地区特殊的发展环境，从制度层面上构建可持续的反贫困机制，提高反贫困成效。

二、深度贫困问题综合治理的地方实践

为了实现深度贫困地区的脱贫攻坚，确保让每一个贫困人口共同步入小康社会，中国在确保普惠性扶贫政策有效执行的基础之上，也出台了针对深度贫困地区的特殊性脱贫政策，构建了行之有效的脱贫政策体系，开展了特色的政策实践，实现了深度贫困地区的共享发展。

本文以四川凉山州为例，探讨深度贫困问题综合治理的实践过程、运行机制和实施效果。凉山州是全国最大的彝族聚居区，也是全国典型的"直过

---

① 向德平、程玲：《连片开发扶贫模式与少数民族社区发展》，民族出版社 2013 年版。
② 李泉：《治理理论的谱系与转型中国》，《复旦学报（社会科学版）》2012 年第 6 期。

民族"深度贫困地区。截至 2017 年底，尚有 49.1 万人未能脱贫，2072 个贫困村尚有 1118 个未退出，1350 个贫困发生率在 20% 以上的深度贫困村，尚有 1001 个未退出，特别是彝区 10 县贫困发生率达 19.4%，区域性、整体性贫困突出。[①] 针对严峻、复杂的深度贫困形势，凉山州瞄准最困难村、最困难户、最贫困群众、最紧迫的事，锁定彝区民生和发展中最突出的根本性问题，从政策扶贫、物质扶贫和精神扶贫三个层次开展了卓有成效的贫困治理工作。

（一）制定针对性的扶贫政策，强化制度政策保障

深度贫困攻坚任务具有艰巨性、重要性与紧迫性，全社会应当树立共享发展的理念，确保深度贫困地区和贫困群众早日脱贫。从国家层面，先后出台了《关于支持深度贫困地区脱贫攻坚的实施意见》《关于金融支持深度贫困地区脱贫攻坚的意见》《关于支持深度贫困地区旅游扶贫行动方案》《深度贫困地区教育脱贫攻坚实施方案（2018—2020 年）》《关于实施乡村振兴战略的意见》等政策文件，从宏观规划指导，到财政金融、资源配置、旅游开发、教育培训、乡村全面振兴等方面，给予深度贫困地区足够的物质帮扶和文化引导。

为确保 2020 年凉山州等深度贫困地区如期顺利脱贫，四川省委、省政府出台了相应的政策规定，以超常规的手段措施，帮扶凉山州脱贫攻坚，先后出台了《关于进一步加快推进深度贫困县脱贫攻坚的意见》《关于精准施策综合帮扶凉山州全面打赢脱贫攻坚战的意见》，明确了不同扶贫主体的责任，从产业、教育、基础设施等 12 个方面，采取 34 条政策措施精准支持凉山州脱贫攻坚。同时，制定了《凉山州脱贫攻坚综合帮扶工作队选派管理实施方案》，给予特殊的政策支持，强化综合帮扶力量。四川省共选派 5700 多名干部组成综合帮扶工作队，分赴 11 个深度贫困县开展为期三年的脱贫攻坚和综合帮扶工作，成为凉山州脱贫攻坚的一支重要力量。[②] 凉山州通过坚持和加强

---

① 资料来源：《跑出脱贫攻坚的"加速度"——深度贫困地区凉山州的脱贫之路》，《中国扶贫》2018 年 6 月 20 日。

② 资料来源：《三论坚决攻克凉山深度贫困堡垒》，《凉山日报》2018 年 6 月 27 日。

党对深度贫困乡村脱贫工作的领导，健全党管农村工作领导体制，确保党在脱贫工作中总揽全局、协调各方的原则，为脱贫攻坚提供了坚强有力的政治组织保障。

（二）加强物质资本投入，改善生产生活环境

为改善深度贫困地区的生存环境状况，解决物质资本长期短缺的问题，四川省及凉山州党委和政府不断加大财政专项扶贫资金和其他涉农资金投入，创新扶贫资金的使用方式，提高扶贫资金使用效率。同时，落实农村居民最低生活保障标准与农村困难群众扶贫标准"两线合一"工作，因地制宜采取多种扶贫措施，改善贫困人口的生产生活环境。

首先，凉山州聚焦建房修路全力攻坚，在安居工程基础上将以交通为重点的基础设施建设作为先导工程，把未来村寨开发作为贫困户脱贫的重要导向进行了特殊布局。同时，以安全、宜居、"微田园"为开发方向，以"新村、新居、新产业、新农民、新生活"为价值约束，整村规划、连片推进移民搬迁和新村新寨建设。近三年，先后投入资金185.05亿元，建成彝家新寨622个4.19万户、安宁河谷新村923个8.8万户、藏区新居4137户，受益群众达60.42万人。同时，凉山州先后实施了两轮"交通大会战"，着力打通断头路、建设大网络、拓展进出口、提速内循环，雅西高速公路建成通车，近三年完成投资189.68亿元，建成11个国省干线项目1611.9公里。

其次，创新深度贫困地区的产业扶贫方式。凉山州充分考虑了深度贫困地区的产业发展主体、产业导向以及发展方式问题，在政府引导、企业协同与贫困群众自愿的基础上，以市场需求为导向，发展可持续的多样化、专业化产业。一是坚持"绿水青山就是金山银山"，立足区域耕地、林地、草场等富集资源，巩固163.5万亩退耕还林成果，因地制宜发展区域特色产业，推行贫困村"一村一品""以购代捐"精准脱贫模式。二是加快发展"果薯蔬草药"特色农牧业，建基地、创品牌、搞加工。将农产品以私人定制和多样化为导向，加快发展生态林业产业。三是积极培育新型经营主体，发展农民合作社、家庭农场，创新村集体经济发展方式，带动贫困户增收。四是大力发展全域旅游，积极推动一、二、三产业深度融合，产业集中均衡发展模式，

实现公共服务产品的供给均等化。

最后，重新定义彝族村寨文化，发挥生态资源优势。凉山州的生态环境有着独特的康养价值，特别是走廊状地表以及民族文化融合走廊，有着得天独厚的功能调整优势。在此基础上，凉山州精选并打造民族节日和特色活动，特别是开发宗教文化的旅游价值，将民族聚集与文化多样性统筹打造，形成特色区域人文资源；重新定义生态屏障，在保护中实现开发。[①]

（三）开展人力资本建设，阻断贫困代际传递

针对深度贫困地区人力资本极度匮乏的问题，凉山州聚焦教育、就业和移风易俗，为凉山州彻底摆脱贫困打下人力资本基础。一是把教育扶贫作为治本之策，深入实施民族地区教育发展十年行动计划，切实提高农村幼儿教育、基础教育与职业教育水平，逐步开始实施"青少年教育促进计划""劳动收入奖励计划"，对经过教育就业的贫困家庭的劳动所得给予补贴奖励，从而结合社会救助与劳动就业，以奖代补，使得通过教育培育的劳动力量形成稳定的劳动致富观念，鼓励通过劳动来增加个体收入。免费义务教育惠及学生107万名，4447名建档立卡贫困家庭学生得到教育资助，28万名家庭经济困难寄宿学生享受寄宿制生活补助。二是实施"千村文化扶贫行动"，建成954个民俗文化坝子、3745个农家书屋、1383个村级文化活动室，实施广播电视"村村响""户户通"工程576个、59218户，基层公共文化体系不断完善。三是聚焦移风易俗全力攻坚，消除"精神贫困"。凉山州在精准扶贫施策中，始终把解决突出社会问题、革除群众落后观念摆在重要位置，革新涉毒文化、落后人口文化、畸形婚丧嫁娶文化，初步实现了"精神脱贫"与"物质脱贫"齐头并进。四是深入实施新型农民素质提升工程，开办"农民夜校"3745所，培训贫困户适龄劳动力2.33万人，两年内将所有贫困户适龄劳动力轮训一遍，充分激发群众自力更生、勤劳致富、脱贫奔康的内在动力。[②]

总之，凉山彝族自治州对深度贫困问题的治理，综合考虑了本地的自然、经济和社会发展规律的特殊性，深入分析了本地贫困的复杂诱因，在

---

①② 《跑出脱贫攻坚的"加速度"——深度贫困地区凉山州的脱贫之路》，《中国扶贫》2018年6月20日。

尊重民族文化特色的基础之上，从扶贫政策体系建设、特色产业群建设以及人力资本培育等方面，开展了系统性、综合性的贫困治理工作，促进了当地经济社会可持续发展，为我国其他深度贫困地区的贫困治理工作提供了经验借鉴。

三、深度贫困问题综合治理的对策建议

2018—2020年，是决战脱贫攻坚和全面建成小康社会的关键阶段。深度贫困问题的解决有赖于中国政府及社会力量多维方式的介入，创造贫困人口表达意愿的机会，赋予其知情权和参与权，培育其脱贫致富和自我发展的内生动力，不断拓展与提高贫困人口掌握运用扶贫资源的机会与能力，实现深度贫困地区可持续发展。

（一）广泛宣传脱贫政策，激发脱贫热情

今后，要以《关于支持深度贫困地区脱贫攻坚的实施意见》等政策文件为依据，加大对深度贫困地区和深度贫困群体的资金、项目、举措倾斜和支持力度。坚定贫困地区干部群众打赢脱贫攻坚战的信心和决心，掌握贫困户的贫困认识和观念，了解其脱贫思维，树立脱贫光荣、扶贫光荣的良好风尚，抓好贫困乡村文明建设和移风易俗，抵制陈规陋习，积极倡导现代文明理念和生活方式，改变落后风俗习惯。鼓励劳动、鼓励就业、鼓励靠自己的努力养活家庭，服务社会，贡献国家。改进工作方式方法，采用生产奖补、劳务补助、以工代赈等机制，教育和引导广大群众用自己的辛勤劳动实现脱贫致富，激发深度贫困地区贫困群众奋发脱贫的热情。推广运用参与式扶贫等方法，增强贫困群众对帮扶项目的拥有感、效益的获得感，不断激发和培育贫困群众内生动力和自我发展能力。

（二）加强基层组织建设，培育脱贫致富典型

深度贫困地区人才短缺，人才流失严重，因此，深度贫困地区的贫困治理要注重创新贫困村干部培养选拔机制，打破城乡、地域和行业界限，从致富能手、农民经纪人、外出务工返乡农民党员等人群中选拔优秀人才担任贫困村的村党支部书记，建设坚强有力的领导班子。积极选派第一书记到贫困

村任职，深入开展服务型党组织创建活动，强化深度贫困地区农村基层组织服务功能。引导社会力量参与培育致富带头人，强化农业技术培训和金融扶持，鼓励农民创业，开展贫困村创业致富带头人、扶贫干部专题培训，加强对贫困家庭劳动力技能培训和转移就业服务，提升贫困人口的脱贫能力。

（三）促进本土文化与市场经济有效衔接

深度贫困地区大都是少数民族聚居区，有一套既定的行动规则、风俗、认知和行为习惯。贫困村民在社区之中长期生存、发展出来的本土知识和经验是抗击各种社会风险的重要保障。未来的贫困治理工作，需要重视贫困区域的地方性发展特征，在保留深度贫困地区原来社会文化的同时，更好地与现代市场经济发展相互衔接、相互结合。要肯定并拓宽贫困群体独特的发展知识和经验，并且引导贫困群体自主地利用和建设社区，把外部先进的发展理念和贫困群体自身的本土智慧结合起来，充分利用互联网等现代信息平台，培育特色农产品，发展特色文化产业，激活贫困地区的内生动力。

（四）积极发展各层次教育，阻断贫困代际传递

改变深度贫困地区的贫困文化，提高贫困群体内生发展动力，阻断贫困代际传递，大力开展教育脱贫攻坚行动。要以《深度贫困地区教育脱贫攻坚实施方案（2018—2020年）》的实施为基础，充分调动各方面积极性、主动性和创造性，推动教育新增资金、新增项目、新增举措进一步向"三区三州"倾斜。同时，各级政府要不断加大教育投入，在深度贫困地区建立学前教育和实施儿童营养计划、志愿支教计划、学前教育三年行动计划和资助政策，改善农村义务教育薄弱学校基本办学条件，推进乡村教师队伍建设，实施面向贫困地区定向招生专项计划，建立起覆盖学前教育到研究生教育各个学段的学生资助政策体系，优化职业教育，促进教育公平。

（五）利用社区内部力量，营造互助共济的脱贫氛围

各级政府要组建扶贫互助组织，运用乡村互助、合作的方法，激发社区内在活力及向心力。通过扶贫资金的注入，组织围绕扶贫工作的集体活动，在集体活动中增进贫困户的参与能力、分析能力、判断能力，促进其独立走向市场，规避因扶贫项目撤出或者市场的自发性、盲目性和滞后性带来的各

种风险。政府和社会可以通过外部物质资本的注入和贫困社区内部人力资本的培养，充分发挥地方性知识和本地社区、人群主体性地位的作用，赋予贫困人口以自主选择和行动的权利，注重让贫困人口全面参与到扶贫项目的规划、实施、监测和评估过程之中，实现贫困人口可持续脱贫。

（六）完善社会保障体系，做好特殊人群的兜底保障

深度贫困地区的综合治理工作，还需要做好农村低保制度与扶贫开发政策两项制度的有效衔接。要把老年人、残疾人、孤儿、无人抚养的困境儿童、罕见病患者以及因突发事件、意外伤害、重大疾病等原因造成家庭或个人基本生活特别困难的人群，列入社会救助体系，确保每户困难家庭都能及时获得社会救助，确保每户困难家庭的生活水平得到基本保障，使困难家庭拥有更多获得感和生活尊严。尤其是对待因病致贫的贫困人群，要缩短医疗保险周期，改善定点医院服务项目。同时，要以脱贫攻坚行动为契机，成立低收入家庭经济状况核对指导中心，落实人员编制，规范开展核对工作，提高救助对象认定的精准度。

（七）协调不同贫困治理主体之间的关系

在深度贫困治理过程中，农村的基本公共服务需求和差异化公共需求呈快速增长的态势，农村人口的公共需求数量和质量都有所上升。用单一的政府扶助主体与行政资源，去满足不同地区农村居民的异质性、多元性需求，难度很大，所以，需要构建一个符合深度贫困乡村基本情境的多元供给模式，构建包括政府在内的各行动主体间的社会网络互动体系，建立不同行动主体的信任合作关系，共同实现农村地区的整体性发展。

在深度贫困治理过程中，政府与企业、社会组织、农民的关系是彼此相互依赖的关系，政府可以借助其他主体的人才与技术优势，减轻政府负担，转移政府职能，实现贫困治理和乡村振兴的目标；其他行动主体则可以借助政府的权威性与可信度，提升自身影响力，提高受助者的积极性和参与度。各个相关主体可以在共同的目标下，整合稀缺的贫困治理资源，发挥自身的相对优势，共同应对复杂的贫困治理环境，满足农村人口的合理需求，以达到合作绩效最大化，将传统自上而下的强制输入型贫困治理方式转变为政府

与社会力量的互动型贫困治理方式。

（八）实现精准扶贫与乡村振兴的有效衔接

深度贫困地区在解决绝对贫困的基础之上，还要做好精准扶贫与乡村振兴战略的衔接工作。两者本质上都属于社会政策的范畴，是以政府为主体的外界干预者对农村地区减贫和发展的干预行动。这种行动需要保持政策的针对性和有效性，确保政策的设定与实践符合农村地区的特殊情况和农民的需求。打赢脱贫攻坚战是实施乡村振兴战略首要的重大阶段性任务，以"三区三州"为代表的深度贫困地区及各省区市的省定的深度贫困村，必须继续抓好精准扶贫工作，持续巩固脱贫成效，预防返贫风险。

同时，要将乡村振兴战略的思想和原则融入脱贫攻坚的计划和行动中，实现脱贫攻坚与乡村振兴之间的有机衔接。安排贫困乡村的脱贫计划，扶贫产业项目、异地扶贫搬迁等，既要考虑脱贫的短期目标，也要考虑发展的长期规划，提高脱贫的质量和可持续性。在脱贫攻坚和乡村振兴的工作思路、政策支持、工作力量、领导体制、运行机制等方面也要统筹安排、协同推进。特别是要把脱贫攻坚的实践成果上升为制度规范，建立起农村健康发展长效机制，调动群众的主动性、积极性，解决脱贫后农村的发展问题，用乡村振兴带动脱贫攻坚，用脱贫攻坚促进乡村振兴。[1]

总之，深度贫困地区的综合治理工作是全面建成小康社会的关键工作，是一项复杂的整体性工程，不能采取简单的碎片化的治理方式，而是要坚持中央统筹、省负总责、市县抓落实的工作机制，动员全社会力量，坚持大扶贫格局，注重扶贫同扶志、扶智相结合，深入实施东西部扶贫协作，聚焦深度贫困地区和特殊困难群体精准发力，集中资金、集中资源、集中精力实施攻坚战略，确保到 2020 年中国现行标准下农村贫困人口实现脱贫，贫困县全部摘帽，解决区域性整体贫困，做到脱真贫、真脱贫。

---

[1] 山东省政府新闻办举行新闻发布会，解读《关于打赢脱贫攻坚战三年行动的实施意见》，http://www.sdfp.gov.cn/xxdt/qsdt/201808/t20180810_3559.htm。

相对贫困治理的理论与实践

　　党的十八大以来，各地全面贯彻落实精准扶贫精准脱贫的基本方略，我国扶贫工作取得了明显的成绩，2013 年至 2016 年，我国现行标准下（2010年不变价格为 2300 元）的农村贫困人口由 9899 万人减少至 4335 万人，农村贫困发生率由 10.2% 下降至 4.5%。截至 2017 年底，全国剩余的贫困人口在 3000 万人左右，堪称"迄今人类历史上最快速度的大规模减贫"。贫困地区生产生活条件明显改善，贫困群众获得感明显增强，这为 2020 年全面建成小康社会打下了坚实基础，为实施乡村振兴战略提供了有力的保障。全国脱贫攻坚进展顺利。2016 年已有 28 个贫困县率先脱贫摘帽。2018 年国务院扶贫开发领导小组委托第三方评估机构，对中西部 20 个省区市申请脱贫摘帽的 125个贫困县分两批开展专项评估检查。评估检查结果显示，2017 年第一批 11 个省区市的 40 个贫困县均达到脱贫摘帽条件。

　　为确保打赢脱贫攻坚战，根据党中央的决策部署和脱贫攻坚的形势变化、工作进展情况，扶贫工作将实现从注重全面推进帮扶向更加注重深度贫困地区攻坚转变，从注重减贫速度向更加注重脱贫质量转变，从注重找准帮扶对象向更加注重精准帮扶稳定脱贫转变，从注重外部帮扶向注重外部帮扶与激发内生动力并重转变，从开发式扶贫为主向开发式与保障性扶贫并重转变。[①]

　　也要看到，即使全面完成脱贫攻坚任务，中国长期处于社会主义初级阶段的基本国情没有变，还会有较多的低收入人口，他们的收入水平也只是略高于基本需求，在 2016 年农村人均可支配收入五等分分组中，最低收入组（收入最低的 20% 人口）的平均收入仅 3006.5 元，比该年的全国贫困线并不

---

① 《刘永富：脱贫攻坚战由"打赢"向"打好"转变》，http://tuopin.ce.cn/zg/201801/05/t20180105_27596533.shtml，2018 年 1 月 5 日。

高多少，一旦有波动，这部分群体（至少 15%）容易陷入贫困。另外一个值得注意的现象是，农村的收入差距进一步扩大。2005 年最高收入组与最低收入组平均收入比是 7.2 倍，2016 年其差距扩大到 9.5 倍。解决过大的收入差距和相对不平等是下一阶段解决相对贫困问题的一个重要任务。

一、相对贫困治理的基本理论

（一）相对贫困的内涵

作为一种伴随人类社会发生、发展的复杂社会经济现象，贫困问题长久以来一直是学术界、各国政府以及国际机构关注的重要议题。世界银行将贫困定义为"贫困不仅指物质的匮乏（以适当的收入和消费概念来测算），而且还包括低水平的教育和健康，包括风险和面临风险时的脆弱性，以及不能表达自身的需求和影响力"。穷人缺乏获得基本必需品——衣、食、住以及可接受的健康和教育水平——所必需的收入和资产。他们在国家和社会机构中没有发言权、没有力量，易遭受不利因素的打击，而这一点是与不能应付它们联系在一起的。[1] 贫困不仅仅是"吃不饱饭"的问题，而且涉及人们生活的各个层面，除了吃之外，还包括"穿、住、行"，包括教育、医疗、社会交往，等等。[2] 这些共识的形成主要来自人们对贫困的进一步认识，也是扶贫研究的基础和前提。

贫困本身是程度的概念，不同角度的理解是有差异的。从认知主客体、贫困致因、贫困表现、贫困周期等不同角度，贫困的分类学理解包括众多的概念范畴。例如主观贫困和客观贫困，绝对贫困与相对贫困，长期贫困（又称"慢性贫困"）与暂时性贫困，收入贫困和支出型贫困，区域性贫困和个体性贫困等。也有一些更深层次的贫困界定，如能力贫困、权利贫困、制度性贫困、阶层性贫困、极端贫困、代际贫困等。与贫困相关联还有许多概念，

---

[1]　世界银行《2000/2001 年世界发展报告》编写组：《2000/2001 年世界发展报告：与贫苦作斗争》，中国财政经济出版社 2001 版。
[2]　中国发展研究基金会组织编写：《在发展中消除贫困：中国发展报告 2007》，中国发展出版社 2007 版。

如社会不平等、社会排斥、社会剥削、脆弱性、边缘化等。[1] 随着贫困的内涵从最初的只考虑经济维度的收入贫困，开始向发展能力的贫困，进而到权利贫困的转变，反贫困干预政策也开始从单一的经济方式转向经济、社会和政治的多元方式，具体包括公共基础设施建设、人力资本投资、小额信贷、社会安全网建设、财政分权和扩大参与等。

从认知的差异性看，贫困是相对意义上的贫困，即贫困具有相对性。在众多的理解中，相对贫困与绝对贫困是与社会公认的基本需求相联系的贫困概念，但两者又存在着明显的差异。推进相对贫困治理，需要深刻把握相对贫困与绝对贫困的内涵。

（二）相对贫困与绝对贫困的关系

从经济学的视角看，贫困通常被划为三类：赤贫、生存贫困和相对贫困。简化为两种形式，即绝对贫困和相对贫困。学术界对相对贫困与绝对贫困的理解主要区分在贫困人口及贫困人口的确定方法。朗特里认为生活在贫困中的家庭是指那些总收入不足以支付维持生存所需要的必需品，例如食物、衣服、燃料等，由此他制定出了一条贫困线，即最低营养需求标准，用它来测量贫困。[2] 绝对贫困是指家庭或个人收入不足以支付基本生活需求的一种生存状态；而相对贫困则是指一个人或家庭的收入低于社会平均收入水平达到一定程度时所维持的生活状态。绝对贫困一般按照基本需求不足来确定的，相对贫困则按照一定的最低百分比确定，多数情况下相对贫困标准高于绝对贫困标准。经济合作与发展组织在 1976 年组织了对其成员国的一次大规模调查后提出了一个贫困标准，即以一个国家或地区社会中位收入或平均收入的50% 作为这个国家或地区的贫困线，这就是后来被广泛运用的国际贫困标准。当前，世界银行将收入低于社会平均收入的1/3（或约33%）的社会成员视为相对贫困人口，部分国家将低于平均收入 40% 的人口归于相对贫困人口。

相对贫困与绝对贫困也是社会上广泛使用的社会概念。第一，两者是一个

---

[1] 左停：《贫困的多维性质与社会安全网视角下的反贫困创新》，《社会保障评论》，2017 年第 2 期。
[2] 转引自杨立雄、谢丹丹：《"绝对的相对"，抑或"相对的绝对"——汤森和森的贫困理论比较》，《财经科学》2007 年第 1 期。

"程度"的概念，绝对贫困是"真的"贫困，相对贫困是"比较"贫困（对比较富裕的情况），相对贫困是比绝对贫困程度浅的贫困状态。第二，两者是一个"先后阶段性"的概念，但即使在相对贫困阶段，也会存在绝对贫困，只是比例较小而已。目前，我国的减贫仍是在消除绝对贫困，解决的主要是生存问题；2020 年以后是相对贫困，解决的主要是发展、共享的问题。相对贫困是指社会成员相对于当时、当地大多数社会成员的生活水平而言，处于最低的生活标准，是在吃饭、穿衣不成问题之后进一步发展过程中存在的贫困。此外，人们常常把相对贫困理解为"收入不平等"问题，相对贫困是指与社会上其他成员相比较一部分人的低下生活水平，反映的是财产、收入在社会贫富阶层之间的分配。世界上不少国家的发展经验已经证明，在经济迅速增长的同时，极容易发生分配不公和贫富分化，并由此产生严重的相对贫困问题。

无论是相对贫困还是绝对贫困，其实都是相对的。贫困不再是基于最低的生理需求，而是基于社会的比较，即相对贫困。改革开放 40 年来，虽然我国农村绝对贫困现象已大为缓解，但绝对贫困的缓解并不等于消除贫困。如果说绝对贫困纯粹是物质上的或者经济意义上的最低生理需要，是一种生存临界状态，那么相对贫困则包含了更高层次的社会心理需要，是一种与某参照群体比较后的落后和收入下降状态。因为相对贫困不仅是指收入分配处于低层，也是指在一个社会中所处的地位低下。相对贫困关心对资源的最低权利，人们要求有权得到一个最低收入。国际上，普遍采用基尼系数来定量测定收入分配差异程度，反映一个国家和地区的相对贫困状况。相对贫困没有客观标准，只有主观标准。倘若贫困标准定低一点就容易实现脱贫目标，脱贫标准定高一点就不容易实现脱贫目标。

（三）相对贫困人口及其特征

任何社会都存在一部分生活在社会最底层的人。如发达国家美国确定贫困人口比例在 10% 到 15%，英国是 18%，日本将收入最低的 20% 住户确定为贫困人口等做法，都是相对贫困的概念范畴，[1]也体现了贫困的程度认知。最

---

① 胥爱贵：《探索建立缓解相对贫困的长效机制》，《江苏农村经济》2017 年第 11 期。

新数据显示，欧盟国家就社会贫富标准重新划定界限。新的贫富分界岭有 13 项考核标准，主要包括：应对家庭的意外支出能力；是否每年具有外出旅行一周的能力；是否有购买房产和租房的压力；生活中是否能够吃好、穿好和住好；家庭中常用的电器设备是否齐全；家庭成员是否有新衣服、新鞋；家庭是否拥有车辆；是否拥有互联网和设备；家庭是否能定期参与娱乐活动；家庭是否具有能力每月和亲友举行一次聚会。根据规定，13 项考核指标中凡 5 项不达标者，均被列为生活在贫困线以下的人。目前，生活在贫困线以下人口比例最高的国家是罗马尼亚，贫富各占 50%，而生活在贫困线以下人口最少的国家是瑞典，仅为 3%。[①]

综上，相对贫困具有如下特点：一是动态性，扶贫标准随着经济发展、居民收入水平以及社会环境的变化而变化；二是不平等性，其展现了不同社会成员之间的分配关系；三是相对性，它处于一个变化着的参照系之中，比较对象是处于相同社会经济环境下的其他社会成员主观性，其设定依赖于研究人员对不同国家或地区的主观判断。[②]因而，无论是欠发达国家（或地区）还是发达国家（或地区），扶贫工作都应该树立一种理念，始终以占总人口一定比例、处于收入低端的低收入人口（低收入群体）作为帮扶对象。

二、相对贫困治理的地方探索

精准扶贫、精准脱贫方略实施以来，东部地区部分省份在解决绝对贫困问题的同时也对经济发展不平衡等相对贫困问题进行了探索和实践，浙江、山东和江苏三省的脱贫攻坚工作的经验做法具有很强的示范借鉴意义。

（一）浙江省相对贫困治理的经验

随着 2012 年"低收入群众增收行动计划"的顺利结束，浙江在全国率先完成了扶贫开发由主要消除绝对贫困向主要减缓相对贫困的转型。此后，浙

---

① 《欧洲重新界定贫富分界岭：意大利穷人最多瑞典最少》，http://finance.china.com.cn/news/20171225/4485006.shtml，2017 年 12 月 25 日。
② 陈宗胜、沈扬扬、周云波：《中国农村贫困状况的绝对与相对变动——兼论相对贫困线的设定》，《管理世界》2013 年第 1 期。

江的扶贫理念和扶贫工作实现了从"求温饱、图生存"向"求公平、图发展"的深刻转变。在新阶段的扶贫开发工作中,浙江省本着既要确保全面小康又要面向现代化,建立健全减缓相对贫困长效机制的原则,不断夯实稳定脱贫、逐步致富的基础,具体做法如下。

1. 创新理念,建立精准帮扶长效机制

扶贫标准机制基本定型:每届政府首年按照上年农民人均纯收入 45% 左右和不少于农村户籍人口 10% 的要求,制定扶贫标准,2013 年再次将扶贫标准提高到 4600 元(2010 年),[①] 比国家扶贫标准高出一倍。据统计,2016 年浙江城乡居民收入差距由 2006 年最高时的 2.49:1,降低到 2.066:1,[②] 已成为全国城乡均衡发展最好的省份之一。在扶贫对象方面,2016 年浙江省制定了《浙江省低收入农户认定标准、认定机制及动态管理办法》,对家庭人均年收入 4600 元以下的低收入对象、最低生活保障对象和最低生活保障边缘对象有了明确的界定,有效解决过去因标准不一导致"扶贫"与"救助"的矛盾。

与此同时,浙江省采取了针对低收入群体脱贫的精准策略——"低收入农户收入倍增计划",杭州市构建了三大"防护网",即健全社会保障、加大助学力度、完善社会保险:健全农村"五保户"、生活不能自理的低收入农户、重度残疾人集中供养制度;农村"低保""残保"持证家庭子女就读大专、本科每学年 3000 元的标准予以补缺;并将低收入农户纳入医疗困难救助范围。[③]

2. 积极开展农村扶贫到统筹城乡扶贫的探索,缩小城乡收入差距

浙江省的扶贫易地搬迁是农村扶贫向城镇延伸的组织载体,也是扶贫开发体制机制创新的主线,浙江省政府将城乡一体化理念融入易地搬迁之中,建立健全搬迁农民权益有保障、就业有渠道、身份可融入的体制机制。丽水市出台了《丽水市十万农民异地搬迁规划》,按照"依城镇建区、依村设点"

---

① 《浙江扶贫迈新步》,http://zj.people.com.cn/n/2014/1017/c186806-22633642.html,2014 年 10 月 17 日。

② 《浙江 2016 年城乡居民收入比继续下降》,http://n.cztv.com/news/12433115.html,2017 年 2 月 24 日。

③ 《杭州实施低收入农户收入倍增计划》,http://www.chinadaily.com.cn/hqgj/jryw/2014-02-28/content_11308923.html,2014 年 2 月 28 日。

原则，建设易地搬迁安置小区（点），并有配套优惠政策进行扶持，如对政府管辖内的规费减免、土地优惠和农民补助等措施。在安置农户方面，组织各类职业技能培训，帮助搬迁农民掌握一技之长。为了避免搬迁农民不被边缘化，丽水市政府进行了经济合作社股份制改革，使易地搬迁农民享有参与原住地"股改"资格，启动户籍管理制度改革试点，对易地搬迁进城农民采取"经济身份"和"社会身份"分离管理。

3.培育新型农业经营主体，实现组织化帮扶

农业产业组织化程度高是浙江省低收入农户增收快的一个重要因素。浙江省充分发挥科技特派员、合作社、龙头企业的作用，培育特色农业产业科技示范基地、科技示范户、乡土科技人才，带动县域提升农业产业层次；培育具有扶贫功能的新型农业经营主体，鼓励龙头企业和专业合作社到扶贫重点村建立农产品基地，鼓励专业合作社发展农产品加工，引导龙头企业吸纳低收入农户就业、专业合作社吸收低收入农户入股。龙泉市把当地生产的黑木耳作为全市特色农业产业进行重点培育，建立起"公司＋专业合作社＋基地农户"的利益联结机制。2013年，全市农业总产值19.49亿元，其中来自木耳的产值占三分之一，农民就业和收入的三分之一来自黑木耳。[①]

4.实施电商扶贫，打造产业升级，走出精准"造血"新路

浙江省农村电子商务发展很快，在销售农产品、加工品，带动低收入农户发展生产方面显现了独特作用。浙江省认真贯彻国务院的"互联网＋"行动实施电商扶贫，通过拉动网络创业和网络消费，推动贫困地区产业升级转型，提高居民收入和生活水平，对提升贫困地区居民收入、推动贫困地区传统产业升级转型都具有重要意义。衢州的龙游县为了加快扶植电商扶贫，县政府先后出台《龙游县加快电子商务发展的实施意见》等系列文件，专门成立了专职电商办，每年安排不少于2000万元资金，以141个低收入农户集中村为重点区域，实施帮扶开网店、纳入产业链、能人帮带、平台扶持、物流支持、培训支撑和股份合作等七大电商增收行动。2015年1—11月，该县网

---

① 国务院扶贫开发领导小组专家委员会浙江调研组：《浙江省扶贫开发调研报告》,《中国扶贫》2014年第10期。

络零售额达 13.58 亿元，位居全市第二。①

（二）山东省相对贫困治理的经验

与中西部省份不同，山东省没有国家级贫困县，也不存在区域性贫困，其贫困人口所占比例很低，主要是由极少数的绝对贫困人口和大量的相对贫困人口构成。山东针对不同层面的贫困概念，在精准扶贫工作中开展了相应的减贫实践探索，实现"理论—政策—实践"互动转换，将扶贫政策及政策实践融入贫困理论中去，从基于特殊经验的理论话语中提炼出具有一般性的贫困理论命题，拓宽人们对贫困概念的理解，进而推动减贫实践的创新。②

1.提出了不同层次的可操作的贫困概念，妥善设置面向绝对贫困和相对贫困不同政策

相对贫困是一个模糊的概念，有的地方是按贫困线来划定，有的地方是按收入比例来划定，都体现了贫困的程度认知。虽然在正式政策层面，很少提到"相对贫困"，但青岛市却用不同的概念来表达"相对贫困"的含义，包括低收入人群、经济薄弱村等提法，实现了帮扶对象（人口、村庄）的多层次。比如，青岛市根据自己的经济发展情况，制定了"人均4600元"和"两个好、四保障"（吃好、穿好，义务教育、基本医疗、住房安全和养老有保障）的扶贫标准，识别出青岛市的贫困人口。这一标准大大超过国家的贫困县和"两不愁、三保障"的绝对贫困标准。青岛市不但精准识别省定贫困村，也有市定经济薄弱村的识别要求。市政府要求完成市定标准下贫困人口全部脱贫，省定贫困村和市定经济薄弱村基本脱贫摘帽退出的任务。

2.设立了适应相对贫困工作要求的扶贫机构和政策体系

青岛市扶贫办成立了城镇扶贫处，跳出农村，把城市贫困人口纳入扶贫帮扶范围。西海岸新区率先在全省推行城市扶贫工作，"城市贫困线和城市低保线"两线合一。对城乡贫困家庭人均收入在本区低保标准200%范围内的

---

① 《龙游县大力推进电子商务发展》，http://www.zj.gov.cn/art/2016/5/5/art_15775_2104058.html，2016年6月5日。
② 黄承伟、袁泉：《论中国脱贫攻坚的理论与实践创新》，《河海大学学报（哲学社会科学版）》2018年第2期。

家庭中，无生活自理能力和固定收入的成年重度残疾人，或者患有恶性肿瘤、肾移植以及其他重大疾病患者，每月发放全额低保金的 50%。对城乡贫困家庭中办理单独低保政策的贫困人口，在住院基本医疗报销后，可再享受 90% 的民政救助。为解决因病致贫的难题，青岛市构建了基本医保、大病保险、补充保险、社会救助、慈善救助等多层次医疗保障体系，实施患病人口分类救治和健康扶贫"八个一"工程，贫困人口自付医疗费降至 5% 以下。

3. 稳固提升、确保对少量剩余绝对贫困人口的帮扶质量

为提高贫困群体防范和化解风险能力，山东省扶贫办等 6 部门联合制定了《山东省 2017 年度扶贫特惠保险实施方案》。省统筹安排各级资金，为建档立卡贫困人口购买扶贫特惠保险，包括医疗商业补充保险、意外伤害保险、家庭财产保险，用于保人身、保意外、保收入。对建档立卡贫困家庭学生，从学前教育到高等教育实行资助全覆盖，构建起多层次、全覆盖的建档立卡资助体系。省里统筹资金 3.01 亿元，资助贫困家庭学生 20.3 万人。"雨露计划"培训项目按每生每年 3000 元标准，补助贫困家庭学生 1.7 万人。对老弱病残特困群体，通过资产收益、民政低保、实物供给、邻里互助四种方式进行兜底保障。对剩余的绝对贫困人口帮扶从生存性社会救助向发展型救助转变，关爱老年人、残疾人和未成年人等群体，增强他们的自我发展动力和能力。

4. 初步形成了以促进就业为中心的发展型的缓解相对贫困治理体系

在帮扶和发展理念和战略上，对大量的相对贫困人口坚持以"发展"为导向，实施并强化能力建设、就业促进、产业发展、城乡统筹、产权和市场意识培育等多种具体举措。如菏泽市通过"互联网+"模式，搭建农副产品、服饰、家具等加工制作服务平台，发展电子商务产业。曹县县财政每年安排专项引导基金 300 万元，通过政府奖励、补贴、贴息等方式支持农村电商培训以及企业、平台、园区建设。目前，全县共有淘宝镇 9 个、淘宝村 74 个、网店 4.5 万个，从业人员 14.7 万人（包括线下加工人员 9.5 万人），其中从事电商产业的贫困群众达 2.9 万人，通过电商脱贫 2.3 万人，占脱贫总人数的17.3%。

5. 充分发挥村和社区的作用，推行以社区为基础发展扶贫项目和满足帮扶对象实际需求的减贫措施

除了光伏发电、资产收益、电子商务、扶贫车间、旅游产业等扶贫模式外，一些地方还利用扶贫项目收益鼓励"邻里互助"。针对村庄老弱病残贫困户最关心、最迫切、最实际的需求，青岛市即墨区创立了"邻里互助"模式，鼓励部分家中不能外出务工的贫困户与生活不能自理的老弱病残贫困户结成对子，通过打扫卫生、洗衣服等形式提供居家服务，村庄利用扶贫项目收入每月给予帮助方 200—300 元的补贴，既实现了互惠互利，又提高了收益循环使用效益。目前，全区已结成邻里互助帮扶对子 17 对，护理老弱病残贫困人员 21 人。

（三）江苏省相对贫困治理的经验

江苏省作为东部沿海发达省份，其扶贫工作一直走在前列。自 2000 年以来，江苏历届省委、省政府高度重视扶贫开发工作，积极探索本省的扶贫开发道路，在减少绝对贫困人口和贫困发生率方面取得了重大成效。近年来，在解决温饱的基础之上又形成了本省解决相对贫困问题的思路和方法，显著提升了相对贫困地区经济实力和群众生活水平，有力支撑了经济社会发展全局。

1. 根据本省实际情况，科学确定相对贫困标准

在"十三五"期间，在完成 4000 元以下低收入人口脱贫任务的基础上，江苏省政府安排了新一轮扶贫开发工作，以人均年收入 6000 元为扶贫标准。6000 元的标准是根据本省经济发展、贫困人口的情况科学设定的：一是中央明确地方扶贫标准可在当地农民人均收入的 30%—50% 范围内确定，江苏省根据 2020 年该省全面小康农民人均收入的目标值 20000 元的 30% 设置该扶贫标准。二是江苏省根据自身的发展目标必须有一个高于全国标准的地方标准，并把稍高于全国线的标准定为"江苏标准"。三是江苏省主要帮扶对象是全省乡村 6% 左右的低收入人口、6% 左右的经济薄弱村、苏北 6 个重点片区和黄桥茅山革命老区，涉及农村低收入人口 300 万人左右。经过有关部门的测算，按照人均收入 6000 元的扶贫标准，符合适度规则。

2. 实施政策性保障兜底，助力低收入人口脱贫

江苏省宿迁市是相对贫困问题最为突出的地区，支出型贫困问题最为严重。为有效缓解"因病致贫、因病返贫"难题，在全市建档立卡低收入农户中建立大病补充保险制度，在基本医疗保险、大病保险、城乡医疗救助和临时救助等补偿的基础上实施再次补偿，以减轻建档立卡低收入农户医疗费用自付负担。[①] 在扶贫助学方面，重点对普通高中和省属普通高校本、专科阶段学习的低收入农户子女免除学杂费，并出台了《关于建立低收入农户子女扶贫助学制度的意见》，全面覆盖低收入农户子女从学前教育到高等教育的就学帮扶。针对脱贫难度最大、返贫率最高的特殊困难群体，宿迁市政府依托乡镇（街道）建设"残疾人之家"，对重度残疾人提供家庭照护服务、托养服务，对轻度残疾人以机构日间照料为主，同时建设辅助性就业阵地，推动贫困残疾人辅助性就业工作开展。

3. 积极推进扶贫小额信贷工作，激发脱贫的内生动力

江苏省 2001 年开始启动扶贫小额贷款，基本上满足了贫困农户发展生产启动资金的需求，扶贫小额贷款已成为广大贫困农户脱贫致富的催化剂。2015 年后，江苏省政府将扶贫工作重点转移到解决相对贫困问题上，推进了新一轮脱贫帮扶工作。一是扩展扶贫贷款范围。将支持范围有效扩展至产业扶持、转移就业、教育支持、医疗救助等多个领域。二是聚焦扶贫重点。按照省统一部署，聚焦苏北重点县（区）和集中连片地区，兼顾苏中、苏南一些地区的低收入农户和经济薄弱村，优先保证信贷资金供应，加大精准支持力度，提供更多更好的金融服务。三是强化信贷扶贫措施。充分发挥农村乡镇网点全覆盖优势，逐一落实责任单位、责任部门、责任领导、责任人员和责任目标，努力做到扶贫对象摸排到村、扶贫资金发放到户、利率优惠政策落实到位，确保扶贫小额贷款发放好事办实办好。四是贷款管理再规范。不断完善扶贫小额贷款管理方式，切实加强贷后管理，防范信贷风险。[②]

---

① 朱卫东、马良、王荣军：《江苏宿迁扶贫试验甩掉"贫帽子"》，《农村工作通讯》2016 年第 19 期。
② 石长毅、江苏：《为扶贫脱困蓝天再添一朵"祥云"》，http://www.cpad.gov.cn/art/2015/12/3/art_5_42224.html，2015 年 12 月 3 日。

4.创新产业扶贫模式，夯实稳定脱贫的经济基础

村级集体经济"空白"是苏北许多经济薄弱村的普遍现象，集体经济的发展与壮大是夯实经济薄弱村经济基础的关键。徐州市改变帮扶机制，鼓励各村用市场杠杆，大力推进"产业扶贫＋集体经济"模式，通过整合配置各类资金资源来壮大村集体经济。根据各经济薄弱村的实际情况，积极探索村级集体经济多种实现形式，提出资源承包型、资产租赁型、农业开发型、入股分红型、服务创收型、联合发展型等六种主要路径，大力发展服务型、物业型、休闲观光型、电子商务型、农光互补型等经济类型。在创新产业扶贫模式上还依托农村新型经营主体，找准产业项目与低收入农户的有效结合点。例如，邳州推行"公司（合作社）＋基地＋贫困户""公司＋农户"等模式，帮助贫困户发展特色产业，促进新型经营主体与低收入农户建立利益联结机制，鼓励新型经营主体吸纳困难群体劳动力就业，带动他们增收。

三、相对贫困治理的启示与建议

相对贫困的理论研究与治理实践探索都表明，相对贫困治理是一个长期的过程。浙江、山东、江苏的相对贫困治理的探索实践为其他地区提供了可借鉴参考的经验与启示，也为相对贫困治理的进一步探索指明了方向：既要改善外部的减贫环境，又要为贫困者赋能；既要分层分类施策，又要进行宏观的顶层设计。

（一）相对贫困治理实践的启示

1.通过为贫困者"增能"和提供发展机会来消灭贫困。阿马蒂亚·森认为贫困的实质不是收入的低下，而是可行能力的贫困。收入不平等、性别歧视、医疗保健和公共教育设施匮乏、高生育率、失业乃至家庭内部收入分配不均、政府公共政策的取向等因素都会严重弱化甚至剥夺人的"能力"，从而使人陷入贫困之中。①

2.培育良好的减贫发展的环境条件。通过市场和非市场行动的结合，刺

---

① 林卡：《绝对贫困、相对贫困以及社会排斥》，《中国社会保障》2006年第2期。

激地方经济全面增长，使贫困者积聚资产并且提高其资产的回报以扩大贫困者的经济机会。"想发展、敢发展和能发展"是相对贫困农户脱贫机制的三个条件。政府应该采取措施，确保穷人能够享有的资源（基础设施和公共服务等）。提供更多的服务平台（农副产品、养老、护理等），鼓励贫困人口参与其中，可以培育自身的发展能力和独立性，从而有助于实现可持续的脱贫。

3. 减少以至消除贫困，不仅是一个经济问题，也是一个政治问题。促进赋权，使国家制度对贫困者更负责、对其需要作出及时反映，促进贫困者在政治进程和地方决策中的参与，扫清造成不同群体之间差距的障碍。稳健而具有反应力的长效机制，不仅贫困者可以从中受益，对于经济增长也具有至关重要的意义。此外，对贫困者的赋权有助于保障他们的发展权与社会保障权，这是贯彻落实以人民为中心的发展理念的体现。

（二）相对贫困治理的建议

1. 全国其他地区也要认真考虑相对贫困问题的研究。对相对贫困和绝对贫困的理解是复杂的。中国的贫困问题（东部、中部和西部地区）表现也是很不平衡的，相对贫困与绝对贫困具有一定时序性、层级性，但同时也是交错在一起的。即使中西部地区甚至深度贫困地区，相对贫困和绝对贫困现象也会同时存在，只是二者比例上差异较大。解决绝对贫困是主要矛盾和矛盾的主要方面。积极开展对相对贫困问题的研究，提早做好应对，本身也是扶贫工作精准性的内在要求。

2. "贫困群体"不是简单的、截然的"二分法"的"贫困"与"非贫困"，而是一个渐进的程度概念，要综合平衡贫困户、非贫困户，贫困村、非贫困村的政策支持，促进他们互相支持。山东特别是青岛应对相对贫困经验的核心是在城乡一体的基础上，对贫困人口进行分层次、区别化的帮扶。从全国层面来说，在聚焦贫困人口的同时，也要关注低收入人口或临界人口，防止他们因为一些原因陷入贫困。同时，一个社区内的不同层次人口也需要在产业经济和社会领域上的相互协作，贫困群体需要社区"领头人"的带动，在聚焦贫困群体的同时，注意农村脱贫带头人的培育与支持。

3. 要多样化地运用一些新的可以激发、带动贫困人口发展的扶贫举措。

如以工代赈、公益性岗位、有条件转移支付、订单加工等，支持一些具有劳动能力但经营风险大的贫困人口脱贫发展，形成开发性扶贫和保障性扶贫并举的扶贫格局。青岛市对少数"剩余"绝对人口以坚实的保障性政策帮扶为主，而对大量的相对贫困人口以灵活的就业促进、融入发展的产业帮扶为主，对于一些中间群体（具有一定的体力劳动能力，但市场经营能力不足），有计划地提供公益性岗位。公益性岗位政策倡导扶贫对象通过积极的劳动行为换取救助，旨在通过积极的发展型社会救助缓解贫困问题，能有效降低救助对象的福利依赖。

4. 更好地发挥财政再分配的作用，减少不平等，更好地发挥社会保障的作用，以降低风险。加大对贫困边远地区的转移支付力度，同时提高对发达地区的税收汲取能力，加强对高收入者税收调节，实现收入分配的相对公平，有效抑制地区收入差距扩大趋势。[①] 今后的财政支出应重点转向中西部相对落后地区，继续从政策上重点支持中西部相对落后地区低收入者，加大"造血"式转移支付力度，使转移支付缓解贫困、缩小收入差距的功能得到充分发挥，逐步缩小贫困地区与发达地区之间的收入差距。另外，在财政支出结构上，要努力加大缓解经济和健康贫困为主的社会保障民生支出的比重，强化教育、卫生保健支出的均等化作用，坚决压缩行政管理费用的支出，适当降低经济建设支出比重；普及义务教育和基本医疗服务，解决贫困居民"因贫失学辍学""因病致贫"和"因病返贫"的问题，提早防范贫困风险的发生。

5. 将以社区主导的发展理念引入扶贫开发工作中，让贫困者参与进来，其目的是提高他们获得生产性资产的能力。因为农村社区是一个熟人社会，它的内部易形成一种内生力量，能带动社区内部互助性以及激发贫困群体的自主性。因此，政府主导外力开展扶贫工作的同时，要注重激发贫困村和贫困户的脱贫原动力，帮助或引导他们通过自力更生摆脱贫困。

6. 实现包容性增长，创造就业机会和促进生产率提高。通过对教育和健康等基本社会服务的充分投资，开发人类能力；提供社会安全网和目标干预，

---

① 胡宗义、粟梦婷、刘亦文:《财政收入再分配政策对地区收入差距的影响分析》,《统计与决策》2013 年第 11 期。

帮助那些易受伤害和剥夺的人群。通过扶贫或益贫、生产性就业、提升人力资本能力和加强社会保障等途径，使贫困人口在国家政策扶持和自身能力提高中，均衡分享社会财富，有尊严和体面地生活。

7. 通过社会保障机制实现社会再分配，是解决相对贫困问题的基本手段。加强社会保障，可以减少经济危害、经济灾难、政策导致的混乱、自然灾害和暴力给穷人造成的伤害，以及在他们受到伤害时帮助他们对付不利的冲击。为降低农户在生产生活中面临的各种风险，要充分发挥保险业（包括社会保险、商业保险等）在扶贫中的保障作用，满足多元化的保险需求，有针对性地开发一些与需求相匹配的扶贫保险产品。

8. 为了打赢脱贫攻坚战，扶贫工作除了瞄准建档立卡贫困户，还要特别关注农村低收入群体（尤其是老弱病残群体）的增收问题，防止他们增收乏力甚至欠收，形成新的贫困群体。另外，关注低收入人群也可以积累建档立卡贫困户脱贫之后的避免返贫、稳定脱贫和致富发展的宝贵经验，这对于 2018—2020 年巩固脱贫攻坚成果，以及实施乡村振兴战略具有十分重要的意义。

解决相对贫困是一项长期的工作，要正视中国长期处于社会主义初级阶段的基本国情，很多农民的收入水平不高且不稳定，贫困治理工作需要常抓不懈，并把好的措施制度化、机制化。2018 年 3 月，国务院扶贫办主任刘永富指出：2020 年中国将消除绝对贫困，但相对贫困还会长期存在，要通过打赢攻坚战探索经验，建立一套比较好的体制机制。[①] 从全国来看，随着脱贫攻坚的深入，一部分轻度贫困人口会顺利脱贫，这部分群体的脱贫并不稳定，要继续给予支持，提供可持续的发展环境。对于有劳动能力的贫困人口，要以促进就业或融入地方产业发展为重点；对于没有发展能力或者发展能力不足的深度困难群体，要提高救助标准，使得他们能够过上具有基本尊严的生活。既立足解决绝对贫困、深度贫困，又着眼中长期的相对贫困与可持续发展脱贫，形成开发式扶贫与保障性扶贫并举的反贫困格局。

---

① 国务院扶贫办：《2020 年中国消除绝对贫困，相对贫困还会长期存在》，https://baijiahao.baidu.com/s?id=1594266989518761405&wfr=spider&for=pc。

脱贫攻坚与乡村振兴有效衔接

党的十八大以来，我国的脱贫攻坚进入以全面建成小康社会为目标的最后冲刺阶段。党的十九大报告指出，到 2020 年全面建成小康社会必须坚定实施乡村振兴战略。未来三年将是我国脱贫攻坚和乡村振兴战略实施并存和交汇的特殊时期，实现二者的有机衔接、融合发展，并形成相互支撑、相互配合的良性互动格局，对于打赢脱贫攻坚战、实现全面建成小康社会的第一个百年奋斗目标，走好乡村振兴"三步走"战略的"第一步"具有至关重要的意义。

一、脱贫攻坚与乡村振兴有效衔接的背景

（一）有效衔接的提出

党的十八大提出到 2020 年全面建成小康社会，在全国范围内全面启动了新时期脱贫攻坚大行动。2013 年，习近平总书记提出"精准扶贫"方略，进一步为脱贫攻坚提供了指导思想和行动指南。随着脱贫攻坚的不断推进，每年减少农村贫困人口超过 1000 万人，累计脱贫 5500 多万人，贫困发生率从 2012 年底的 10.2% 下降到 2017 年底的 3.1%。剩余贫困人口越来越向自然条件差、经济基础弱、贫困程度深的地区集中，越来越向残疾人、孤寡老人、长期患病者等"无业可扶、无力脱贫"以及教育文化水平低、缺乏技能的特殊群体集聚，脱贫难点越来越向义务教育、基本医疗和住房安全"三保障"指标上集结。2017 年 6 月，习近平总书记在山西太原主持召开深度贫困地区脱贫攻坚座谈会并发表重要讲话，发起了"深度贫困"攻坚战，指出深度贫困地区是脱贫攻坚的坚中之坚，号召中央及各级地方政府要集中力量攻关，万众一心克难，确保深度贫困地区和贫困群众同全国人民一道进入全面小康社会。

2017 年 10 月，党的十九大召开。党的十九大报告明确提出乡村振兴战

略，将其作为要坚定实施的七大战略之一，强调要坚持农业农村优先发展，按照"产业兴旺、生态宜居、乡风文明、治理有效、生活富裕"的总要求，建立健全城乡有效衔接体制机制和政策体系，加快推进农业农村现代化。对于贫困地区，则要求脱贫攻坚工作要参照乡村振兴战略的目标要求，从生产、生活、生态、社会、政治五个方面着手，整体推进，实现贫困人口的持续增收，促进人的全面发展。2018 年中央一号文件再次明确指出，做好实施乡村振兴战略与打赢精准脱贫攻坚战的有机衔接。2018 年 5 月 31 日，中共中央政治局会议审议了《乡村振兴战略规划（2018—2022 年）》和《关于打赢脱贫攻坚战三年行动的指导意见》。会议强调，一方面强调乡村振兴战略是新时代做好"三农"工作的总抓手，要把实施乡村振兴战略摆在优先位置，把党管农村工作的要求落到实处，把坚持农业农村优先发展的要求落到实处；另一方面要清醒地认识到 2018—2020 年还有 3000 万左右农村贫困人口需要脱贫，仍然面临着更大的困难和挑战，要确保坚决打赢这场对如期全面建成小康社会、实现第一个百年奋斗目标具有决定性意义的脱贫攻坚战。

（二）有效衔接的必要性和可行性

在 2018—2020 年中实现脱贫攻坚与乡村振兴的有效衔接，既是国家战略的需要和体现社会主义本质、解决新时期社会主要矛盾的客观要求，也是贫困地区贫困演变、农业农村发展规律以及贫困地区工作实践路径依赖与制度优势的现实需要。其必要性和可行性主要体现为以下四个方面。

1. 实现"两个一百年"奋斗目标有效衔接的战略需求

"两个一百年"奋斗目标由党的十五大报告首次提出，是我党领导全国人民向富强、民主、文明、和谐和美丽的社会主义现代化强国迈进的时间表。党的十八大以来，习近平总书记再次重申并反复强调这一时间表，党的十九大进一步对实现"两个一百年"奋斗目标作出全面部署，对第二个百年奋斗目标设定了两个具体的发展阶段。

实现第一个百年奋斗目标，最重要、最难做到的是"全面"，既要覆盖全面领域，又要覆盖全面人口，还要覆盖全面区域。目前，正步入实现第一个百年奋斗目标的冲刺期。在这一阶段，最关键的任务是打赢脱贫攻坚战，特别是深度贫困地区的脱贫攻坚战。没有深度贫困地区、深度贫困人口的全面脱贫，就实现不了"全面"建成小康社会。然而，当前脱贫的标准是"两不愁、三保障"，全面脱贫只是意味着消灭了绝对贫困，近期已经或即将脱贫摘帽的地区和人群还要"稳定脱贫""持续脱贫"，直至真正"富起来"。这表明，在"第二个百年"奋斗目标实现的路上，已经或即将脱贫摘帽的地区和人群仍然是"富起来""强起来"所要关注的重点。乡村振兴战略为这些地区和人群"富起来""强起来"提供了重要的政策支持，使其继续巩固脱贫成果，培育内生发展能力，最终实现共同富裕。

因而，在实现第一个百年奋斗目标的冲刺期以及"两个一百年"奋斗目标的交替期，既要瞄准 2020 年这个时间节点，又要考虑 2035 年基本实现现代化的目标和 2049 年的更高目标，要立足于打基础、谋长远、见成效，要协调推进精准脱贫攻坚和乡村振兴战略，实现相互支撑、有效衔接，确保"两个一百年"奋斗目标有效衔接。

2. 顺应新时代社会主要矛盾转变的客观要求

党的十九大报告明确指出，中国特色社会主义进入新时代，社会主要矛盾已经转化为人民日益增长的美好生活需要和不平衡不充分的发展之间的矛盾。这是对新时代中国社会主要矛盾转化的重要科学判断。面对人民日益增长的美好生活的需要，中国面临的主要问题不再是生产力落后而是发展不平衡不充分的问题。这种不平衡不充分发展又突出地体现在连片特困地区、深度贫困地区和广大乡村地区发展滞后方面。一方面，我国还有 14 个集中连片特困区以及"三区三州"等一批深度贫困地区，有 3000 万左右的农村贫困人口需要脱贫摘帽。另一方面，我国城乡差距大，截至 2016 年末，农村居民消费水平仅有城镇居民的 36.8%，农村地区基础设施与公共服务严重滞后，即使是在建制镇和乡建成区，燃气普及率也分别只有 49.52% 和 22.0%；在村庄一级，仍有 31.3% 的行政村未进行集中供水，80% 的行政村未对生活污水进行处理，有 35% 的行政村未对生活垃圾进行处理。[①]

---

① 魏后凯：《实施乡村振兴战略的科学基础和重点任务》，《团结》2018 年第 1 期。

脱贫攻坚与乡村振兴有效衔接，是对上述不平衡不充分发展的回应，是顺应新时代社会主要矛盾转变的客观要求。脱贫攻坚和乡村振兴的中心任务是让农民群众生活富裕，满足广大农民群众对美好生活的向往。深度贫困地区地处偏远山区，交通不便、信息不灵、生态脆弱、发展基础差，农民适应生产力发展和市场竞争能力弱、农村基础设施和民生领域欠账多、城乡之间要素合理流动机制不健全、乡村治理体系和治理能力差等，既是打赢脱贫攻坚战必须啃下的"硬骨头"，也是实施乡村振兴战略面临的问题和挑战，需要对二者联合攻克。

3. 遵循贫困演变及农业农村发展规律的现实需要

贫困是相对的，也是永恒的。我国当前的脱贫攻坚战略主要针对的是绝对贫困，以"两不愁、三保障"为退出标准。绝对贫困相对易于在短期内集中力量消灭，相对贫困则只能通过更长时期的全面发展逐渐减缓。城乡发展不平衡，乡村发展滞后是相对贫困产生的重要根源。2016 年，我国仍有 5.9 亿人口常住在乡村。即使到 2050 年，当城镇化率接近"天花板"时，仍将有 3.35 亿人口常住在乡村。[①] 也就是说，中国的乡村发展不容忽视，振兴乡村是减缓相对贫困、缩小城乡差距的必由之路。城乡发展规律表明，城乡二元将最终走向城乡融合，而在这一过程中，乡村应主动作为，通过机制体制创新，破除乡村发展障碍，激发乡村活力。

脱贫攻坚与乡村振兴有效衔接，是我国反贫困战略从消灭绝对贫困向减缓相对贫困转型的现实表现，也是我国几亿乡村人口、相对贫困人口对美好生活向往的现实需要，更是遵循贫困演变及农业农村发展规律的现实需要。

4. 脱贫攻坚为乡村振兴奠定了基础、指明了方向和积累了经验

多年的农村扶贫工作实践，特别是党的十八大以来农村的精准脱贫攻坚战，不论是在基层组织建设上还是在干部队伍、工作方式方法上都积累了丰富的经验，锻炼了基层干部队伍，形成了符合当地实际情况、能发挥比较优势特定的模式，为乡村振兴打好了基础。同时，在领导责任制和工作机制层面，

---

① 据联合国经社理事会人口局的预测，到 2035 年和 2050 年中国城镇化率将分别达到 71.1% 和 75.8%，届时乡村常住人口仍将分别有 4.19 亿和 3.35 亿。

2017年中央农村工作会议明确指出，要建立实施乡村振兴战略领导责任制，实行中央统筹、省负总责、市县抓落实的工作机制，要在建立科学的评价考核指标体系基础上，对各地实施乡村振兴战略的进展及绩效进行综合评价。这和现行的脱贫攻坚领导责任制、工作机制以及考核方式一脉相承。此外，最近几年刚脱贫的乡村，自然应成为实施乡村振兴战略的支持重点，以巩固脱贫成果。这些乡村的产业发展基础还不够牢固、基础设施和公共服务仍有缺口、乡村治理体系和治理能力还相对较弱，仍需借助乡村振兴战略，巩固产业发展基础、提升基本公共服务、增强治理能力，保障稳定持续脱贫。

同时，中国特色的扶贫实践以及党的十八大以来的精准脱贫攻坚战，充分显示了我国特色社会主义的制度优势，这一优势从两个方面保障了脱贫攻坚与乡村振兴的有效衔接。一是中国共产党的领导，为脱贫攻坚和乡村振兴有效衔接提供了强有力的领导核心和组织保障。中国共产党的领导直接决定和体现了中国特色社会主义性质。长期以来，党和政府在推进农村扶贫开发工作实践中，提出并不断继承和发展了中国的扶贫思想体系，将消除贫困、改善民生、实现共同富裕这一社会主义本质要求作为贯穿扶贫思想体系的核心。二是"集中力量办大事"的资源动员与整合能力。脱贫攻坚和乡村振兴都需要大量的"人钱地"等要素投入，需要社会各界的积极参与，专项扶贫、行业扶贫和社会扶贫"三位一体"的大扶贫格局也为乡村振兴战略实施奠定了坚实的"群众"基础。

二、脱贫攻坚与乡村振兴有效衔接的地方实践

自党的十九大报告明确提出实施乡村振兴战略以来，各地积极响应，展开了乡村振兴理论大讨论，并在实践中加以探索。贫困地区一方面抢抓脱贫攻坚进度，另一方面积极对接乡村振兴战略，率先推进了脱贫攻坚与乡村振兴有效衔接实践，涌现了一批脱贫攻坚与乡村振兴有效衔接的典型。

（一）贵州省碧江区"五改一化一维 + 智慧环卫 + 环保银行"美乡村

碧江区是武陵山连片特困区六个中心城市之一的铜仁市主城区，该区城

乡差距大，边远山区农村萧条衰败。以脱贫攻坚为契机，碧江区提前布局乡村振兴战略，狠抓农村基础设施建设、人居环境改造，2017 年以来，打出了"五改一化一维"、"智慧环卫"和"环保银行"等一套组合拳，使乡村面貌焕然一新。

碧江区按照"户为单位、整组推进、村有亮点、应改尽改"的原则，实施 29606 户"五改一化一维"工程（改厨、改灶、改厕、改圈、改电、房前屋后地面硬化及房屋维修），扮靓了民居。同时，引进智慧环卫云管理平台，在全区建设 17 座垃圾转运站、1056 个智能垃圾收集清理点，实现全区自然村寨全覆盖。按照"户分类、村收集、乡转运、区处理"模式，收集到的垃圾统一清运至垃圾焚烧发电厂用作发电原料。

碧江区成为贵州省第一个全面实现"智慧环卫"的区（县）。为引导村民养成垃圾分类处理习惯，又创新试点设立"环保银行"，村民用可回收废旧物品兑积分，再用积分换生活用品，实现废旧物品回收再利用。试点取得良好成效，正逐步向其他村（社区）推广。通过垃圾污水无害化处理清洁了村村寨寨，让乡村成为城区美丽的后花园。美丽乡村吸引了大量城区居民周末休闲游，进一步带动乡村旅游发展。

（二）贵州省瓮安县"三下沉五示范"打基础

贵州省瓮安县制定了《瓮安县"三下沉五示范"全面巩固提升脱贫攻坚成效实施方案》，开展了"三下沉五示范"脱贫攻坚与乡村振兴有效衔接探索实践。

一是实施"三下沉"推进乡村网格化管理。为保证脱贫攻坚工作扎实有效推进，实现持续稳定脱贫，在全县实行"干部下沉、服务下沉、考评下沉"的乡村网格化管理。"干部下沉"将全县干部按照 AB 岗轮换到农村开展工作，进行网格包保，全面负责网格中的全体农户，把包保任务从脱贫攻坚延伸到全面农村事务，在全县构建起一套全面覆盖、协调联动、运转高效的全面小康、乡村振兴的作战体系和责任落实体系。"服务下沉"则依托"民情大数据管理系统""民政云"等实施农村事项的网上办理和网下代办，"网格员"转变为"专职代办员"，利用往返县城、镇村的机会，将涉及群众生产生活相关的服务事项为群众提供上门办理、免费代办服务。"考评下沉"将网格员的管理以及作用发挥情况纳入个人目标考核内容进行考核,所选派网格员在镇村评议不好、群众反映差、工作成效不好的,所在单位年度目标考核不能评先评优,并对单位"一把手"、网格员进行约谈问责。

二是打造"五示范"助推乡村全面振兴。产业示范方面,推进农业绿色化、优质化、特色化、品牌化,促进产业生态化、生态产业化,提高农业质量效益,树立产业特色化、基地化、组织化和市场化示范。环境示范方面,实施"四在农家·美丽乡村"小康行动升级版,围绕"村容整洁、乡风文明"目标,打造美丽小镇、美丽村庄、美丽庭院、美丽田园的生态宜居人居环境示范。治理示范方面,以党的十九大提出要打造共建共治共享的社会治理格局为目标,大力实施党组织领导下的自治、法治、德治相结合的乡村治理体系改革,探索建立以党委、政府为主体,以村"两委"为主导,整合村务监督委员会、"七老联调室"、治安巡逻队等农村自治组织,坚持"三议三公开"制度,促进基层权力规范运行的农村社会治理示范。文化示范方面,通过道德讲堂、基本公共文化服务标准化均等化、"幸福进万家·瓮水长歌文化精品乡村行"乡土文化挖掘培育等示范引领,焕发乡村文明新气象。组织示范方面,依托联村党委、产业党组织、园区党组织和下沉干部、村"两委"班子、致富"带头人"、大学生村官等创建,起到发现人才、培育人才、使用人才示范,夯实乡村振兴队伍基础。

(三)安徽省濉溪县南坪镇"三打一扮"促融合

安徽省淮北市濉溪县南坪镇以"打牢富民产业、打造战斗堡垒、打入乡土文化、扮靓农村环境"的"三打一扮"举措为抓手,实现脱贫攻坚与乡村振兴互相促进、融合发展。

打牢富民产业方面,该镇以浍北现代农业示范园为龙头,支持有条件的村建设以农民合作社为载体、让农民充分参与和经营的农业产业园,打造循环农业、特色农业,实现乡村现代化和新型城镇化联动发展。该镇重点巩固培育和发展10家农业龙头企业、50家农业合作示范社和30个家庭农场。实施扶贫就业工程,吸引企业入驻扶贫星火创业园,吸纳更多的扶贫对象就业。

打造战斗堡垒方面，该镇以基层党建为核心，引领乡村治理，推进开放式党校向村延伸，强化镇村干部和农民群众的教育培训。抓好村"两委"换届工作，培养选拔"懂农业、爱农村、爱农民"的村级后备力量，强化农村基层党组织的领导核心地位。持续抓好软弱涣散村党组织整顿工作，培育一批促进乡村振兴的"领头雁"队伍。同时，将党群连心站设在自然村党小组长或村民理事会会长家中，通过发挥党小组和村民理事会作用，为村民参与村级建设、反映问题、表达意愿营造一个说事议事的平台。

打入乡土文化方面，依托南坪镇素有"文化之乡""体育之乡"的美誉，群众有热爱体育文化的传统，坚持以文化活动为抓手，开展群众喜闻乐见的文体活动，让群众在活动中接受教育，寓教于乐。根据社会主义核心价值观制定或修订完善村规民约，让社会主义核心价值观有效引导和规范农民群众行为。广泛开展健康向上的文化活动，使广大农民群众在潜移默化中受到社会主义核心价值观教育。

扮靓农村环境方面，该镇整合扶贫政策，有计划、分步骤地推进道路提升、改水改厕、环境治理等一批重大基础设施建设，优先解决水、电、路、住、学、医等关系群众切身利益的现实问题。大力培育中心村、整治自然村、打造特色村，推动美丽乡村建设由以点为主向由点到面转换，推进中心村建设和自然村整治，提升美丽乡村建设风貌品位。通过深入实施森林生态廊道建设工程、省级森林城镇创建工程、林业产业致富工程、农田防护林提升工程、采煤塌陷区造林绿化工程等绿化美化乡村环境。

（四）四川省雅安市"三个提升"双推进

四川省雅安市通过"补短向补牢、培育向培植、驱动向自动"三个方面的提升，实现脱贫攻坚与乡村振兴融合推进。

一是由补短向补牢提升，夯实振兴基础。雅安市聚焦水、电、路、网、房等基础建设薄弱环节，推动实施贫困村通村通组道路建设、安全饮水、危旧房（土坯房）改造、农网改造等工程，切实解决贫困群众行路难、饮水难、用电难、通信难等问题，在补短的基础上进一步夯实筑牢，稳基固本。2018年细化落实 77 个具体项目，精准投向今年拟脱贫贫困户和拟退出贫困村，计划总投资 5.91 亿元，完成投资 1.25 亿元。

二是由培育向培植提升，带动振兴产业。通过壮大拓展百万亩生态茶、果药和果蔬三条产业带，串联全市 483.6 万亩特色产业基地，覆盖 78 个乡镇和 151 个贫困村，辐射带动 80% 的贫困人口发展产业。依靠新型主体打造新型农旅，围绕大熊猫国家公园建设，着力打造森林养生、避暑养生等康养产业，因地制宜发展田园综合体，建成 8 个康养基地，覆盖 11 个贫困村，打造省级旅游扶贫示范村 18 个、省级乡村旅游民宿达标户 56 个。

三是由驱动向自动提升，激活振兴内力。充分发挥第一书记的领办作用和党员群众的主体作用，在贫困群众当中引导学、示范带、自主创，充分激活脱贫奔康的内生动力，119 户党员示范户共吸引 917 名党员参与"双百示范"，贫困户户均增收 1200 多元。加大公共文化产品与服务有效供给，开展文艺文化活动 560 余场次，依托文艺演出、文艺作品的创作展示，提振贫困户敢闯敢拼的精气神，激发贫困群众自主脱贫的斗志和决心。

（五）陕西省神木市"五大举措"保对接

神木市以脱贫攻坚中心任务为重点，以"抓统筹、强基础、兴产业、优环境、促改革"五大举措确保脱贫攻坚与乡村振兴有效对接。

一是统筹谋划部署。牢固树立脱贫攻坚和乡村振兴战略统筹发展"一盘棋"意识，及时召开全市农村工作暨脱贫攻坚工作会议，认真贯彻落实中央及省市农村工作和脱贫攻坚工作各项决策部署，为全市脱贫攻坚和乡村振兴战略实施谋好局、铺好路。科学制定《打赢脱贫攻坚战推进乡村振兴战略的实施意见》，形成脱贫攻坚助推乡村振兴的制度框架和政策体系。

二是强化基础设施建设。以贫困村和贫困人口较多的低收入村为重点，全面实施水电路视讯提升工程，推动要素、投入、公共服务等向农业农村倾斜，着力补齐乡村振兴产业基础、公共服务、治理能力等发展短板，为贫困村和贫困户稳定脱贫提供可靠基础保障。

三是推动特色优势产业发展。实施沿黄特色产业带培育工程，根据榆林市沿黄生态城镇经济带综合规划和 2018 年行动计划要求，充分发挥地理区位和自然资源优势，因地制宜，实施"山地果园""设施蔬菜""一村一品"等项目建设，全面推进栏杆堡、万镇等镇小杂粮和山地苹果种植基地建设。修改完善农业扶持奖励办法，建立起"补规模"与"奖效益"相结合的脱贫产业奖补政策，鼓励农户、村集体和企业探索发展多种形式的适度规模种养殖业，带动村集体经济发展和农民增收致富。

四是优化农村生态环境。以美丽乡村建设为载体，扎实推进农村人居环境整治三年行动，按年度、分梯次推动乡村山水林田路房综合整治，加快补齐农村人居环境突出短板。开展农村"厕所革命"、垃圾、污水治理和"五化"行动。

五是深化改革创新。实施"百企帮百村"行动，为贫困户提供就业岗位。大力推进"三变"改革，实施土地流转、反租倒包和资源折股，流转整理土地至村集体，按照一户只种一块田的原则，将整理后的土地按需分配，使"条条地"变为"块块田"。分配结余的土地采取"村组＋企业＋农户"的运作模式，村民以土地经营权入股、租赁给企业或合作社，租金纳入村集体收入。创新宅基地腾退机制，对农村宅基地进行确权登记，不具备居住条件的破旧房屋由镇政府颁发权属证书，集中进行拆除、绿化、美化，既改善了村内环境，又实现了土地集约化利用。

三、脱贫攻坚与乡村振兴有效衔接的政策建议

贫困地区脱贫攻坚与乡村振兴有效衔接是未来三年成功打赢脱贫攻坚战，走好乡村振兴"第一步"的重要指导思想。将乡村振兴战略的思想和原则因地制宜地融入脱贫攻坚工作中，是来自上述地方实践的经验与启示。不同于非贫困地区，贫困地区乡村振兴的前提是全面脱贫、持续稳定脱贫，但脱贫攻坚又要为乡村振兴打基础，做准备。因而，虽然现阶段的工作重心仍是集中精力打赢精准脱贫攻坚战，但也要着眼未来，结合自身的条件，根据脱贫攻坚的任务，将乡村振兴战略的思想和原则因地制宜地融入具体的脱贫攻坚计划和行动之中，统筹推进脱贫攻坚与乡村振兴有效衔接，为乡村振兴奠定制度和物质基础。具体而言，从现有脱贫攻坚与乡村振兴有效衔接的地方实践中可得到以下经验与启示。

（一）组织机制与责任主体"合二为一"

2017年，中央农村工作会议明确指出乡村振兴实行"中央统筹、省负总责、市县抓落实的工作机制"，这与脱贫攻坚的工作机制是一致的。可见，中央层面对推进脱贫攻坚与乡村振兴融合在领导责任制、工作机制方面的指导思想明确。"市县抓落实"方面或者说实现脱贫攻坚与乡村振兴有效衔接的基层实践中则留有充分的创新空间。各市县、乡镇以及村组在落实脱贫攻坚与乡村振兴战略的相关项目时应实事求是、因地制宜地构建组织机构、落实责任主体，实现"合二为一"，避免出现责任主体不明确、相互推诿的现象。

组织机制上，应以脱贫攻坚的组织机制为基础，进一步充实农业农村工作相关主管业务部门的力量，并随着脱贫攻坚与乡村振兴工作重心的逐渐转移，同步实现责任重心由扶贫工作主管业务部门向农村工作主管业务部门转移。具体地，在市县层面上，书记、市县长分别任领导小组"双组长"，全面负责市县脱贫攻坚与乡村振兴工作顶层设计、统筹调度和督促指导；在乡镇层面，实行书记、乡镇长负责制，全面负责乡镇脱贫攻坚与乡村振兴工作的落实与督促；村级层面，在现有的基层党组织、村支"两委"以及驻村帮扶工作队等组织机构的基础上，进一步增强力量，拓展任务，提升目标。通过将"五级书记抓扶贫"的组织优势延伸到乡村振兴战略实施中，确保脱贫攻坚与乡村振兴有效衔接的组织保障。

责任主体的绩效考核上，要"长短结合，凸显脱贫成效的可持续性和前瞻性"。实施最严厉的考核是精准扶贫的客观要求，也是保障脱贫攻坚和乡村振兴成效的重要举措。脱贫攻坚和乡村振兴有效衔接要求在责任主体的绩效考核上，既要重视短期脱贫成效，抢抓进度，又要强调可持续脱贫，为乡村振兴打牢基础，前瞻性地布局乡村振兴，确保脱贫攻坚向乡村振兴顺利过渡。

（二）战略规划与实施协同共绘一张蓝图

乡村振兴是我国农业农村未来发展的目标和指导思想，脱贫攻坚是2020年前农村发展的阶段性历史使命，也是乡村振兴的前提。"产业兴旺、生态宜居、乡风文明、治理有效、生活富裕"为农业农村的发展绘制了一张美好的蓝图。脱贫攻坚作为乡村振兴的前提和基础，理应是该蓝图中的一部分，因而，在两大战略的战略规划和实施上要协同，坚持"一张蓝图绘到底"。

战略规划上，要以乡村振兴战略的"二十字"方针统领脱贫攻坚战略规划，将脱贫攻坚规划融入乡村振兴规划中，明确其子规划或阶段性规划的定位。同时，实现"多规合一"，在制定乡村振兴规划时，将现有多部门、多类型、多时段的规划统筹到乡村振兴规划之中，形成充分体现"二十字"方针的乡村振兴规划，保障乡村振兴规划的统揽性、权威性和指导性。

规划实施上，在 2018 至 2020 年的交替期内，在统筹制定乡村振兴各项规划的同时，要重点突出脱贫攻坚规划的实施，要以乡村振兴战略的新要求充实贫困地区脱贫攻坚任务目标。以脱贫攻坚规划实施为重要抓手，切实推进脱贫攻坚各项举措，以脱贫攻坚成效夯实乡村振兴规划实施基础。同时，在脱贫攻坚规划实施中为乡村振兴规划全面实施锻炼队伍、集聚资源、积累经验、营造氛围，特别是为实现乡村振兴"三步走"战略目标中的"第一步"目标，即到 2020 年基本形成乡村振兴制度框架和政策体系做出应有的贡献，在脱贫攻坚中推进乡村振兴。

（三）要素保障与整合引导实现可持续发力

脱贫攻坚是一场短时间的"突击战"和"硬战"，乡村振兴则是一场需要分"三步走"的"持久战"。二者的有效衔接，既要求在短期内整合和投入大量的"人钱地"等要素资源，同时，又要确保这种投入具有可持续性，能在相当长一段时期内为乡村振兴的推进持续发力。如何实现这一看似矛盾的双重目标呢？关键在于充分发挥政府引导性资源和市场诱导性资源的协同效应，即"政府"和"市场"两只手的协同作用，而更深层次的动力则是加快促进协同效应、协同作用发挥的制度改革和创新。

在脱贫攻坚中，要素整合与投入以政府引导性资源为主，市场诱导性资源为辅，充分发挥行政手段高效率的优势，以实现短时间内保障充足的要素资源投入。"人"的方面，通过帮扶干部、驻村干部等"干部下沉"方式为贫困农村迅速注入智力要素，同时通过激励"返乡创业"回流人才、教育培训、精神和能力扶贫激活农村内部智力资源，实现外部主体和内部主体的协同；"钱"的方面，通过整合各种涉农、扶贫财政资金为农村注入资金要素，同时通过金融扶贫等普惠金融途径引入社会资金，发挥资金的协同效应；"地"的方面，通过"三变"改革、土地入股、土地流转等，激活土地的财产属性，增加农民收入等。不过，这种政府主导、市场为辅的资源整合方式持续性面临挑战。在乡村振兴战略实施中，尤其是在第二、三阶段，应充分挖掘市场机制的资源调节作用，向以市场诱导性资源为主，政府引导性资源为辅的要素整合投入方式转变，发挥市场手段更持续的优势，满足乡村振兴持续要素需求的目标。"人"的方面，要在前期"干部下沉"等"智力帮扶"手段的支持下，通过"人才回流""人才下乡"等机制体制改革，以及基层干部队伍建设等，形成城乡人才自由流动通道和一支"懂农业、爱农村、会管理、善经营"的新型职业农民队伍，为乡村振兴提供人才保障；"钱"的方面，要在财政资金投入补齐和完善基础设施及公共服务设施等基础上，通过金融改革和创新，将乡村转变为资金流入的"洼地"，实现乡村振兴资金投入的良性循环；"地"的方面，在"三变"改革的基础上，继续推进"三权分置"等土地制度改革，盘活土地资源，发挥市场在现代农业发展和推进一二三产业深度融合方面的主导作用。

为了实现上述要素整合投入方式的有序转型，在脱贫攻坚与乡村振兴交替和有效衔接阶段，既要充分发挥政府引导性资源投入和市场诱导性资源投入各自的优势及其协同效应，同时要加快激活乡村"人钱地"要素活力市场机制作用的制度改革创新。

（四）"五个一批"举措与"二十字"方针有效对接

除了前述组织机制、责任主体、战略规划、战略实施、要素保障和整合引导方面的协同以外，脱贫攻坚与乡村振兴的有效衔接还需在"五个一批"的举措和"二十字"方针上实现有效衔接。

产业是脱贫攻坚和乡村振兴的最大融合点和关键。脱贫攻坚和乡村振兴，都需要产业带动，产业扶贫是脱贫攻坚"五个一批"中最重要的脱贫手段，产业兴旺是乡村振兴"二十字"方针、五大取向中的第一条，也是乡村振兴的基础。二者的对接是两大战略融合的重点和关键，扶贫产业的培育和发展要以产业兴旺为目标，做到"短中长"产业有机结合，以农业现代化及一二三产业融合发展为着力点，充分发挥贫困地区的后发优势和比较优势，因地制宜，发展特色产业，延长产业链条，同时，通过基础设施、公共服务、营商环境等软硬环境建设，积极为产业发展创造条件，实现扶贫产业的自我发展、持续发展，为产业兴旺奠定基础。此外，产业扶贫还是生活富裕、乡风文明的重要基础。产业是农民增收的主要途径，也是乡风文明的物质基础。"富则雅"，在产业发展的基础上，农民增收了，生活富裕了，精神层面的追求也将更高，进而提升了乡风文明的内生动力。

生态环境是脱贫攻坚与乡村振兴融合的空间契合点。生态补偿脱贫一批和易地搬迁脱贫一批是脱贫攻坚"五个一批"中的两大举措，前者是通过外部补偿、转移支付等方式为贫困地区因为给他人创建"生态宜居"环境而牺牲发展代价的补偿，后者则是为了实现"生态宜居"而让贫困人群迁离"一方水土养活不了一方人"的原居住地。虽然，两者都主观为"脱贫"，但客观上都有助于实现乡村振兴战略的"生态宜居"目标。特别是在二者的有效衔接中，要充分发挥特色小镇这一空间载体的作用。乡村不仅包括村，也包括乡、镇等建成区，是大中小城市和农村的过渡带，乡镇等建成区往往也是易地搬迁的合适承载地。特色小镇建设能有效承接易地搬迁贫困户，为其提供"生态宜居"的环境，可为农产品加工和农村一二三产业融合发展提供空间载体，是城乡融合发展的各类资源要素在大中小城市和乡村之间自由流动的桥梁和纽带，是城乡发展要素的自由流动和城乡融合发展的助推器，也是乡村振兴"生态宜居"环境打造的重要平台。

教育扶贫、社会保障兜底扶贫与乡风文明、治理有效以及生活富裕有效衔接。教育培训脱贫一批和社会保障兜底一批是直接面向贫困主体的重要脱贫手段。教育培训通过"志智双扶"，提升贫困主体的脱贫主动性和脱贫能力，是一种着眼于长远的根本性的"造血式"扶贫，通过"志智双扶"，贫困主体的"等靠要"思想得到改观、贫困文化得以瓦解，现代伦理意识、市场意识和发展理念得以培育，自我发展能力得以提升，为乡风文明、治理有效和生活富裕等培育了微观主体，激活了乡村振兴的内生动力。同时，乡风文明培育反过来也有助于农村的精神脱贫，反哺农业农村农民的发展。一方面，社会保障兜底脱贫一批是生活富裕的底线红线，虽然不能直接实现生活富裕目标，但随着发展水平的不断提高，保障的标准也将不断提升；另一方面，社会保障兜底是现代文明的应有之义，有助于形成"尊残爱弱"的良好社会风气，使社会更具包容性，这本身也是"乡风文明"和"治理有效"的重要体现。反过来，要在乡村振兴"治理有效"目标的驱动下完善乡村治理机制，通过自治、法治、德治的有机融合为教育、社会保障兜底脱贫举措的实施提供保障。

建立稳定脱贫长效机制

贫困具有长期和动态的特征。解决贫困问题不仅要"摘穷帽",纾一时困、解一时难,实现"两不愁、三保障";更要"拔穷根",让群众有弱鸟先飞的勇气,水滴石穿的精神,能致富,不返贫。2016年4月24日,习近平总书记在安徽省金寨县考察扶贫工作时,强调打好脱贫攻坚战,要采取稳定脱贫措施,建立长效扶贫机制,把扶贫工作锲而不舍抓下去。2017年"两会"期间,习近平参加四川代表团审议时继续指出,"防止返贫和继续攻坚同样重要","已经摘帽的贫困县、贫困村、贫困户,要继续巩固,增强'造血'功能,建立健全稳定脱贫长效机制"。建立健全稳定脱贫的长效机制,不仅影响到现阶段打赢脱贫攻坚战的进程与质量,对于促进贫困地区经济社会可持续发展、全面建成小康社会以及实现第二个百年目标,也具有重要的意义。

一、建立稳定脱贫长效机制的基本理论

党的十八大以来,以习近平同志为核心的党中央把脱贫攻坚作为全面建成小康社会的底线任务和标志性指标摆到治国理政的重要位置,以前所未有的力度推进。从2013年首次提出精准扶贫到2015年出台《关于打赢脱贫攻坚战的决定》,再到"十三五"脱贫攻坚计划和党的十九大有关打赢脱贫攻坚战的新部署新要求,我国制定了完整的打赢脱贫攻坚战的基本方略,在习近平总书记关于扶贫工作的重要论述引领下的扶贫实践取得了丰硕成果。2013年至2017年,全国农村贫困人口由9899万人减少至3046万人,每年平均减少约1370万人;贫困发生率由10.2%下降至3.1%,累计下降7.1个百分点。同期,贫困地区农村居民人均可支配收入年均实际增长10.4%,实际增速比全

国农村平均水平高 2.5 个百分点。然而，贫困问题的发生是一个动态的演化过程，因而难以"一劳永逸"。在为 2020 年打赢脱贫攻坚战而努力的过程中，建立稳定脱贫长效机制是我国目前面临的现实问题。基于文献和政策梳理，建立稳定脱贫长效机制的基本理论大致可以归纳为以下三个方面。

（一）社会主义本质论

消除贫困、改善民生、实现共同富裕，是社会主义的本质要求，是我们党的重要使命，也是协调推进"四个全面"战略布局、实现"两个一百年"目标的必然要求。中华人民共和国成立以来，共同富裕思想一直贯穿于历代领导人的执政理念中。1956 年 9 月，毛泽东在中共八大上指出，我国社会主义制度基本确立后的主要任务是解决人民日益增长的物质、文化需要与现实的生产力之间的矛盾，因此党的中心工作是经济建设，通过发展生产力摆脱贫困。邓小平明确指出，消除贫困是社会主义的本质和根本任务，"社会主义要消灭贫穷。贫穷不是社会主义，更不是共产主义"。要想消除贫困，发展才是硬道理。社会主义初级阶段的首要任务是通过"发展"的办法来消除贫困，解决中国前进中遇到的问题，"改革也是为了扫除发展社会生产力的障碍，使中国摆脱贫穷落后的状态"。邓小平关于农村改革的思想是对马克思反贫困理论的发展，为我国农村扶贫开发战略奠定了影响深远、最为坚实的理论基础和制度基础。1986 年以来，将消除贫困视为党的根本宗旨，把开发式扶贫作为消除贫困的根本出路，着力构建大扶贫格局，进一步推动了农村扶贫开发战略的发展和完善。但在新时代我国社会主要矛盾已经转化的背景下，不平衡不充分已经成为满足人民日益增长的美好生活需要的主要制约因素，尤其是我国地区差距、城乡差距及其相互交织产生了贫富差距。党的十八大以来，习近平总书记在重要会议、重要时点、重大场合反复强调脱贫攻坚，作出了一系列新决策新部署，提出了一系列新思想新观点，深刻把握和回答了新时代中国特色社会主义扶贫工作的重大理论和实践问题，把中国特色扶贫开发理论推向了新境界。习近平关于扶贫的重要论述，是对改革开放 40 年我国扶贫经验的总结和提升，构成了习近平新时代中国特色社会主义思想的重要内容，是我们打赢脱贫攻坚战的根本遵循和行动指南。

习近平关于扶贫的重要论述，深刻阐明了具有中国特色的反贫困理论，具有重大现实意义和深远历史意义，它丰富和发展了马克思主义反贫困理论，为新时代打赢脱贫攻坚战提供了行动指南，为全球贫困治理贡献了"中国方案"和"中国智慧"。

（二）贫困梯度渐进理论

根据贫困演化规律，在时空上会存在绝对贫困、贫困缓冲期和相对贫困三个阶段的梯度渐进，尤其在进入相对贫困阶段，对稳定脱贫提出了更高的标准。以全球完成千年发展计划为基石，联合国在新的时代背景下提出 2030 年可持续发展议程，主要议题包括优质教育、性别平等、体面的工作、产业和基础设施等在内的 17 个全球可持续发展目标。可持续发展目标建立在千年发展目标所取得的成就之上，旨在进一步消除一切形式的贫穷。新目标的独特之处在于呼吁所有国家，包括穷国、富国和中等收入国家，共同采取行动，促进繁荣并保护地球。可持续发展目标在致力于消除贫穷的同时，需实施促进经济增长、满足教育、卫生、社会保护和就业机会等社会需求并应对气候变化和环境保护的战略。

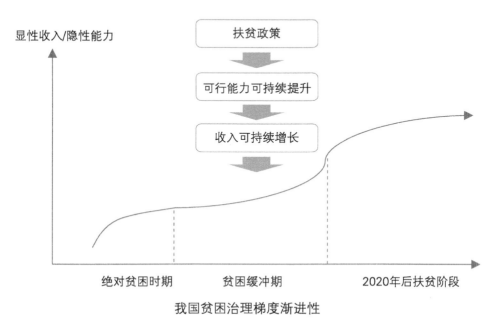

我国贫困治理梯度渐进性

因此，进入 2020 年后，我国扶贫方向也将转向可行能力的提升和社会公平均等化。基于我国贫困问题呈现的动态性和长期性等特点及我国扶贫实践和国际社会可持续发展要求，根据我国贫困特征变化，2018 年的中央经济工作会议提出要坚持精准扶贫、精准脱贫，把提高脱贫质量放在首位，因而我国扶贫工作今后的任务也将面临由关注"减贫速度"向关注"扶贫质量"转变，由开发式扶贫为主向开发式扶贫与保障扶贫并重转变。

（三）动态贫困理论

当前的农村贫困呈现出两种样态：一方面，随着扶贫力度加大，贫困人口逐渐减少；另一方面，由于贫困人口的可持续生计和脆弱性等方面仍然面临不少挑战，贫困人口返贫现象也较为突出。动态贫困理论就是基于上述贫困的状态而出现的。动态贫困理论是动态地观察贫困群体在不同时期之间贫困状态的动态变化过程，它追踪贫困人口脱离贫困、陷入贫困或持续贫困的生存轨迹。[1]而贫困动态性分析就是对某一特定贫困农户或群体进行连续几年的长期性分析，将其分为暂时性贫困和长期性贫困。研究表明，我国多数的贫困人口都属于暂时性贫困。[2]暂时性贫困人口的返贫模式多种多样，主要可分为断血式返贫、狩猎式返贫、失敏性返贫、转移性返贫和传递性返贫，如果返贫波动时间过长或者波动频率过高，暂时性贫困转为长期性贫困的概率就会增大，这将进一步加大扶贫脱贫工作的难度，因此需要采取措施抑制返贫的发生。[3]从多维贫困测量的角度分析，暂时性贫困人口一般具有较高的生计脆弱性，抵御风险能力较低，因此需要摸清贫困人口在生产生活方面的发展变化，以进行扶贫动态管理。[4]未来的减贫脱贫工作应该兼顾多维致贫因素，并且是稳定的可持续脱贫，亦即能够使得脱贫人口在后期发展中减少其生计

① 叶初升、赵锐、孙永平：《动态贫困研究的前沿动态》，《经济学动态》2013 年第 4 期；赵锐、眭睦、吴比：《基于动态贫困理论视角的精准扶贫机制创新》，《农村经济》2018 年第 1 期。
② 罗楚亮：《农村贫困的动态变化》，《经济研究》2010 年第 5 期。Jalan J, Ravallion M. "Transient Poverty in Postreform Rural China". *Journal of Comparative Economics*, 1998（2）.
③ 王卓：《论暂时贫困、长期贫困与代际传递》，《社会科学研究》2017 年第 2 期；何华征、盛德荣：《论农村返贫模式及其阻断机制》，《现代经济探讨》2017 年第 7 期。
④ 张立冬：《中国农村贫困动态性与扶贫政策调整研究》，《江海学刊》2013 年第 2 期。

脆弱性，提高其内生动力和可行能力，具有一定的返贫风险防范能力以及可持续发展能力，从而稳定脱贫成果。[1]

二、稳定脱贫的地方实践

基于江苏地区贫困人群的特点，江苏推出脱贫致富奔小康工程，围绕"减少相对贫困、缩小收入差距、促进共同富裕"目标，将乡村人口6%左右的低收入人口、6%左右的经济薄弱村、苏北6个重点片区和黄桥、茅山革命老区作为主要帮扶对象。在实践中，通过扶贫改革试验区探索建立稳定脱贫路径与机制。

（一）多方联动，精准识别

精准识别是扶贫工作的逻辑起点。在实践中，泗阳县精准识别包括三个步骤：

第一步是按照省定农村居民人均收入6000元贫困线进行识别，把收入分解为：种植业收入、养殖业收入、务工收入、补贴性收入和其他收入五个指标。其中，又将补贴性收入细分为农业支持保护补贴、农机补贴、征地补偿收入；其他收入细分为结对人帮扶现金、扶贫分红收入、资产性收入（土地流转及房屋出租等）、助学资金（"群众扶贫助学"及"希望工程"和"春雷行动"等）、其他如赡养费等。

第二步是根据识别结果建档立卡。以村为单位，采取农户申报、村民小组推荐、村委评议、乡镇复核、异议审核方式、县扶贫办确认的方式对低收入农户建档立卡。针对农户外出务工情况较多的实际情况，泗阳县对识别出来有异议的农户，一方面通过驻村干部和第一书记走访，对致贫原因进行调查；另一个方面，通过"公安—税务—房产局—财政局"信息共享平台建立多方联动机制，确保识别公平，即通过公安系统查询车辆、税务查询纳税、房产局查询商品房购买、财政局查询家庭成员工资。查询结果在村镇组公示栏、主要道路、居民集聚地或活动场所进行公示，公示结束后上报扶贫办确

① 郑瑞强、曹国庆：《脱贫人口返贫：影响因素、作用机制与风险控制》，《农林经济管理学报》2016年第6期。

认，最后将确认的最终结果录入省扶贫开发数据系统。例如，泗阳县在 2016 年新一轮扶贫开发建档立卡中，召开评议会议 3228 场，调查核实异议户 1205 户，4820 人。

第三步是将建档立卡低收入农户由原来的"一卡一类"分为"一卡三类"，即有劳动能力的扶贫开发人口、完全或部分丧失劳动能力享受社保兜底的低收入人口、完全或部分丧失劳动能力又未享受社保兜底的特殊困难群体等三类人群。

（二）根据贫困特征分类实施脱贫政策

第一，将所有符合低保条件的低收入农户家庭纳入低保范围，对生活困难的无业、重度残疾人和精神智障人群，采取单人立户参照低保标准纳入保障范围。截至 2016 年 12 月，该县共有低收入农户 3.7 万户、12.12 万人。其中，一般低收入农户 1.59 万户、6.44 万人，低保户 1.75 万户、5.31 万人，五保户 0.36 万户、0.37 万人。

第二，对因学致贫的人群，参照低收入农户建档立卡，并对贫困家庭学生建档立卡。具体的教育扶贫政策有：学前教育阶段，每人每年资助 1000 元生活费，到 2018 年对建档立卡家庭的建档立卡学生学前幼儿免学费比例达到 90%，到 2020 年对所有适龄幼儿免除学费；义务教育阶段，在全面落实"两免一贴"政策和对寄宿学生进行生活补贴基础上，每人每年减免 500 元校车费，每人每天补贴 4 元午餐费营养改善费；高中阶段，对普通高中学生、"9+3"中职学生免费入学、免费提供教材和免费住宿，并按照 12% 比例为学生每人每年发放 2000 元助学金；对本科、高职（专科）建档立卡学生提供 8000 元以内生源地信用助学贴息贷款，贷款期限最长至 20 年，入学第一年给予 6000 元补贴，对在读大学生每人每年给予 1000 元生活补贴，并通过爱心教育基金帮助学生完成学业。

第三，对因病致贫的人群，为防止因病返贫，泗阳县将建档立卡低收入农户全部纳入城乡居民基本医疗保险范围，并推行新农合、大病商业保险和民政医疗救助"三险联动"的一站式结算服务。目前，低收入农户新农合参保率达 100%，乡镇门诊补偿在原来基础上提高 5%，部分特种门诊补偿提高 1

万元，年度总补偿限额提高至 18 万元，住院医药费保底总补偿超过 80%，个人缴纳部分由医疗救助基金全额补贴。

第四，对一般低收入农户，以村为单位申报就业登记及就业需求岗位，通过家门口就业脱贫。目前，泗阳主要通过四条路径增加低收入农户就业：以劳动密集型产业为主，招商引资；引入农业企业和培育农业大户，通过土地流转发展特色农业；通过公共服务购买，即为村中无强劳动力的低收入农户提供保洁、绿化、公共基础设施维护等公益岗位；对缺资金、有一定发展能力的低收入农户提供贴息小额信贷帮助自主创业。

（二）联村共建发展壮大村级集体经济

为落实扶贫政策，提升经济薄弱村和低收入农户有序动态退出，2016 年泗阳县相继出台了《关于实施脱贫致富奔小康工程的意见》及考核细则、《关于下达 2016 年度国家扶贫改革试验区建设任务的通知》、《泗阳县促进村集体经济发展实施办法》等 16 项与扶贫脱贫相关的文件，强调从"联村共建"和"结对帮扶"确保扶贫政策落地。

第一，联村共建。"联村共建"以援助单位或企业直接帮建、发展产业、提供就业岗位等为主。根据经济发展现状，泗阳县将 238 个村划分为三类，即 58 个省定经济薄弱村、42 个发展滞后村和 138 个其他村。58 个经济薄弱村省级和县级财政四年投入 100 万元。2015 年，泗阳县的 15 个县直属部门领导引进了 15 家优秀企业，对接了 15 个经济薄弱村，投入资金 1920 万元，在 15 个村设立了 40 个帮扶项目；针对 42 个发展滞后村，由县财政每年投入 10 万元发展村集体产业，由乡镇领导负责联村共建；138 个其他村由未参与省定经济薄弱村帮扶的县直属部门与乡镇共同开展联村建设。在工作推进机制方面，泗阳县推出县级机关"一把手"在省定 58 个经济薄弱村兼任第一书记，招商引资，确保每个村有一个就业项目，同时配备第一书记所在单位的优秀年轻干部驻村。

第二，结对帮扶。在精准脱贫工作机制中，建立县—乡镇—村—第一书记的扶贫书记工程，将扶贫脱贫纳入政绩考核；在帮扶机制中，建立"省级机关、大型企业、高校科研院所、苏南发达县市与苏北经济薄弱县区的五方挂钩帮扶"和"省、市、县三级同步选派干部到经济薄弱村任党组织第一书记"及"一个帮扶队员驻村、一个科技特派员挂钩、一个工商企业帮扶、一个富村结对、一个主导产业带动"的"五个一"到村工作机制。联村共建的关键点在于引入优秀企业、帮扶机制的关键点是单位包干帮村责任制、第一书记驻村帮扶,不脱贫不脱钩;村级资金管理重点是采取资金代理制,防范扶贫资金挪用和滥用。针对低收入农户,泗阳县出台"十三五"脱贫致富奔小康结对帮扶通知,按照"包村包户派书记""一对一"或"一对多"或"多对一"等多种形式结对帮扶。帮扶人员主要针对结对低收入农户家庭情况、个人能力和特长等因素,选择合适的精准扶贫项目,促进低收入农户自主脱贫。2016 年底,全县财政供养人员 5561 人、乡镇 5081 人全部落实结帮扶对低收入农户,此外还招募了 371 名扶贫志愿者与低收入农户结对,建立"述扶"制度考核结对帮扶成效。

(四)推进家门口就业工程实现稳定脱贫

泗阳主推"股份 +""三来一加"(来料加工、来样定做、来件装配,农产品加工)等家门口就业模式,成为稳定脱贫的重要支撑。2013 年底,泗阳通过新建、改建、租赁等形式,在经济薄弱村和成子湖片区推进"家门口"就业工程建设。"十二五"期间,全县累计建成 183 个"家门口"标准化厂房,带动 5000 余名劳动力就业,其中 2015 年新增项目 70 个,带动 1800 余名低收入劳动力就业,每年平均可为村居新增 4 万元—6 万元的村集体收入。这与苏南的以"龙头企业 + 农户"的产业扶贫有显著不同。苏南的龙头企业实力雄厚,参与产业扶贫的企业以规模以上的重点企业为主,而泗阳县规模以上企业较少、农村经济合作组织发展不完善、留守农户受教育水平较低,因而泗阳县主要发展以手工劳动为主的劳动密集型企业带动"家门口就业"。这不失为一条短期解决经济困境的出路。对有劳动能力缺资金的低收入农户,通过泗阳农村商业银行发放"免抵押免担保贴息"小额扶贫贷款,根据农户自身特长帮助农户进行自主创业。

2016 年宿迁市家门口就业项目

项目名称	所属村居	厂房类型（新建、改建、租赁）	厂房面积（平方米）	产权是否属于村集体	建成时间（年）	生产产品	就业人数（人）	年均效益（万元）
泗阳县开元医疗用品有限公司	范家湖村	租赁	500	是	2014	螺纹袖口	60	60
洋河古酿酒业有限公司包装车间	陈洼村	租赁	500	是	2014	酒	30	30
捷锋帽业	郝桥村	租赁	500	是	2013	帽业	80	100
宿迁市润阳玩具有限公司	成子湖社区	租赁	1000	是	2013	布质玩具	60	70
泗阳县龙邦家具厂	桂嘴村	租赁	500	是	2014	家具	20	45
泗阳县祥禾服装有限公司	镇东村	改建	500	否	2015	服装	50	35
薛嘴塑料袋厂	薛嘴村	改建	500	否	2014	塑料袋	25	35
成河手套厂	成子湖社区	改建	300	否	2015	手套	40	35
桂嘴服装厂	桂嘴村	改建	300	否	2016	服装	15	10
泗阳祥湖拖鞋有限公司	成子湖社区	租赁	500	是	2017	拖鞋	25	20
泗阳县瑞雪金属容器厂	陈洼村	改建	700	否	2015	金属制品	16	30

资料来源：根据实际调研数据整理。

此外，泗阳还通过土地流转发展规模化农业。例如，郝桥村通过土地流转，加大产业结构调整力度，新建蔬菜大棚、水八仙、桃果项目、莲藕套养龙虾、优质稻米和苗木基地等，解决了 120 人就业，就业农户年均增收达9500 元。以扶贫资金流转 60 亩土地建设高标准连栋大棚，由大户承包从事优质蔬菜种植，吸纳 14 名农民务工，农户年均收入增收达 8500 余元，村集体每年租赁收入达 20 万元；成立土地股份专业合作社，以户为单位，用土地承包经营权入股合作社，按照"每亩租金 800 元 + 分红 + 劳务收入"的方式分成。调研期间，全村已有 103 家农户加入合作社，流转土地 275 亩，年收益 60 余万元。郝桥模式其实是通过"土地流转 + 合作社 + 规模化农业"的方式将农户从土地中解放出来，增加了农户获得收入的途径，更重要的是提升了农户发展的内生动力。

三、稳定脱贫的困难与挑战

实地调查发现，泗阳县一方面通过发展以"三来一加"为主的劳动密集型加工点以及高效农业，为留守妇女、年龄偏大的男性劳动力和城市返乡农民提供了就业机会，加快了经济薄弱村的退出和低收入农户的脱贫。在具体实践中，泗阳县强调企业反哺农村，通过联村共建和结对帮扶制度动员社会力量参与农村扶贫开发，逐步形成了由政府、企业、社会、低收入农户参与的贫困治理体系。另一方面，加大社会保障投入，对丧失劳动能力的贫困户由民政兜底保障这部分农户的基本生活水平，对因学因病致贫的农户，通过教育、医疗救助制度设计确保这部分农户平等地获得教育资源和医疗资源。但调研中也发现，目前从事农业生产的劳动力主要以"50 后"、"60 后"为主，农村空心化问题仍然比较突出，留守妇女、留守儿童和留守老人问题没有从根本上得到解决；精准扶贫识别主要考虑收入指标，没有考虑到支出因素，导致一些因学因病支出超过收入的需要帮助的相对贫困农户被排除在外。总的来看，稳定脱贫的困难与挑战主要表现在三个方面。

（一）支出型贫困带来的财政兜底的可持续性弱

支出型贫困家庭是指由于突发事件、重大疾病、慢性病、身体残疾或者子女就学等特殊原因造成家庭长期刚性支出过大，导致家庭在一定时期内陷入贫困的低收入家庭。[①] 支出型贫困家庭主要包括两类：一类是经过各种救助帮困后仍有突出困难的群体，为建档立卡户中的低保群体；另一类是现行救助政策未覆盖到的群体，即排除在收入型贫困条件外的家庭。与收入型贫困不同，支出型贫困家庭往往沦为社会救助无法顾及的"夹心层"，他们的实际

---

① 路锦非、曹艳春：《支出型贫困家庭致贫因素的微观视角分析和救助机制研究》，《财贸研究》2011 年第 22 期。

生活状况往往比低保家庭更加困难。实际上，在现有体制下，农民赚钱渠道少，收入提高难，农村人口的刚性支出更有可能超出其收入，支出型贫困在农村会更为普遍。

统计显示，尽管中国农村人均可支配收入在不断上升，但是农村人均消费支出的攀升速度仍然高于农村人均可支配收入，两者的差额正在不断扩大，这说明我们不能忽视支出型贫困问题。而解决支出型贫困的主要救助方法，依据其刚性支出的类型不同，大致可以分为临时救助、医疗救助与城市低保三类。这三类都依靠政府财政支出作为主要资金来源。2013 年全国开始"精准扶贫"战略行动以来，中央对扶贫的资金投入（包括城市低保、医疗保险、农村养老保险等）不断增加，2013—2017 年，中央财政专项已累计投入 2822 亿元。只有依靠源源不断的财政支出，才能填补不断增加的可支配收入和支出间的差额，才能在一定程度上控制支出型贫困。一旦政府财政资金不再持续性输入，或财政兜底政策不再施行，那么依据消费支出判定的贫困发生率会大幅度提升，返贫率也会短时间内激增。从联合国提出的 2030 年发展议程中的 17 个目标不难看出，社会保障体系的建设需要依靠强大的财政支持。尤其在新常态下，我国经济增速放缓导致各级财政收入增长下降，势必会影响民生投入，因此扶贫工作必须辅以其他力量的介入。

（二）产业发展的可持续性有待增强

目前的"家门口"就业工程以劳动密集型企业为主，随着经济社会发展，这些企业本身可能面临转型问题，加上企业偏低的工资难以吸引青壮劳动力回流。在产业推进过程中，由于贫困户本身文化程度低、信息来源有限，又缺乏统一的信息资源共享平台，导致种植的农产品供大于求，原计划产业发展带来的利益达不到。有些在实际工作中针对每户贫困户制定脱贫计划并未经严格论证或者脱离本村实际，只是表现在书面上有脱贫产业扶持计划，实际上施行起来效果大打折扣。由于农村贫困户大多存在缺劳力、缺技术、承受风险能力低等情况，贫困户参与产业扶贫项目的意愿不高，因而产业扶贫需要企业、合作社或经营大户等市场主体带动贫困户参与到产业活动之中。这本质上属于市场行为，但因市场主体缺乏提升贫困户脱贫能力的主动性，在产业扶贫过程中，需要重新定位财政补贴与政策支持的作用及关系。

（三）乡村基层治理体系和治理能力有待提升

调研中发现，"村两委"成员年龄偏大，村内党员发展滞后，人才流失严重。对于很多贫困村来说，驻村干部或第一书记的资源协调能力及后方单位实力大小在很大程度上影响了扶贫效果。第一书记虽为同一帮扶工作队队员，在工作中能互帮互助，但不论在资源协调能力上还是个人工作能力上都存在显著的差异。农村劳动力尤其是青壮年劳动力持续外流导致村级集体经济发展存在恶性循环态势；同时，乡村饮水和通信工程等公共基础设施建设成本上升、教育和文化医疗娱乐等公共资源不足、就业机会减少，这些反过来又加速青壮年持续外流、空心化，造成留守问题，村级集体经济进一步弱化。干部资源和农村人才缺失严重，第一书记驻村的短期性等都导致基层治理体系和治理能力的弱化，这都对脱贫攻坚和乡村振兴带来不利的影响和挑战。

四、关于建立稳定脱贫长效机制的对策建议

与中西部地区相比，江苏的扶贫改革主要是立足于发展的视角，提升农户的可行能力，并重点治理相对贫困问题，其成功经验体现在四个方面：一是通过二次收入分配调节城乡和地区差距，缩小贫富差距。2000 年以来，财政转移收入比例占农户家庭纯收入的比重达到 4% 左右，财政转移收入已经成为农户家庭收入的稳定来源。二是通过财政支出结构向建档立卡的低收入人群倾斜。为阻断贫困代际传递，江苏扶贫改革试验区建立了低收入家庭学生从学前教育到本科教育的政府出资具体实施办法和社会捐赠网络。通过教育支出提高低收入家庭子女获得教育权利，增加低收入群体家庭成员受教育的机会，改善低收入群体家庭未来改变低收入状况的能力。三是完善低收入家庭大病医疗和基本医疗支出，解决因病返贫问题。事实上，这也是从发展视角来治理贫困问题，关注贫困者在教育、医疗等方面的隐性需求。这些隐性能力贫困具有间接性、动态性、相对性和发展性的特点，虽不直接造成贫困，但确实影响贫困的发生。四是通过机制创新，建立联村共建和结对帮扶，引导社会和企业扶贫，探索协同脱贫路径。政府在相对贫困治理中的职能逐渐

由主导到引导和向服务型内涵转化，基层社会治理能力不断提升。

同时，随着脱贫从注重速度向注重质量转化，贫困户能力提升、教育医疗等社会保障应该成为贫困治理的主要目标，政府、市场和社会合力共进的大扶贫格局应当是今后努力的方向。

（一）以多元共治理念构建大扶贫格局

长期以来，我国贫困治理主要强调政府主导，但消除贫困是一项长期的任务，贫困治理呈现动态性、多样性和复杂性等特征，贫困治理不应该只依靠政府。事实上，新时代精准扶贫安排应当更加注重多方参与、协同联动的合作型扶贫模式。很多学者也认为，富裕地区的相对贫困问题的解决，要靠政府、村集体、社会力量和农户共同参与，参与主体的多元性既是精准识别的重要方式，也是精准帮扶的重要措施。从政府的角度来说，应该注重顶层设计，为城乡居民提供公平的教育、卫生医疗等社会保障体系，通过收入分配和财政结构偏向缩小贫富和城乡收入差距。同时，向部分低收入农户提供公共服务购买，增加就业岗位。从企业的角度来说，应该将社会责任与企业效率提高相结合，在贫困地区选择合适的产业项目，在带动贫困地区就业的同时也可以解决企业自身成本过高的问题，实现企业与贫困地区的双赢。从社会的角度来说，要从资金、技术、知识等方面实现联村共建和结对帮扶，通过正能量的传递激发贫困村和贫困户的内生动力。从低收入农户个体角度来说，须主动参与脱贫。最终由政府、企业、社会和低收入农户共同形成贫困治理的合力和共同参与的共治扶贫格局。

（二）以可行能力为靶向提升内生动力

要处理好产业扶贫与产业发展的关系，在精准识别贫困户的基础上，精准安排产业扶持项目，防止将产业扶贫演变为产业扶持。针对贫困地区选择优势特色产业加以扶持，从贫困户需求角度，选择适当产业，做到因户施策。我们建议，实现产业发展与脱贫攻坚有机结合，通过家门口就业最终实现稳定脱贫。有些地区村庄自治能力弱化和村集体资产薄弱，加上基层组织自身能力和社会资源等制约，导致村集体与农户内生脱贫意愿不强，产业扶贫政策推进和脱贫有效性与效率不高。应以基层组织和社会企业协同推进产业项目给低收入农户带来发展生产力经济条件和社会机会，提高农户的可行能力；同时在整村提升中赋予农户参与村务的自由；通过土地流转发展现代农业、加大就业培训和技术培训，提升农户自身水平，并且以可行能力提升为目标靶向，建立"社会安全网＋发展就业"的特色"造血"道路。

（三）以乡村振兴为契机加强基层组织建设

贫困与农村人口空心化互为因果，目前我国经济发达地区的一些贫困乡村规模萎缩并存在恶性循环趋势。江苏扶贫改革试验中的"新八有"思路和"十位一体"建设目标是美丽乡村建设的有效探索，但要真正解决经济薄弱地区乡村"空心化"和"三留守"问题，政府须加大支持就业工程，通过社会环境建设和完善社会保障制度吸引更多的青壮年返乡就业创业，增强当地的经济实力，缩小城乡差距和贫富差距，从而缓解经济发达地区的相对贫困问题。在实践中，通过返乡创业对农户就业增收带来示范作用，增强贫困地区脱贫致富的文化氛围，进而影响到经济薄弱村和低收入农户脱贫致富的意向和信心；通过企业、社会组织的就业培训、村基层组织及后方帮扶单位组织的技能培训，结合农户本身具有的务农经验，提升农户的认知、增强农户人力资本；通过第一书记驻村指导，改变贫困村村两委组织涣散的工作状态，通过整村提升完善基层组织服务群众水平，利用专项扶贫资金发展产业，吸引社会企业资本进入，让低收入农户和经济薄弱村参与市场活动，增强其资源获取能力和自我归属感。

专题篇

大扶贫格局中的社会扶贫参与

中国扶贫开发事业逐步形成了专项扶贫、行业扶贫与社会扶贫相结合的"三位一体"大扶贫格局，社会扶贫已经成为拉动贫困地区发展和扶贫开发工作的重要引擎之一。社会扶贫具有全社会广泛参与、多元化的扶贫开发策略、可持续的减贫理念与模式创新等明显的特点和优势。社会扶贫能够凝聚社会资源，释放社会潜力，充分发挥定点扶贫、东西部扶贫协作、军队和武警部队扶贫的作用，广泛动员社会企业、非营利组织、公民个人等社会多元力量共同参与扶贫开发，对于我国构建大扶贫格局，打赢脱贫攻坚战，促进经济稳定发展有着不可或缺的重要作用。

一、我国社会扶贫的历程与成效

回溯社会扶贫的历史与探察社会扶贫的现实，有利于把握我国反贫困的变迁线索，全面理解社会扶贫提出的时代背景。

（一）社会扶贫的发展历程

1984 年 9 月，中共中央和国务院下发的《关于帮助贫困地区尽快改变面貌的通知》，标志着中国政府开始了有组织、有计划、大规模的减贫行动。1986 年，专门的扶贫开发工作机构——国务院贫困地区经济开发领导小组成立，随后各省、自治区、直辖市分别建立了扶贫开发工作的领导机构和办公常设机构。国务院各部委、各直属机构也成立了扶贫开发领导小组及工作机构，并向贫困地区派驻了常年工作组进行蹲点扶贫。

1996 年，中央扶贫开发工作会议以后，我国全面展开了东西扶贫协作工作，以东部发达省市对口帮扶西部贫困地区为主要方式支援西部地区扶贫开发建设，并不断增加对口帮扶的省市数量。东西部之间的协作领域拓宽，协作深度拓展，形成了合作共赢的局面。进入 21 世纪以来，国家开始注重动员民营企业参与扶贫开发，并进一步鼓励社会组织、社会公众参与扶贫开发。伴随着经济社会的发展，越来越多的企业将扶贫开发视为重要的社会责任并积极参与。近年来，各类非政府组织在扶贫开发领域发挥着重要的作用。

多年以来，定点扶贫、东西协作扶贫以及民营企业、社会组织、社会公众参与扶贫开发的社会扶贫工作取得了显著成效，社会扶贫已经成为"大扶贫"格局的重要组成部分。

目前，我国扶贫开发已经从以解决温饱为主要任务的阶段转入巩固温饱成果、加快脱贫致富、改善生态环境、提高发展能力、缩小发展差距的新阶段。新阶段在注重定点扶贫、东西扶贫协作和军队武警部队扶贫的同时，广泛动员社会力量，推动民营企业、社会组织和个人等参与扶贫开发。

（二）社会扶贫的特点

广泛的社会参与是中国减贫道路的重要特点。一方面，中华民族自古以来就有扶贫济困的优良传统，新中国更是将共同富裕作为矢志追求的社会理想，"社会扶贫"是对中国社会优良传统和社会主义新传统的继承和丰富。另一方面，社会扶贫领域的潜能不断地增长，已经成为"大扶贫"格局的重要组成部分。社会扶贫具有以下几个特点：

1. 全社会广泛参与

社会扶贫吸纳和动员了最为广泛的积极力量参与扶贫开发事业，参与主体多元性是其显著特征。（1）定点扶贫的单位包括中央和国家机关各部门各单位、人民团体、参照公务员法管理的事业单位、国有大型骨干企业、国有控股金融机构、各民主党派中央及全国工商联、国家重点科研院校等。到目前为止，311 家中央国家机关和企事业单位与 592 个国家扶贫开发工作重点县建立了结对帮扶的关系。[1]（2）自 1996 年开始，经过多次调整，东西扶贫协作已形成目前东部 9 个省（市）、13 个市对口帮扶西部 10 个省（区、市）和吉林、湖北、湖南的 3 个少数民族自治州以及河北省张家口、承德、保定三

---

[1] 《中国扶贫开发年鉴》编辑部编：《中国扶贫开发年鉴 2017》，团结出版社 2017 年版。

市。（3）此外，军队和武警部队根据国家和驻地扶贫开发总体规划，发挥优势，主动作为，积极参与实施定点扶贫和整村推进扶贫。（4）各类人民团体、社会组织、民营企业和普通公民也积极参与扶贫开发。[①]

2. 多元化扶贫策略

相对于政府主导的扶贫而言，社会扶贫的方式更加多元化。社会扶贫汇集了民主党派、政府部门、企业、国际机构和民间组织等多元的行动主体，不同主体根据自身特点采用了多样化的扶贫开发策略。社会扶贫的形式具体有：智力支边、希望工程、光彩事业、文化扶贫、扶贫拉力计划、春蕾计划、博爱工程、幸福工程、农业科技示范入户工程、双学双比、巾帼扶贫等。这些扶贫济困活动都产生了良好的社会效果。[②]

3. 可持续减贫模式

社会扶贫是扶贫理念和模式创新最快的领域。随着人们对贫困的认识不断深化，扶贫开发的手段也不断推陈出新。在社会扶贫领域中，社会扶贫主体不断探索，促使扶贫理念和扶贫模式不断创新。各社会扶贫主体在扶贫行动中，注重可持续减贫发展，采用产业扶贫、教育扶贫、电商扶贫以及公益扶贫等多种扶贫方式，促使贫困对象主动参与扶贫行动，通过"造血式"的扶贫方法，为贫困地区创造可持续性脱贫条件，增强扶贫效果的可持续性，防止返贫。

（三）社会扶贫的成效

经过多年反贫困的实践，中国走出了一条中国特色的扶贫开发道路，形成专项扶贫、行业扶贫和社会扶贫"三位一体"的大扶贫开发格局。社会扶贫作为"三驾马车"之一，发挥着政府扶贫不可替代的作用。在坚持政府主导扶贫的前提下，广泛动员社会力量积极参与扶贫济困，是加大扶贫攻坚力度、促进贫困地区经济社会发展的有效举措。近年来，社会扶贫在资金投入、项目开发和人力支持方面力度渐增。总体来看，社会扶贫的成效主要体现在四个方面：

---

① 《中国扶贫开发年鉴》编辑部编：《中国扶贫开发年鉴2017》，团结出版社2017年版。
② 蔡德奇、胡献政、龚高健：《社会扶贫的意义和机制创新》，《理论经纬》2006年第10期。

第一，社会扶贫观念日渐增强。最早参与社会扶贫活动的机构是与农村联系多、资源动员能力强的政府部门。随着扶贫开发纵深推进，社会各界对社会扶贫的认识更加深刻，更加接纳和认同社会扶贫的观念，参与社会扶贫的社会力量增多，参与扶贫的领域拓宽。经过近30年的社会扶贫实践，社会扶贫取得巨大成效，社会扶贫的观念日益深入人心，为社会扶贫的进一步发展提供了思想基础。

第二，社会扶贫格局初步形成。始于20世纪80年代的定点扶贫是社会扶贫的开端，经过几十年的发展，社会扶贫的参与主体、扶贫形式、行动领域以及组织形式等都渐趋成熟，逐步形成了政府主导，社会力量积极参与扶贫开发，采取多种扶贫开发形式，共同推进减贫事业发展的局面，社会扶贫格局初步形成。

第三，社会扶贫模式不断创新。到目前为止，逐步形成了东西部扶贫协作、定点扶贫、军队和武警部队扶贫、社会组织扶贫、企业扶贫、公民个人参与扶贫、网络扶贫行动以及中国社会扶贫网扶贫等社会扶贫创新模式。其中，"互联网+"社会扶贫是国家扶贫工程的重要组成部分，是推进社会扶贫工作的有效手段。在企业、社会组织、个人的共同努力下，我国"互联网+"社会扶贫在各个领域深入推进。如，中国社会扶贫网运用互联网新技术和新模式，构建五大功能平台（即爱心捐助、扶贫商城、扶贫众筹、扶贫展示、扶贫新榜样），搭建一座连接贫困人口和社会爱心人士、爱心企业的网络扶贫服务平台。截至2016年底，中国社会扶贫网累计对接贫困帮扶需求信息6335条，爱心捐赠67条，对接成功45例。[1]

第四，社会扶贫成效日益凸显。从近30年的社会扶贫实践来看，其中定点扶贫和东西扶贫协作的成效最为显著。2016年以来，参与定点扶贫的中央单位达到311个，实现对592个重点县定点扶贫的全覆盖。2016年，311个单位向定点扶贫县直接投入资金43.8亿元，引进项目1357个，举办各类培训班1770期，共培训各类人才14.4万人次。[2]东西扶贫协作力度进一步加大，

---

①② 《中国扶贫开发年鉴》编辑部编：《中国扶贫开发年鉴2017》，团结出版社2017年版。

东部省市加大了对西部对口协作省份的财政资金援助力度。东部 18 个经济较发达省、市与西部 10 个省（区、市）建立了结对帮扶的关系。同时，全军和武警部队根据国家和驻地扶贫开发总体规划，开展多种形式的扶贫帮困活动。此外，企业扶贫正在成为带动贫困地区经济发展的重要力量，社会组织在贫困地区投放的扶贫资金和扶贫项目对于改善贫困地区的软硬件环境起到了重要的推动作用，普通公众以捐赠扶贫资金、志愿服务等形式为贫困地区的发展提供重要补充。

二、党的十八大以来我国社会扶贫的顶层设计与制度安排

社会扶贫是我国大扶贫格局中的重要组成部分。党和政府高度重视社会扶贫在我国扶贫开发工作中的重要作用，对社会扶贫的领域、内容、机制等内容进行了统一界定，建立社会扶贫的政策框架，完善社会扶贫的顶层设计。党的十八大以来，在党和政府的顶层设计指导下，我国针对各类社会扶贫模式的相应制度安排不断细化与完善。

（一）党的十八大以来我国社会扶贫的顶层设计

1. 界定社会扶贫领域。2011 年 12 月，中共中央、国务院印发的《中国农村扶贫开发纲要（2011—2020 年）》是目前我国扶贫开发工作的纲领性文件，以"社会帮扶、共同致富"为原则，广泛动员社会各界参与扶贫开发，实现共同富裕。"加强定点扶贫、推动东西部协作、发挥军队和武警部队的作用、动员企业和社会各界参与扶贫"明确规定社会扶贫的政策方向与定位。[①]

2. 创新社会参与机制。2013 年 12 月 18 日，中共中央办公厅、国务院办公厅出台《关于创新机制扎实推进农村扶贫开发工作的意见》，提出创新社会参与机制。"建立和完善广泛动员社会各方面力量参与扶贫开发制度。充分发挥定点扶贫、东西部扶贫协作在社会扶贫中的引领作用。支持各民主党派中央、全国工商联和无党派人士参与扶贫开发工作，鼓励引导各类企业、社会

---

① 中共中央、国务院：《中国农村扶贫开发纲要（2011—2020 年）》，2011 年 12 月。

组织和个人以多种形式参与扶贫开发。"① 2014 年 5 月 12 日，国务院扶贫办出台《创新扶贫开发社会参与机制实施方案》，完善社会扶贫工作体系，创新社会扶贫工作机制，健全社会扶贫支持政策，营造社会扶贫浓厚氛围。②

3. 提高社会扶贫精准性。2014 年 5 月 12 日，国务院扶贫办等 7 部门联合印发《建立精准扶贫工作机制实施方案》指出，"完善社会扶贫帮扶形式。鼓励引导社会扶贫参与主体，到贫困地区开展形式多样的扶贫帮扶活动，努力做到帮扶重点下移到贫困村、帮扶对象明确到贫困户，帮扶措施到位有效，帮扶效果可持续，实现社会帮扶的精准化、科学化"。③

4. 拓展社会扶贫参与主体。2014 年 11 月 19 日，国务院小公厅《关于进一步动员社会各方面力量参与扶贫开发的意见》指出，培育多元社会扶贫主体，"大力提倡民营企业扶贫"，"积极引导社会组织扶贫"，"广泛动员个人扶贫"，"深化定点扶贫工作"，"强化东西部扶贫协作"。④

5. 广泛动员社会力量。2015 年 11 月 29 日，中共中央、国务院印发《关于打赢脱贫攻坚战的决定》，"广泛动员全社会力量，合力推进脱贫攻坚"，"健全东西部扶贫协作机制"，"建立东西部扶贫协作考核评价机制"。"健全定点扶贫机制。进一步加强和改进定点扶贫工作，建立考核评价机制，确保各单位落实扶贫责任。""健全社会力量参与机制。鼓励支持民营企业、社会组织、个人参与扶贫开发，实现社会帮扶资源和精准扶贫有效对接。"⑤

6. 落实脱贫攻坚责任。2016 年 10 月 11 日，中共中央办公厅、国务院办公厅印发《脱贫攻坚责任制实施办法》，强调脱贫攻坚要按照中央统筹、省负总责、市抓落实的工作机制，构建责任明晰、各负其责、合力攻坚的责任体系。对东西部扶贫协作、定点扶贫、军队和武警部队、各民主党派以及民营企业、社会组织和个人合力脱贫攻坚作出明确规定。

---

① 中共中央办公厅、国务院办公厅：《关于创新机制扎实推进农村扶贫开发工作的意见》，2013 年 12 月 18 日。

② 国务院扶贫办：《创新扶贫开发社会参与机制实施方案》，2014 年 5 月 12 日。

③ 国务院扶贫办等 7 部门：《建立精准扶贫工作机制实施方案》，2014 年 5 月 12 日。

④ 国务院办公厅：《关于进一步动员社会各方面力量参与扶贫开发的意见》，2014 年 11 月 19 日。

⑤ 中共中央、国务院：《关于打赢脱贫攻坚战的决定》，2015 年 11 月 19 日。

7. 阐明社会扶贫内容。2016 年 12 月 2 日，国务院印发《"十三五"脱贫攻坚规划》阐述了在社会扶贫领域中，加强东西部扶贫协作、定点帮扶、企业帮扶、军队帮扶以及社会组织和志愿者帮扶的主要内容及相关举措，是各地脱贫攻坚工作的行动指南，是各有关方面制定相关扶贫专项规划的重要依据。

（二）党的十八大以来我国社会扶贫的制度安排

党的十八大以来，在我国社会扶贫顶层设计的指导下，社会扶贫领域的相关制度安排逐渐完善，为社会扶贫工作的顺利开展提供了相应的政策依据和制度保障。

1. 定点扶贫

（1）实现定点扶贫县全覆盖。2012 年 11 月 8 日，中共中央组织部、国务院扶贫办等八部门联合印发《关于做好新一轮中央、国家机关和有关单位定点扶贫工作的通知》，确定了新一轮定点扶贫结对关系，第一次实现了定点扶贫工作对国家扶贫开发工作重点县的全覆盖。

（2）调整定点扶贫结对关系。2015 年 8 月 21 日，中共中央组织部、国务院扶贫办等九部门联合印发《关于进一步完善定点扶贫工作的通知》，调整定点扶贫县，新增 22 个单位参加定点扶贫。调整后，共有 320 家中央单位，帮扶 592 个国家扶贫开发工作重点县。同时，健全牵头联系机制，强化工作考核，做好督促指导定点扶贫工作。

（3）落实定点扶贫主体责任。2017 年 3 月 3 日，中共中央办公厅、国务院办公厅印发《关于进一步加强中央单位定点扶贫工作的指导意见》的通知，强调各单位不再是简单地送钱送物办好事，明确六项主要任务：选派干部，开展精准帮扶；深入调研，共谋脱贫之策；宣传动员，激发内生动力；督促检查，落实主体责任；夯实基础，培育基层队伍；总结经验，宣传推广典型。要求要落实帮扶责任，聚焦脱贫攻坚，建立考评机制，强化牵头机制。

（4）建立定点扶贫考核制度。2017 年 8 月 8 日，国务院扶贫开发领导小组印发《中央单位定点扶贫工作考核办法（试行）》，以承担定点扶贫任务的中央单位为考核对象，以"帮扶成效、组织领导、选派干部、督促检查、基层满意情况、工作创新"等六方面为考核内容，按照"单位总结、分类考核、综合评议"的考核程序对中央单位定点扶贫工作进行考核。

2. 东西部扶贫协作

（1）界定东西部扶贫协作工作领域。2016年10月27日，中共中央办公厅、国务院办公厅印发《关于进一步加强东西部扶贫协作工作的指导意见》，调整东西部扶贫协作结对关系，在完善省际结对关系的同时，实现对民族自治州和西部贫困程度深的市州全覆盖。以"开展产业合作、组织劳务协作、加强人才援助、加大资金支持、动员社会参与"为主要任务，确保西部地区现行国家扶贫标准下的农村贫困人口到2020年实现脱贫，贫困县全部摘帽，解决区域性整体贫困，推动西部贫困地区与全国一道迈入全面小康社会。

（2）细化东西部协作新方式。2016年10月16日，国务院扶贫办在扶贫日活动期间正式启动"携手奔小康行动"，共确定东部地区219个经济较发达县（市、区）与西部地区279个贫困县开展携手奔小康行动。这是实施精准扶贫、精准脱贫的新举措，是深化细化东西部扶贫协作的新方式，支持西部地区贫困县打赢脱贫攻坚战，如期实现全面建成小康社会的目标。

（3）制定东西部扶贫协作考核制度。2017年8月8日，国务院扶贫办印发《东西部扶贫协作考核办法（试行）》，以东部参加帮扶的省市以及西部被帮扶的省市州为考核对象，按照"省市总结、交叉考核、综合评议"的考核步骤进行考核。

3. 军队和武警部队扶贫

2016年3月，中央军委政治工作部、国务院扶贫开发领导小组办公室联合印发《关于军队打赢脱贫攻坚战的意见》指出，军队参与打赢脱贫攻坚战，要按照国家脱贫攻坚总体部署，落实精准扶贫、精准脱贫的基本方略，坚持科学谋划、统筹推进，发挥优势、主动作为，因地制宜、精准发力，军地协作、整体联动，改进创新、务求实效的原则，搞好宣传教育、扶持发展特色优势产业、开展实用技能培训、协助推进教育扶贫、搞好医疗扶持、帮建基层政权组织、帮助改善生产生活、参与生态环境保护、支持乡风文明建设、参加兴边富民行动等工作。地方各级扶贫开发领导机构应吸收省军区系统和扶贫任务重的驻军单位参加。

4.民营企业参与扶贫

（1）引导民营企业参与新一轮农村扶贫开发。2013年6月6日，全国工商联、国务院扶贫办出台《关于共同推动民营企业参与新一轮农村扶贫开发的意见》指出，要"引导民营企业参与片区产业扶贫、鼓励民营企业参与片区县域经济发展、组织民营企业参与专项扶贫工作、动员民营企业参与贫困农村公益事业、创新民营企业参与扶贫开发的途径与模式、服务片区小微企业和商会组织发展、加大对参与扶贫开发民营企业的支持力度"，形成民营企业参与扶贫开发的新高潮。

（2）开展"万企帮万村"精准扶贫行动。2015年9月21日，全国工商联、国务院扶贫办、中国光彩会印发《"万企帮万村"精准扶贫行动方案》并发通知。"万企帮万村"精准扶贫行动，以民营企业为帮扶方，以建档立卡的贫困村为帮扶对象，以签约结对、村企共建为主要形式，以产业扶贫、商贸扶贫、就业扶贫、捐赠扶贫、智力扶贫、其他扶贫等帮扶途径，力争用三到五年时间，动员全国一万家以上民营企业参与，帮助一万个以上贫困村加快脱贫进程，为促进非公有制经济健康发展和非公有制经济人士健康成长、打赢脱贫攻坚战、全面建成小康社会贡献力量。

5.社会组织及公众参与扶贫

（1）引导社会组织参与扶贫。2016年8月，中共中央办公厅、国务院办公厅印发了《关于改革社会组织管理制度　促进社会组织健康有序发展的意见》，明确指出"改革社会组织管理制度、促进社会组织健康有序发展"，提出建立"政社分开、权责明确、依法自治的社会组织制度"，建设"结构合理、功能完善、竞争有序、诚信自律、充满活力的社会组织发展格局"。这为社会组织的发展确立了方向，明确了路径。2017年11月，国务院扶贫开发领导小组印发《关于广泛引导和动员社会组织参与脱贫攻坚的通知》，明确了社会组织扶贫的重要领域、主要任务。

（2）积极推进电商精准扶贫工程，创新"互联网＋"社会扶贫模式。2016年10月，中央网信办、国家发展改革委、国务院扶贫办联合印发的《网络扶贫行动计划》指出，实施"网络覆盖工程、农村电商工程、网络扶智工程、信息服务工程、网络公益工程"五大工程，到 2020 年，网络扶贫取得显著成效，建立起网络扶贫信息服务体系，实现网络覆盖、信息覆盖、服务覆盖。

（3）制定脱贫攻坚志愿服务行动计划。2016 年 11 月 23 日，国务院印发的《"十三五"脱贫攻坚规划》指出，鼓励支持青年学生、专业技术人员、退休人员和社会各界人士参与扶贫志愿者行动。实施扶贫志愿者行动计划，每年动员不少于 1 万人次到贫困地区参与扶贫开发，开展扶贫服务工作。通过政府购买服务、公益创投、社会资助等方式，引导支持志愿服务组织和志愿者参与扶贫志愿服务，培育发展精准扶贫志愿服务品牌项目。

（4）支持社会工作专业力量参与脱贫攻坚。2017 年 6 月 27 日，民政部、财政部、国务院扶贫办印发《关于支持社会工作专业力量参与脱贫攻坚的指导意见》，明确服务内容，"参与贫困群体救助帮扶、贫困群体脱贫能力建设、促进易地搬迁贫困群众融合适应、参与贫困地区留守儿童关爱保护、针对其他特殊困难人群开展关心服务"。扶持壮大贫困地区社会工作专业力量，支持贫困地区加强社会工作专业人才队伍建设、组织建设。"支持实施社会工作专业力量参与脱贫攻坚重点项目。"

三、党的十八大以来社会扶贫的主要内容

我国社会扶贫主要包括六种模式，分别是定点扶贫、东西扶贫协作、军队和武警部队扶贫、企业扶贫、社会组织扶贫、公民个人积极参与扶贫开发。

（一）定点扶贫

定点扶贫，是指党政军机关、企事业单位和社会团体利用自己的资源，以贫困区域的重点贫困县为主要帮扶对象，与贫困地区合作以帮助其脱贫致富的一种开发式扶贫模式，其目的是促进党政军机关、企事业单位和社会团体参与扶贫工作。[①] 它是中国特色扶贫开发工作的重要组成部分。[②]

---

① 汪三贵：《中国扶贫的制度安排与治理问题》，载王国良《中国扶贫政策——趋势与挑战》，社会科学文献出版社 2005 年版。
② 中共中央办公厅、国务院办公厅：《关于进一步做好定点扶贫工作的通知》，《人民日报》2010 年 7 月 8 日。

依据定点扶贫工作介入点的不同，可以将实践中不同扶贫方式分为：以项目扶持为介入点的扶贫模式，以产业开发为着手点的扶贫模式，以企业发展为推手、以结对帮扶为手段的扶贫模式。

我国定点扶贫工作积累了不少成功经验：一是党和国家高度重视，国家的号召与推动以及国家政策的实施为定点扶贫工作开展提供保障。二是对贫困地区开展调研，形成切实可行的扶贫措施，促进定点扶贫工作的顺利开展。三是干部挂职的长期化，尤其是党的十八大以来，向贫困地区选派挂职干部成为制度性的安排。这些定点扶贫工作的经验为今后定点扶贫工作的开展提供了指导与借鉴。

（二）东西扶贫协作

东西扶贫协作，即东部发达省市与西部贫困地区结对开展扶贫协作，是国家为实现共同富裕目标作出的一项制度性安排。自 1996 年开始，经过几次调整和变动，东西扶贫协作已形成了目前 9 省（市）、13 个大城市对口帮扶西部 14 个省（区、市）的工作格局。东西扶贫协作形式多样，形成了以政府援助、企业合作、社会帮扶、人才支持为主的基本工作框架。

实施东西扶贫协作工作以来，东部发达省份与西部贫困地区在结对治理贫困的具体实践中不断探索扶贫方式与模式，具体有基于企业合作层面的扶贫模式、创建高层沟通机制的扶贫模式、选择贫困重点的扶贫模式。

东西扶贫协作积极推动"西部大开发"战略的实施，为减贫事业做出了巨大贡献，据统计，从 2011 年到 2015 年的"十二五"期间，东部地区向西部地区提供政府援助资金 56.9 亿元人民币、社会捐助 3.8 亿元人民币。[①] 在扶贫开发实践中，形成了一些成功的经验，一是扶贫协作双方的长期沟通与交流机制。长期沟通与交流机制是双方开展扶贫工作的保障。二是重视企业合作。企业的发展能迅速而有效激活贫困地区的市场活力，发展贫困地区经济。三是注重人才交流。人才是贫困地区可持续发展的保障。四是注重劳务协作。通过就业实现贫困人口稳定脱贫。

---

① 《东西携手二十载 互动双赢奔小康》，http://www.sohu.com/a/106703318_160309，2016 年 7 月 20 日。

（三）军队和武警部队扶贫

军队和武警部队是中国社会扶贫的一支重要力量。军队和武警部队根据国家和驻地扶贫开发总体规划积极参与实施定点扶贫和整村推进扶贫，[①] 在实践中探索出地方军分区军民结对扶贫模式、部队集团式扶贫模式、部队共建连片特困地区等扶贫模式。

军队和武警部队参与扶贫的核心经验在于争取军队和武警部队领导的重视，通过党政军途径明确省军区、军分区政治机关和人民武装部作为同级政府扶贫开发领导小组成员单位。在此基础上，按照"就地就近、有所作为、量力而行、尽力而为"原则，逐步实现分类扶贫。

（四）民营企业参与扶贫

企业参与扶贫，是指在政府的引导与支持下，企业利用自身资源，通过多种形式参与扶贫工作。改革开放以后，在国家政策的支持与鼓励下，民营企业发展迅速，社会影响力增大，并成为国民经济的重要组成部分。促使民营企业参与扶贫是发展社会扶贫的重点之一。民营企业参与扶贫的模式主要有公益参与模式、产业开拓模式、社区综合开发模式。

民营企业参与扶贫的经验主要是：一是政府为企业承担社会责任提供优惠措施；二是发挥社会组织的中介作用，为企业参与扶贫工作提供平台；三是广泛宣传社会扶贫的政策与案例，营造良好的氛围与环境；重视产业在企业与农户之间的纽带作用，形成利益联结机制，实现两者利益共享。

（五）社会组织参与扶贫

社会组织扶贫，是指包括人民团体在内的各类社会组织采取一系列扶贫措施帮助农村贫困人口或贫困家庭脱贫致富的方式。《中国农村扶贫开发纲要（2011—2020 年）》指出，加强规划引导，鼓励社会组织和个人通过多种方式参与扶贫开发。积极倡导扶贫志愿者行动，构建扶贫志愿者服务网络。2017年 11 月的领导小组文件《关于广泛引导和动员社会组织参与脱贫攻坚的通知》鼓励工会、共青团、妇联、科协、侨联等群众组织以及海外华人华侨参

---

① 国务院新闻办公室：《中国农村扶贫开发的新进展》白皮书，新华社北京 2012 年 11 月 16 日电。

与扶贫。越来越多的社会组织活跃在农村扶贫领域，且逐渐成为我国农村扶贫的重要主体，探索出支教社团造血的扶贫模式、老促会培育产业的扶贫模式、挖掘团体优势的扶贫模式、市场活力注入的扶贫模式。

社会组织参与扶贫的核心经验是孵化不同类型的社会组织，使其自身能够生存发展，为其参与扶贫活动提供信息服务、业务指导和规范管理，开展政府购买服务试点，鼓励社会组织承接政府扶贫项目，创新扶贫方式。

（六）电商扶贫和网络扶贫

电商扶贫，是动员政府、电商、生产经营主体和社会各方力量，通过完善贫困地区相关基础设施，建立互联网＋与电子商务的理念和体系，帮助提升贫困地区农户和生产经营者的电子商务运用能力，促进当地农产品及特色产品生产、加工、销售和品牌化建设，方便群众的生产生活，带动当地的就业和创业，增加农民收入，推动经济社会发展转型，从而加快脱贫致富步伐的一系列举措[1]。电商扶贫的核心经验主要是：一是坚持问题导向，补齐快递物流不发达、农产品不标准、电商人才匮乏等短板；二是重视电商扶贫帮扶主体的获得感，以贫困主体获益为根本出发点和立足点，体现精准扶贫的要义，让贫困群众真正感受到电商带来的变化；三是建立有效的电商扶贫协同机制，统筹协调政府、平台、网商、服务商、传统企业、农业经营主体及贫困户等六方主体的作用，形成合力。

《网络扶贫行动计划》提出，到 2020 年，网络扶贫取得显著成效，建立起网络扶贫信息服务体系，实现网络覆盖、信息覆盖、服务覆盖。宽带网络覆盖 90% 以上的贫困村，电商服务通达乡镇，带动贫困地区特色产业效益明显，网络教育、网络文化、互联网医疗帮助提高贫困地区群众的身体素质、文化素质和就业能力，有效阻止因病致贫、因病返贫，切实打开孩子通过网络学习成长、青壮年通过网络就业创业改变命运的通道，显著增强贫困地区的内生动力，为脱贫摘帽和可持续发展打下坚实基础。

---

① 《准确把握精准扶贫要义，加快电商扶贫发展》，http://mini.eastday.com/a/190130000932725-5.html，2019 年 1 月 30 日。

（七）社会公众参与扶贫

社会公众扶贫，是指社会中的政府官员、知名艺人、企业人士、普通居民或村民等公民通过自愿方式投入人财物力等来扶贫济困的方式。公众参与的模式包括直接捐赠扶贫模式、志愿行动扶贫模式、基金资助扶贫模式、"互联网＋"扶贫模式。

社会公众参与社会扶贫取得良好的效果，其核心经验如下：第一，不以捐资多少来衡量参与社会扶贫的个人或组织的扶贫贡献；第二，以社会主义核心价值观引领公众参与扶贫；第三，社会扶贫需要依靠全社会的力量共同参与；第四，要发挥工会、共青团、妇联、残联等动员优势，鼓励和引导广大社会成员捐助款物，倡导志愿服务精神，构建中国特色的扶贫志愿者网络和服务体系。①

（八）中国社会扶贫网

中共中央、国务院《关于打赢脱贫攻坚战的决定》对加大"互联网"＋扶贫力度作出部署，明确要求构建社会扶贫信息服务网络。国务院扶贫办贯彻落实党中央决策部署，抓好互联网＋社会扶贫工作的顶层设计，积极推进中国社会扶贫网建设应用，构建五个功能平台。即：爱心帮扶平台，实现贫困户需求和社会帮扶资源的精准有效对接；扶贫众筹平台，开展公益众筹项目解决贫困群众的特殊困难；电商扶贫平台，推动贫困地区、贫困户特色优势产品与市场对接；扶贫展示平台，展示社会扶贫成果、优秀案例和榜样人物；扶贫评价平台，运用平台扶贫积分实现社会力量扶贫的网络评价。中国社会扶贫网对于搭建社会爱心资源和贫困地区、贫困人口帮扶需求有效对接的平台，进一步广泛动员社会力量参与脱贫攻坚具有重要意义。下一步，要全力推动社会扶贫网建设应用，着力提升平台覆盖面、用户活跃度、帮扶精准度和社会影响力，打造规范、有序、务实、高效的互联网社会扶贫平台。

---

① 国务院扶贫办等：《关于印发〈创新扶贫开发社会参与机制实施方案〉的通知》，2014 年 5 月 12 日。

四、我国社会扶贫的经验与启示

（一）我国社会扶贫的经验

社会扶贫在中国扶贫开发进程中发挥着重要作用。结合贫困地区的实际情况，在全国范围内形成了不少颇有成效的社会扶贫模式，取得了显著的扶贫开发成效。各地社会扶贫实践各有特色，从整体来看，全国范围内的社会扶贫成效的取得，主要得益于以下几个因素的推动。

1. 政府主导为社会扶贫奠定了基础

从社会扶贫的历史来看，政府主导是社会扶贫得以顺利推进的重要保障。在社会扶贫发展尚不成熟的阶段，非政府组织的数量很少以及社会公众的扶贫意识还不成熟的时期，单纯社会力量动员扶贫资源的能力薄弱，由政府出面动员社会力量参与扶贫，便于操作，容易体现成效。政府主导是社会扶贫的政治保障和可持续性保障，有利于推动社会扶贫向常态化、规范化和持续化的方向发展。政府部门的介入有助于整合协调与监督管理扶贫资源。政府主导有助于发挥社会扶贫的示范作用。在今后一段时期内，社会扶贫仍然会延续政府主导，社会力量广泛参与扶贫的格局。

2. 广泛动员为社会扶贫提供了动力

在 30 年的社会扶贫进程中，广泛挖掘社会力量参与扶贫为社会扶贫发展提供了动力。社会扶贫取得成效，与多元化的主体参与和多样化的社会资源投入密不可分。一方面，政府挖掘和鼓励社会力量参与扶贫，拓宽其参与渠道。各级政府积极鼓励、引导、支持和帮助各类非公有制企业、社会组织、社会公众等力量参与社会扶贫。另一方面，广泛挖掘社会资源为社会扶贫服务。通过努力挖掘民间关爱资源，建立社会、企业参与扶贫激励机制，形成政府的、市场的、社会的资源合力，为社会扶贫的持续发展提供动力。随着社会扶贫力度的加大，参与主体不断扩展，社会扶贫的覆盖面和影响力不断提升，社会力量的扶贫意识得到提高，参与能力和投入力度逐渐增大，为社会扶贫做出了重要贡献。

3. 创新发展激发了社会扶贫的活力

创新发展一直是社会扶贫稳步推进的重要动力。一是创新社会扶贫形式。定点扶贫以及东西扶贫协作，都被视为政府主体参与社会扶贫的创新。随着市场主体广泛参与社会扶贫，发展出企业协作、产业扶贫、投资促进、劳务合作等创新形式。此外，社会团体、民间组织、社会公众等又发展出项目帮扶、志愿服务等多种社会扶贫形式。各种扶贫形式发挥其特有的人才、资金、资源、组织等优势，激发了社会扶贫的活力，共同为社会扶贫贡献力量。

二是创新社会扶贫实施方式。传统的社会扶贫主要是以直接投入或引进资金、项目方式为主，重在物质帮扶，忽视精神、文化等方面的扶贫。现阶段则更加注重提升当地贫困人口的自我发展能力，由"输血式"向"造血式"转化，从"物质扶贫"向"精神扶贫"过渡。[①] 而且，更加注重贫困农民的参与，激发贫困农民的发展意识，增强贫困地区的组织化程度和集体行动能力。扶贫形式和工作机制的创新进一步激发了社会力量参与扶贫的积极性与主动性。

4. 发挥优势提升了社会扶贫的实效

社会扶贫是扶贫开发工作的一支重要力量，是政府扶贫的有效补充。社会扶贫大多以扶贫项目为载体，具有明确的目标和对象，项目方案更加贴近当地贫困人群的实际需求，项目的监管和评估也更加明确。同时，社会扶贫面对当地的各种既定条件，如经济、政治、文化和传统等，具有较大的适应性，能够灵活制定自己的规划以及应采取的措施。社会扶贫能较好地消除权利与义务的不对称性，明晰扶贫目标，健全问责制度，完善监督体系，提高资源配置效率，增强社会扶贫的实效。社会扶贫所具有的优势能够弥补专项扶贫和行业扶贫的不足，成为提升社会扶贫实效的重要因素。

（二）我国社会扶贫的启示

党的十八大以来，随着我国扶贫开发工作的进一步推进，社会扶贫的作用日益凸显。扶贫已经不仅仅是政府的职责，而需全社会共同关注。然而，

---

① 柯双燕：《新一轮西部大开发背景下贵州社会扶贫的机遇和挑战》，《西部论坛》2011年第2期。

社会扶贫仍处于不断探索阶段，扶贫开发新的历史时期赋予了社会扶贫更为深刻的内涵，也决定了社会扶贫未来的发展方向。

1. 拓展社会扶贫的多元化主体

党的十八大以来，政府越来越重视社会力量的参与，社会扶贫主体的范围逐渐扩大。从社会扶贫的成效来看，政府力量在社会扶贫中起着突出作用，而社会主体的力量未得到充分发挥。新阶段社会扶贫在扶贫开发中发挥着重要作用，社会主体在社会扶贫中占据主要地位，拓展社会扶贫主体，引导更多社会主体参与扶贫开发，实现全民参与扶贫开发。同时，引导贫困群体的广泛参与，改变传统社会扶贫以"输血式"扶贫方式为主，忽视贫困群体的主动性与积极性的缺陷，注重强调贫困群体和贫困地区的内源式发展，推动贫困群体参与社会扶贫，实现扶贫对象的自我发展。

2. 建立社会扶贫的常态化机制

社会扶贫通常被视为政府扶贫的补充。在一定程度上，社会扶贫被认为是一种剩余扶贫，是对贫困人群和贫困地区的剩余福利。在过去，社会扶贫主要体现了应急性、暂时性和阶段性特征，尤其是在贫困地区遭遇重大的自然灾害之际，社会力量参与扶贫的力度更大。党的十八大以来，党和政府更加注重社会扶贫作为政府、市场、社会协同推进的大扶贫格局中的重要一极，将其上升到战略层面全面推进，建立社会扶贫的常态化机制，使其成为与政府扶贫同等重要的扶贫开发方式，成为各级政府引领和推动扶贫开发的常规工作。

3. 规范社会扶贫的制度化过程

社会扶贫作为政府扶贫的必要补充，具有重要作用，但其重要性并没有被充分认知，且尚未形成一套行之有效的运作规范。从现有的社会扶贫实践来看，社会扶贫尚未形成完善的运行机制，仍处于探索阶段。尽管国家在扶贫开发过程中出台了不少政策文件，但是社会扶贫仅被作为隶属部分被提及，尚未形成完善的社会扶贫政策制度体系。因此，推动社会扶贫的制度化、规范化运作成为新阶段发挥社会扶贫作用的重要举措。党的十八大以来，党和政府逐渐重视对社会扶贫制度化建设，这将会是今后一段时间社会扶贫工作的重心。

4. 提升社会扶贫的战略化地位

当前我国扶贫开发已从以解决温饱为主要任务的阶段转入巩固温饱成果、加快脱贫致富、改善生态环境、提高发展能力、缩小发展差距的新阶段。现阶段的扶贫开发同时面临着我国在 2020 年前全面建成小康社会以及推动国家治理体系现代化的战略背景。党的十八大确立了全面建成小康社会的宏伟目标，强调要深入推进农村扶贫开发。十八届三中全会通过的《中共中央关于全面深化改革若干重大问题的决定》指出，"坚持系统治理，加强党委领导，发挥政府主导作用，鼓励和支持社会各方面参与，实现政府治理和社会自我调节、居民自治良性互动"。新阶段的社会扶贫已经上升到国家发展的战略高度。社会扶贫的创新发展，将会为全面建成小康社会和推动国家治理体系的现代化做出重要贡献。

东西部扶贫协作创新发展

东西部扶贫协作是指东部沿海较发达地区与西部欠发达地区结成对子，围绕西部扶贫开发开展协作，促进贫困地区脱贫进程，缩小东西部发展差距，实现共同发展、共同富裕。党的十九大报告指出，要"深入实施东西部扶贫协作"，把该项工作摆在了打赢脱贫攻坚战特别突出的位置。这不仅是扎实推进脱贫攻坚伟大进程的迫切需要，而且是深入认识中国特色社会主义现代化道路的有效途径。本文简要介绍东西部扶贫协作的历史进程和成效，阐述习近平总书记关于东西部扶贫协作的重要论述，总结党的十八大以来东西部扶贫协作的实践创新，探索其经验和启示，并提出进一步完善东西部扶贫协作的对策建议。

一、东西部扶贫协作的制度框架与实践成效

（一）东西部扶贫协作关系的确定和调整

1994年，国务院颁布实施《国家八七扶贫攻坚计划（1994—2000年）》，初步提出"北京、天津、上海等大城市，广东、江苏、浙江、山东、辽宁、福建等沿海较为发达的省，都要对口帮助西部的一两个贫困省、区发展经济"。[①] 1996年7月，国务院办公厅转发国务院扶贫开发领导小组《关于组织经济比较发达地区与经济欠发达地区开展扶贫协作的报告》，明确提出了扶贫协作要求和任务，确定了对口帮扶关系：北京帮内蒙古；天津帮甘肃；上海帮云南；广东帮广西；江苏帮陕西；浙江帮四川；山东帮新疆；辽宁帮青海；福建帮宁夏；深圳、青岛、大连、宁波等四个计划单列市帮贵州。这标志着

---

① 国务院扶贫开发领导小组办公室编：《中国农村扶贫开发概要》，中国财政经济出版社2003年版。

东西部扶贫协作制度的正式启动。

2002年，国务院决定由珠海市、厦门市对口帮扶新成立的直辖市——重庆市。2010年，根据中央西藏工作会议和中央新疆工作会议后对口支援形势的变化，国务院对部分省区市扶贫协作关系进行调整，确定了新的东西部扶贫协作关系：北京市帮内蒙古自治区；天津市帮甘肃省（另有厦门市帮甘肃省临夏回族自治州）；辽宁省帮青海省；上海市帮云南省；江苏省帮陕西省；浙江省帮四川省（另有珠海市帮四川省凉山彝族自治州）；福建省帮宁夏回族自治区；山东省帮重庆市；广东省帮广西壮族自治区；大连、青岛、深圳、宁波等四城市帮贵州省。

2016年，为贯彻落实中共中央、国务院《关于打赢脱贫攻坚战的决定》和2016年7月东西部扶贫协作座谈会精神，国务院进一步调整东西部扶贫协作结对关系。调整后的东西部扶贫协作结对关系为：北京市帮扶内蒙古自治区、河北省张家口市和保定市；天津市帮扶甘肃省、河北省承德市；辽宁省大连市帮扶贵州省六盘水市；上海市帮扶云南省、贵州省遵义市；江苏省帮扶陕西省、青海省西宁市和海东市，苏州市帮扶贵州省铜仁市；浙江省帮扶四川省，杭州市帮扶湖北省恩施土家族苗族自治州、贵州省黔东南苗族侗族自治州，宁波市帮扶吉林省延边朝鲜族自治州、贵州省黔西南布依族苗族自治州；福建省帮扶宁夏回族自治区，福州市帮扶甘肃省定西市，厦门市帮扶甘肃省临夏回族自治州；山东省帮扶重庆市，济南市帮扶湖南省湘西土家族苗族自治州，青岛市帮扶贵州省安顺市、甘肃省陇南市；广东省帮扶广西壮族自治区、四川省甘孜藏族自治州，广州市帮扶贵州省黔南布依族苗族自治州和毕节市，佛山市帮扶四川省凉山彝族自治州，中山市和东莞市帮扶云南省昭通市，珠海市帮扶云南省怒江傈僳族自治州。这次调整在完善省际结对关系的同时，在市州结对层面实现对全国所有民族自治州全覆盖和对西部贫困程度深的市州全覆盖，同时落实了北京市、天津市与河北省的扶贫协作任务。

（二）东西部扶贫协作的主要内容

1996年，国务院扶贫开发领导小组《关于组织经济较发达地区与经济欠发达地区开展扶贫协作的报告》确定的东西部扶贫协作的主要内容包括：（1）帮助贫困地区培训和引进人才，引进技术和资金，传递信息，沟通商品流通渠道，促进物资交流。（2）帮助贫困地区发展有利于尽快解决群众温饱的种植业、养殖业和相关的加工业，帮助贫困地区发展劳动密集型和资源开发型产品的生产。（3）组织经济较发达地区的经济效益较好的企业，带动和帮助贫困地区生产同类产品的经济效益较差的企业发展生产。（4）根据实际需要，合理、有序地组织贫困地区的剩余劳动力到经济较发达地区从业。（5）发动社会力量，在自愿的前提下，开展为贫困地区捐赠衣被、资金、药品、医疗器械、文化教育用品和其他生活用品的活动。这些内容勾画出此后东西部扶贫协作的大体轮廓。

2016 年，《关于进一步加强东西部扶贫协作工作的指导意见》从新形势出发，将东西部扶贫协作的主要内容明确概括为五个方面：（1）开展产业合作。支持对口地区结合资源禀赋和产业基础，建设一批贫困人口参与度高的特色产业基地，培育一批带动效果好的合作组织和龙头企业，引进一批能够提供较多就业岗位的劳动密集型企业、文化旅游企业。（2）组织劳务协作。帮扶双方建立和完善劳务输出精准对接机制，提高劳务输出脱贫的组织化程度。开展职业教育东西协作行动计划和技能脱贫"千校行动"，积极组织引导贫困家庭子女到东部省份的职业院校、技工学校接受职业教育和职业培训。对在东部地区工作生活的建档立卡贫困人口，符合条件的优先落实落户政策，有序实现市民化。（3）加强人才支援。帮扶双方选派优秀干部挂职，广泛开展人才交流，促进观念互通、思路互动、技术互学。采取双向挂职、两地培训、委托培养和组团式支教、支医、支农等方式，加大教育、卫生、科技等领域的人才支持，把东部地区的先进理念、人才、技术、信息、经验等要素传播到西部地区。（4）加大资金支持。东部省份根据财力增长情况，逐步增加扶贫协作和对口支援财政投入，并列入年度预算。西部地区以扶贫规划为引领，整合扶贫协作和对口支援资金，聚焦脱贫攻坚，形成脱贫合力。（5）动员社会参与。帮扶省市鼓励支持本行政区域内民营企业、社会组织、公民个人积极参与东西部扶贫协作和对口支援。支持东部地区社会工作机构、志愿服务组织、社会工作者和志愿者结对帮扶西部贫困地区，为西部地区提供专业人才和服务保障。

（三）东西部扶贫协作的巨大成效

自东西部扶贫协作工作开展以来，东西部结对双方党委、政府高度重视东西部扶贫协作，加强组织领导，加大财政资金支持力度，深化产业合作，开展劳务协作，促进人才交流，强化保障措施，取得了巨大成效。

1996—2010 年，东部通过各种方式和渠道共向西部提供无偿援助资金 78.6 亿元；援建公路 14699 公里、基本农田 554.1 万亩、学校 5776 所；兴修人畜饮水工程，帮助解决了 376.9 万人、1090.1 万头牲畜的饮水困难；组织安排西部劳务输出 265 万人次，培训各类人才 59.9 万人次，引进各种实用技术 2991 项；东部地区企业在协作省份投资总额达到 6972.7 亿元。2003—2010 年，东部向西部直接派出扶贫挂职干部 2592 名（其中地厅级干部 68 名，县处级干部 645 名）；协作双方各级领导考察学习 62254 人次（其中省级领导 1643 人次）。东部地区共有 5249 名教师、医生、农技等专业技术人才到西部地区挂职工作和提供技术指导。

"十二五"期间，东西部扶贫协作迈上一个新台阶。东部 9 省市投入东西部扶贫协作、援藏、援疆等方面资金达 740 多亿元，引导企业实际投资 2 万多亿元，选派挂职干部和科技人员数万名。西部地区主要经济指标增速连续 5 年超过东部地区和全国平均水平，城乡居民收入大幅提高，部分基础设施和公共服务接近全国平均水平，区域发展协调性增强。

二、习近平总书记关于东西部扶贫协作的重要论述

（一）习近平总书记关于东西部扶贫协作论述的实践基础

1996 年 9 月，东西部扶贫协作正式拉开帷幕，中央确定福建对口帮扶宁夏。当年福建即成立了对口帮助宁夏领导小组，习近平同志（时任福建省委副书记）担任组长。1996 年 11 月，第一次闽宁协作联席会议在福州市召开，习近平做重要讲话。1997 年 4 月，习近平到访宁夏，深入西海固贫困县乡开展调研，进村入户走访慰问困难群众，在田间地头、在行进的中巴车

上与当地干部群众共商扶贫开发大计。截至 2002 年，习近平共五次参加闽宁协作联席会议，亲手描绘了闽宁扶贫协作的蓝图，亲力亲为推动其不断转变成现实。

截至 2015 年 12 月底，福建省累计向宁夏投入帮扶资金 10.05 亿元，帮助宁夏新（扩）建学校 236 所，资助贫困学生 9 万多名，援建妇幼保健院、医护培训中心等卫生项目 323 个，建设了一批儿童福利院、体育馆等社会福利项目和文化体育设施。援建公路 385 公里，打井窖 1.5 万眼，修建高标准梯田 22.9 万亩，完成危房危窖改造 2000 多户，建设闽宁镇等生态移民示范乡镇和 160 个闽宁示范村，修建了一大批水利水保、农村电网、道路、广播电视等基础设施，近 60 万贫困群众从中受益。西海固地区国民生产总值增长 20 倍，地方财政收入增长 67 倍，农民人均纯收入增长 11 倍，贫困人口减少 220 万人，城乡面貌得到巨大改变。闽宁扶贫协作通过干部交流、人才培训、经贸往来和人流、物流、信息流的互动，为宁夏注入了福建改革发展的创新思想，增强了贫困群众内生发展能力，加快了宁夏脱贫攻坚历史进程，促进了民族团结进步与社会和谐稳定，创造了东西部扶贫协作的典范。闽宁扶贫协作的成功实践为习近平总书记关于东西部扶贫协作的论述提供了丰富素材和经验。

（二）习近平总书记关于东西部扶贫协作论述的丰富内涵

习近平总书记东西部扶贫协作论述内容非常丰富，概括起来主要包括互利共赢、聚焦扶贫、完善结对关系、发挥政治优势和制度优势等重要思想。

互利共赢的思想。习近平总书记指出，"西部地区资源富集、投资需求旺盛、消费增长潜力大、市场广阔，这对东部地区发展来说是重要机遇"。"东部地区不仅要帮钱帮物，更要推动产业层面合作，推动东部地区人才、资金、技术向贫困地区流动，实现双方共赢"。东西部建立和完善劳务输出对接机制，"是一个双赢的制度设计"。东西部扶贫协作"是加强区域合作、优化产业布局、拓展对内对外开放新空间的大布局"，在新形势下"要注意由'输血式'向'造血式'转变，实现互利共赢、共同发展"。这些论述深刻揭示出，互利共赢既是东西部扶贫协作应坚持的基本原则和理念，也是市场规律发挥作用的必然结果。

聚焦扶贫的思想。习近平总书记指出，"帮扶措施一定要实，因地制宜、因人因户施策，找准症结把准脉，开对药方拔穷根"。"要搞好政策设计，坚持精准扶贫精准脱贫，科学编制帮扶规划，细化帮扶措施，把帮扶资金和项目重点向贫困村、贫困群众倾斜，扶到点上、扶到根上"。"产业合作、劳务协作、人才支援、资金支持都要瞄准建档立卡贫困人口脱贫精准发力"。要突出抓好劳务对接和教育、文化、卫生、科技等领域的对口帮扶。"向对口帮扶地区选派扶贫干部和专业人才，也要突出精准，缺什么补什么，增加教育、医疗、科技、文化等方面干部和人才比例"。这些论述指明了东西部扶贫协作全面贯彻落实精准扶贫精准脱贫基本方略的具体方向、重点领域和关键环节。

完善结对关系的思想。一是改变省际结对的不平衡现象，安排东部实力较强省市帮扶西部贫困程度较深省区。二是"在完善省际结对关系的基础上，帮扶双方要着力推动县与县精准对接，组织辖区内经济较发达县（市、区）同对口帮扶省份贫困县结对帮扶，实施'携手奔小康'行动"。三是"探索东西部乡镇、行政村之间结对帮扶"。这些论述明确提出了构建省、县、乡、村多层次、立体化结对帮扶关系的思想，为完善东西部扶贫协作关系提供了行动指南。

发挥政治优势和制度优势的思想。习近平总书记指出，组织东部地区支援西部地区，并且大规模、长时间开展这项工作，不仅促进了西部地区扶贫开发，也促进了国家区域发展总体战略的落实，开创了优势互补、长期合作、聚焦扶贫、实现共赢的良好局面。这在世界上只有我们党和国家能够做到，充分彰显了我们的政治优势和制度优势。东部地区要进一步"增强责任意识和大局意识，下更大力气帮助西部地区"。要加强考核，确保东西部扶贫协作的实际成效。"要用严格的制度来要求和监督，不能做与不做一个样、做多做少一个样"。这些论述将东西部扶贫协作纳入社会主义本质要求的高度进行认识，从政治上明确了其战略地位和长期价值。

（三）习近平总书记关于东西部扶贫协作论述的重大意义

习近平总书记关于东西部扶贫协作论述是一个完整的体系。互利共赢的思想阐明了东西部扶贫协作的现实基础和基本思路，聚焦扶贫的思想明确了东西部扶贫协作的重点任务，完善结对关系的思想指出了东西部扶贫协作的落实途径和实施机制，政治优势和制度优势的思想揭示了东西部扶贫协作的本质属性和根本保障。

习近平总书记关于东西部扶贫协作论述不仅为东西部扶贫协作提供了科学指导，推动其开创新局面、呈现新气象、取得新成就，凝聚了打赢脱贫攻坚战的强大力量；而且大大丰富和拓展了中国特色扶贫开发道路，是中国特色社会主义的道路自信、理论自信、制度自信、文化自信的生动体现。

三、党的十八大以来东西部扶贫协作的实践创新

（一）协作关系的完善和深化

如前所述，党的十八大以来，中央对东西部扶贫协作结对关系作出了重要调整，明确了东部地区经济条件较好的地级市的帮扶任务，强化了对深度贫困地区的支持，实现了对深度贫困市州的全覆盖，并把全国范围内所有民族自治州纳入扶持范围，使东西部扶贫协作从简单的东西部关系拓展至更高层次的先富帮后富的关系。除此之外，中央还启动实施东部省份经济较发达县（市、区）与对口帮扶省份贫困县"携手奔小康"行动，鼓励结对省份探索在东西部乡镇、行政村之间开展结对帮扶，推动东西部扶贫协作关系向下延伸，使结对帮扶关系变得更加具体、更加扎实、更加接地气。

以闽宁扶贫协作为例，两省区在市、县两个层次实现了对宁夏5个市和9个贫困县（区）结对帮扶全覆盖，并针对贫困县区实施乡镇结对帮扶，引导福建省民营企业与宁夏区建档立卡贫困村、贫困户开展"村（户）企共建"行动，推动两省区行业部门之间结对帮扶和互学互助，构建了多层次结对帮扶体系。

（二）精准扶贫机制的强化

大力贯彻落实精准扶贫精准脱贫基本方略，把建立东西部扶贫协作与建档立卡贫困村、贫困户的精准对接机制作为重中之重，推进产业合作、劳务

协作、人才支援、资金支持精确瞄准建档立卡贫困人口，把解决多少建档立卡贫困人口脱贫作为评价东西部扶贫协作成效的核心指标。根据精准扶贫需要，将东西部扶贫协作纳入西部地区脱贫攻坚规划，相关各类资源由西部地区整合用于脱贫攻坚，聚焦贫困县和建档立卡贫困村、贫困户。

以粤桂扶贫协作框架下的深圳—百色对口帮扶为例。双方以百色市精准脱贫的重点需求为中心，研究确定扶贫协作工作重点。一是加强党政干部和教师、医生等专业技术人员挂职交流与实岗锻炼，积极对接经济社会发展各领域人才培训和技术交流。二是建立健全劳务协作对接工作机制，实施百色贫困劳动力"求职需求清单"和深圳市用工企业"岗位供给清单"对接管理，协调深圳市用人单位开展订单式职业技能培训。三是根据双方资源和消费市场互补性特征，把生态农业、旅游、商贸流通等领域作为产业协作的重点，推进百色特色农产品特别是生态农产品进深圳，深圳产业资本、技术和游客到百色，构建"优势互补、合作共赢"产业协作格局。

（三）保障措施的制度化

一是东西部协作双方普遍建立高层联席会议制度，党委和政府主要负责人每年开展定期互访，改变了以往扶贫协作中高层互访依赖于协作双方党政主要领导个人重视的局面。闽宁两省区还分别成立闽宁扶贫协作工作领导小组，依托联席会议机制和高层互访制度建立健全常态化协调对接机制，落实协作规划、协作协议。

二是协作双方编制实施帮扶规划，明确扶贫协作的目标任务、主要内容、保障措施，改变了以往扶贫协作项目缺乏稳定性、长期性和全局意识的局面。

三是建立财政支持资金稳定增长机制，明确逐年加大资金投入力度和纳入年度预算等重要措施，解决了财政援助资金缺乏长期保障的问题。

四是出台《东西部扶贫协作考核办法（试行）》，明确针对协作双方的考核内容和评价指标，确定好、较好、一般、较差四个等次，考核结果向党中央、国务院报告，并在一定范围内通报，作为对西部地区省级党委、政府扶贫开发成效考核的参考依据。

这些措施大大提升了东西扶贫协作的制度化水平，使之从带有较多不确定性的"自选动作"向具有明确目标、任务、要求的"规定动作"转变。

四、东西部扶贫协作的经验与启示

（一）扶贫济困和共同富裕：东西部扶贫协作传承了优秀传统文化和社会理想

中国具有深厚的"文化集体主义"传统，"内圣外王"和"大同社会"的理想上下绵延数千年而不辍，集体是比个人更高位的价值所在，具有道义层面的优先性。[①] 在这种文化下，先富带动后富、能人帮助弱者、政府造福百姓是成就"圣人"人格理想的内在要求，也是提升自身价值的有效途径。

东西部扶贫协作传承了以集体利益为重、以大局为重和扶贫济困、走向共同富裕的优秀传统文化和社会理想，促进了社会认同和社会团结，有助于营造守望相助、协力奔小康、同心谋共富的社会氛围，夯实了中国特色社会主义现代化事业的社会基础。

（二）区域合作和互惠发展：东西部扶贫协作成功利用了市场经济发展规律

改革开放以来，中国经济的发展呈现出明显的梯度发展格局。东部地区经济发展水平已经接近发达国家水平，但支撑其30多年快速发展的劳动密集型产业面临成本上涨、需求萎缩、国际竞争加剧的三重挤压。中西部地区特别是贫困地区经济发展水平明显落后于东部地区，但具有资源丰富、劳动力便宜、消费市场发展潜力大等后发优势。

开展东西部扶贫协作可以拓展东部地区产业资本投资空间，促进东部地区形成产业升级和产业转移的双轮驱动格局；与此同时，东部地区资本、技术和产业向西部转移，可以增加西部地区就业机会，促进西部地区资源开发利用和产业发展，提高西部地区特别是贫困地区收入水平和购买能力，进而扩大市场需求，进一步促进东部地区产业升级和产业转移。在此基础上，东西部将形成互惠互利、共同发展的伙伴关系。因此，东西部扶贫协作顺应了

---

① 陆汉文、彭堂超：《"文化集体主义"与中国农村减贫》，《江汉论坛》2016年第3期。

中国经济发展的梯度格局，是生产要素合理流动的内在要求。

（三）"四个自信"：东西部扶贫协作书写了中国特色社会主义事业的亮丽篇章

东西部扶贫协作是改革开放所开创的中国特色社会主义道路的生动写照。20世纪80年代，邓小平提出"两个大局"的经济社会发展构想，指出"沿海地区要加快对外开放，使这个拥有两亿人口的广大地带较快地发展起来，从而带动内地更好地发展，这是一个事关大局的问题。内地要顾全这个大局。反过来，发展到一定的时候，又要求沿海拿出更多力量来帮助内地发展，这也是一个大局。那时候沿海也要服从这个大局"。[①]至20世纪90年代后期，东部沿海地区改革开放取得巨大成就，使得帮助中西部地区加快发展、缩小区域发展差距在全国区域发展总体格局中的重要性凸显出来，西部大开发、东西部扶贫协作遂成为新的战略选项。这是中国改革开放与现代化事业按照"两个大局"构想分阶段推进的具体体现。

东西部扶贫协作是社会主义市场经济理论的鲜活实践。如前所述，东西部扶贫协作成功利用了市场经济发展规律。但值得注意的是，东西部扶贫协作须臾也离不开政府的强有力作用，不仅建立在中央的倡导和要求的基础上，而且受到东西部协作双方党委、政府重视程度的巨大影响。凡是协作双方党委、政府高度重视东西部扶贫协作的，其实践效果就特别突出。因此，东西部扶贫协作生动诠释了政府、市场协同推进的社会主义市场经济发展实践。

东西部扶贫协作是社会主义政治优势和制度优势的具体体现。维护上级权威和突出整体意识、强调大局观念是中国特色社会主义政治体制和制度体系的一个基本特征。中央政府相对于地方政府、上级相对于下级，不仅具有法理上的领导权，而且具有社会文化与心理层面的巨大权威和影响力。因此，尽管帮助西部地区脱贫致富表面看起来不是东部地区各级政府在常规科层体系内的职责，但中央政府一旦加以倡导和要求，就能够与社会文化心理相互强化，对东部地区各级政府产生强大影响力，使帮扶工作成为东部地区自愿

---

① 邓小平：《邓小平文选》第3卷，人民出版社1993年版。

承担的重大责任。换言之，与西方国家的地方政府仅对辖区内选民负责不同，我国的地方政府不仅须为本地发展负责，而且要通过承担超越地方范围的事务来体现自身作为集体一分子的价值。这种超越性是中国语境中"善治"的重要内容。

东西部扶贫协作是社会主义先进文化的厚重载体。消除贫困，逐步实现共同富裕，是社会主义的本质要求，是共产党人的神圣使命，是人民政府的基本职责。20多年来，特别是党的十八大以来，东西部扶贫协作不断深化，巩固了党和政府的执政基础，得到全社会的广泛认同，彰显了以人民为中心、追求共享发展的社会主义文化价值取向。

概言之，东西部扶贫协作是中国特色社会主义的道路自信、理论自信、制度自信、文化自信的亮丽篇章。

五、完善东西部扶贫协作的基本途径

（一）纳入治国理政的法制建设

东西部扶贫协作是推动区域协调发展、协同发展、共同发展的大战略，是加强区域合作、优化产业布局、拓展对内对外开放新空间的大布局，是实现先富帮后富、最终实现共同富裕目标的大举措，须长期坚持下去。因此，有必要通过立法的方式，确定东西部扶贫协作的目标、任务、保障措施，明确协作双方的权利、义务，为东西部扶贫协作得到长期坚持和不断发展提供法制保障。

国务院有关部门应该加强立法调研，提出东西部扶贫协作立法建议，提请全国人大常委会进行审议。东西部扶贫协作双方也要把协作关系、协作目标任务及双方权利义务纳入法制化轨道，防止出现协作关系、协作事项因人事变动而起落无常的情形。

（二）强化激励措施

1.对党委、政府及公职人员的激励。严格实施督察巡查和考核评估，保障联席会议制度能够定期召开，保障援助资金和援助项目落到实处。干部人才交流要制度化、正规化。可考虑将对口交流任职经历（1—3年）作为东部地区特定部门（如农业、发展改革等）中部分领导干部岗位任职的必要条件，将东部地区教师、医生、科技等专业技术人员到西部交流任职经历（1年以上）作为评聘专业技术职务的重要加分条件。

2. 对市场主体的激励。受西部地区资源和市场的吸引，东部到西部投资兴业的企业呈增多趋势。东西部扶贫协作关系为这种市场行为提供了信息和公共服务等方面便利条件。在此基础上，东西部扶贫协作双方的地方政府应进一步采取措施，引导东部地区企业优先向扶贫领域投资，聚焦贫困县、贫困村和建档立卡贫困户。可考虑运用财政金融手段激励东部地区企业到对口援助地区投资具有较好扶贫效果的产业。

3. 对社会力量的激励。一般而言，社会捐赠的发展趋势是通过基金会等公益机构来运作。东部地区地方政府可以采取措施鼓励公益机构在东西部扶贫协作框架下针对对口援助地区定向开展捐赠及其他公益活动。除此之外，东部地区可以把鼓励和支持离退休教师、医生等专业技术人员到对口支援地区提供志愿服务作为一个工作重点，并通过购买服务的方式引导社会组织、社会志愿者等社会力量到对口支援地区开展精准扶贫工作。

（三）完善协作格局

1. 正确界定政府、企业和社会力量在东西部扶贫协作中的地位和作用。把企业协作作为东西部扶贫协作最具活力和影响的力量，把企业推向协作舞台的中央，更多地发挥市场机制的作用。相关财政资金要更好地发挥引导作用，着眼于引导企业协作的方向，主要用于改善贫困地区投资环境，用于解决企业在贫困地区投资面临的公共产品公共服务供给不足问题，如基础设施不配套、融资服务滞后等，用于鼓励支持企业更好实现精准扶贫的目标。社会帮扶要充分利用企业协作和党政干部挂职、专业技术人员交流所造就的协作网络和氛围。例如，可以支持在受援地成立援助地商会、企业家联合会、挂职干部与专业技术人员联谊会等民间组织，并通过这些民间组织联络和动员东部地区社会扶贫力量，促进东部地区社会捐赠和志愿服务向对口支援地区集中，与企业协作、人才交流、公共服务领域合作形成整体帮扶作用。这样，政府、企业和社会力量就能够相互支撑和配合，形成强大的协同扶贫力量。

2. 正确把握硬件设施建设和能力建设在东西部扶贫协作中的地位。由于道路、水利设施、学校、医院等硬件设施的建设易于操作，且可留下便于观察和见证的实物，因而常常成为东部省份援助西部地区的优先选项。相反，通过教师、医生、科技人员交流任职和开展培训、促进就业等途径进行的能力建设，操作起来更复杂，实际效果更不稳定，且难以留下便于观察的见证物，常常得不到足够重视。但正是在能力建设方面，西部地区与东部地区的差距更加明显，更需要得到东部地区的支持和帮助。因此，有必要在今后的扶贫协作中着力加强能力建设方面的探索，增加相关协作项目，提高西部地区教育、医疗卫生、就业创业等方面公共服务能力。

（四）突出金融支持和产业扶贫的关键作用

企业协作是东西扶贫协作中最具活力的部分，金融扶贫和产业扶贫则是企业协作中最重要的两个议题。

1. 加强金融支持。东西部扶贫协作框架下的金融支持主要体现在两个方面。一是为落户西部贫困地区的企业，特别是那些对贫困村、贫困户扶持带动作用大的企业，搞好金融服务。西部省份在统筹使用东部地区财政援助资金时可以考虑依托这些资金专门建立面向东部省份来本省投资企业的贷款担保基金、风险保障基金、贷款贴息资金和中小企业发展基金等，缓解这些企业在西部地区投资面临的融资困难和投资风险。二是为那些参与到东西部扶贫协作框架下相关产业扶贫项目的广大农户，特别是贫困农户，搞好金融服务。西部地区省、市、县可以考虑运用财政专项扶贫资金在西部贫困地区建立农户贷款贴息基金、农业保险发展基金、社区发展基金等，降低农户融资成本，减少融资困难和投资风险。

2. 深化产业扶贫。东西部扶贫协作机制下的产业扶贫主要应在资源、市场和利益分享机制上做文章。首先是资源。东部地区企业希望前往西部地区开发利用当地资源，这是东西部关系发展的基本特征。在这种情况下，西部地区要加快建立健全资源开发和扶贫相结合的政策措施，力争做到开发一处资源，带动一方脱贫致富。其次是市场。这有两层含义：一是本着互利双赢原则开辟西部市场，既保障东部地区投资收益，又促进西部地区消费品，特别是特色消费品优质低价供给，改善西部地区人民群众生活水平；二是开发西部地区特色优势产品在东部地区的市场，既满足东部地区人民群众不断提高生活水平的需要，又增加西部地区农户收入，如何推进西部地区农产品和东部地区超市对接、完善电商扶贫网络等。最后是利益分享。投资领域不同，利益分享的途径和深度也不同。对于非农产业来说，主要通过提供就业机会和纳税促进西部地区发展和减贫。对于农业产业来说，除了就业机会和税收外，更重要的是带动农业的发展，提高农业收益率，直接带动农户特别是贫困农户增收致富。在这种情况下，企业和农户的利益联接机制是利益分享的关键。除了建立合作社和基地外，值得重视的是农民以土地、特有生物资源及资金入股企业这条途径。不论哪一条途径，加强贫困农户能力建设，拓展他们参与产业发展的广度和深度，都是促进利益分享和产业扶贫效果的根本措施。

（五）发挥基层社区的主体作用

中国不同地区地形地势、文化观念、消费习惯、交往方式的地域差异很大，不仅西部地区和东部地区判然有别，西部地区内部也存在众多差别。特别是，中国的少数民族主要居住在西部，各个少数民族在长期历史进程中，形成和积累了丰富多彩的民族文化传统。现代化进程中，中国不同地区城市之间的文化差别快速缩小，但农村特别是西部偏远地区农村的文化多样性依然令人瞩目，构成了经济发展和扶贫开发需要考虑的重要影响因素。显而易见，在经济发展和扶贫开发过程中，如何充分考虑地方文化的特殊性，如何深入开发利用地方文化资源，当地居民更具有发言权。

过去20年的东西部扶贫协作，多停留于政府和企业的层面，还未广泛深入基层社区，社区农户特别是贫困农户的参与在大多数援助项目中还没有被视作扶贫工作的一个重点。为了实现聚焦扶贫的目标，为了顺应协作关系向贫困村贫困户延伸的需要，东西部协作双方应该改变过去更多停留在县（区）以上层面开展工作的局面，更加重视基层社区的参与，重视西部地方文化资源的发掘，把文化既看作推进社区参与必须考虑的约束条件，也看作经济发展可资利用的特色资源，实现西部贫困社区经济发展与地方文化资源开发的有机结合，激发基层社区和贫困人口的积极性、主动性和创造性。

干部教育培训助推脱贫攻坚实践

中国在长期的扶贫开发工作中，积累了富有特色的减贫经验。其中，加强贫困地区干部教育培训，提高干部政策执行力度是一条重要的经验。党的十八大以来，国务院扶贫办深入学习习近平总书记关于扶贫工作的重要论述，认真贯彻落实《干部教育培训工作条例》《2013—2017 年全国干部教育培训规划》《2015—2017 年全国贫困地区干部和扶贫干部培训规划》《关于聚焦打好精准脱贫攻坚战加强干部教育培训的意见》等文件要求，开展和推动了中央和省市县四级层面的扶贫干部分级分类教育培训工作，初步形成了全国扶贫干部教育培训工作"一盘棋"的格局，扶贫教育培训工作在打赢脱贫攻坚战进程中发挥了较好的先导性、基础性、战略性作用。

一、扶贫干部教育培训实践创新的背景

党的十八大以来，以习近平同志为核心的党中央把贫困人口脱贫作为全面建成小康社会的底线任务和标志性指标，作出一系列重大部署。习近平总书记亲自部署、亲自挂帅、亲自出征、亲自督战，以前所未有的力度推进。经过全党全社会共同努力，脱贫攻坚取得决定性进展，贫困人口减少 6853 万，贫困县摘帽 100 多个，贫困地区群众生产生活条件明显改善，贫困群众收入水平明显提高，获得感明显增强，全社会合力攻坚局面基本形成，中国特色的脱贫攻坚制度体系不断完善。在打赢脱贫攻坚战中，中国积累了富有特色的减贫经验，加强贫困地区干部教育培训，提高干部政策执行力度就是一条重要的经验。

2018 年 2 月 12 日，习近平总书记在打赢精准脱贫攻坚战座谈会上发表重要讲话，对扶贫干部教育培训工作作出重要指示。总书记指出，"打好脱贫攻

坚战，关键在人，在人的观念、能力、干劲"，"贫困地区最缺的是人才"。干部培训正是培育扶贫人才、锻炼扶贫干部的重要途径，对于打赢脱贫攻坚战意义重大。

在脱贫攻坚工作进入攻坚克难阶段，及时开展干部培训是有效进行"精准扶贫"工作的一大保障。脱贫攻坚的责任主体是各级政府部门，扶贫干部的思想观念、能力水平直接影响脱贫攻坚的推进成效。目前，各级政府都正在加大力气打脱贫攻坚战，但是部分地区扶贫干部仍然存在思想观念转变滞后，能力不足，不能胜任脱贫攻坚的工作需要等问题。针对上述现象，亟须干部培训，将理论和实践相结合，将培训变成调研基层情况的平台，用问题导向培养干部研究解决问题的能力，促进干部脱贫攻坚能力素质全面提升。精准扶贫重在"精准"，实现"精准"不仅需要科学合理的制度设计，更需要各级扶贫干部真正领会政策抓好落实。因而，精准扶贫不仅要扶困难群众的"志"与"智"，同样也是对扶贫干部"培志"与"培智"，增强打赢脱贫攻坚战的决心和信心，提升精准扶贫精准施策的能力和水平。通过干部培训，有利于增强干部对"精准扶贫"工作的认识和理解，使各行业部门理清脱贫攻坚思路，将扶贫培训工作科学化、制度化、规范化，从而更好地投身打赢脱贫攻坚战。

自 1996 年以来，中共中央组织部、国务院扶贫办、财政部联合印发"九五"、"十五"、"十一五"、《2015—2017 年全国贫困地区干部和扶贫干部培训规划》，为组织全国扶贫干部教育培训确立目标、计划调干、保障资金、系统组织起到了强有力的规划引领作用。2018 年，习近平总书记提出"要突出抓好各级扶贫干部学习培训工作"。中共中央组织部、国务院扶贫办认真贯彻落实总书记重要指示精神，加强统筹谋划，加大工作力度，印发《关于聚焦打好精准脱贫攻坚战加强干部教育培训的意见》(以下简称《培训意见》)，全面部署对贫困地区党政干部、部门行业干部、扶贫系统干部、帮扶干部、贫困村干部进行分类分级培训，实现全员培训、精准培训。地方各级党委政府及组织、扶贫部门也积极贯彻《培训意见》精神，加快扶贫干部培训的推进速度，增强针对性、实效性，开创了扶贫干部教育培训工作的崭新局面。

据不完全统计，2013—2017 年，全国扶贫系统累计培训 128.88 万人次，2018 年上半年，28 个省区市和新疆生产建设兵团共组织开展各类脱贫攻坚培训 8737 期，培训 384.7 万人次。

总之，党的十八大以来，在全面建成小康社会，打赢脱贫攻坚战的关键阶段，干部扶贫培训的重要性充分凸显，事关精准扶贫精准脱贫战略的有效落实，事关脱贫攻坚实践中基层社会治理的发展和完善。做好干部扶贫培训既是精准扶贫精准脱贫战略部署的关键环节，也是锻炼、培养任用干部的重要支持，更是打赢脱贫攻坚战的人才保障。

二、党的十八大以来干部教育培训助推脱贫攻坚的顶层设计

党的十八大以来，为了进一步推进干部扶贫培训工作，中央组织部、财政部、国务院扶贫办联合出台《2015—2017 年全国贫困地区干部和扶贫干部培训规划》(以下简称《培训规划》)，对贫困地区干部和扶贫干部培训工作进行科学统筹、总体部署。这一专项规划是指导全国推进贫困地区干部和扶贫干部培训工作的纲领性文件和有力保障。规划中明确了指导思想，坚持服务扶贫大局、坚持分级分类培训、坚持注重能力培养和坚持体制机制创新的工作原则，以及通过开展大规模培训，使贫困地区干部和扶贫干部的政策水平、综合素质和执行能力普遍提升的总体目标。

2018 年，中共中央组织部、国务院扶贫办又印发《关于聚焦打好精准脱贫攻坚战加强干部教育培训的意见》(以下简称《培训意见》)，全面部署对贫困地区党政干部、部门行业干部、扶贫系统干部、帮扶干部、贫困村干部进行分类分级培训，实现全员培训、精准培训。根据《培训规划》《培训意见》以及精准扶贫精准脱贫有关文件精神，国务院扶贫办和各省等相关部门围绕扶贫干部培训进行了一系列顶层设计和制度创新。

（一）强化扶贫干部培训体系建设
一是形成组织部门牵头抓总、财政部门提供资金保障、扶贫部门负责组

织实施，各级党校、各类院校和培训机构积极参与的分工合作机制。目前，全国 20 多个省区市扶贫部门设立了扶贫培训机构，北京大学、中国人民大学、中国农业大学、北京师范大学等多所院校开设了扶贫相关研究机构，扶贫干部教育培训队伍有了稳定的机构依托。二是加强培训资金投入和监管。各级财政部门统筹安排贫困地区干部和扶贫干部培训经费，加大对培训工作的支持力度，扶贫培训经费逐年增加，确保培训规划和年度培训计划的有效落实。通过统筹社会力量积极参与干部扶贫培训，发挥市场机制的作用，扩大培训资源渠道。各级扶贫、财政等相关部门严格按照有关规定管理和审核资金使用情况，每年采取自查和审计相结合的方式对扶贫培训资金的管理和项目绩效进行审查和评估。三是加强师资队伍建设。完善扶贫培训师资选聘机制，采取自培、兼职、聘用等途径，从相关职能部门、高等院校、科研院所和扶贫一线人员中选聘优秀兼职教师，分级建立门类齐全、结构合理、数量充足的扶贫培训师资库，逐步壮大扶贫培训专家型人才队伍，进一步发挥专家队伍理论研究、出谋划策、开发培训课程的作用。四是进一步建立健全贫困地区干部和扶贫干部培训考核评价制度。有的省将干部培训工作纳入扶贫开发工作考核范围，加强对扶贫干部培训工作的指导、监督和检查，推广典型，总结经验，完善奖惩激励机制措施，保障了培训工作顺利推进。五是开展培训评估工作。结合扶贫干部培训规划的执行情况，制定培训评估指标体系，对部分省开展效果评估工作，提高培训的质量和效果。

（二）加大干部扶贫培训力度

一是高位推动，出台文件推动培训工作。中共中央组织部、财政部、国务院扶贫办编印发《培训规划》《培训意见》后，大部分省也相继出台了本省的培训规划和年度计划，做到了任务清、责任明，调干计划、培训经费有依据，工作绩效、培训效果有要求，为形成全国扶贫培训"一盘棋"，提升整体效果起到统揽和指导作用。二是注重示范培训，发挥培训的辐射带动作用。各级扶贫办主要领导亲自抓、抓关键。从组织大规模培训扶贫业务干部转变为重点开展示范培训，抓住了培训对象的关键少数。例如 2016 年 3 月，中共中央组织部、国务院扶贫办、国家行政学院联合举办省部级打赢脱贫攻坚战专题研讨班。各省（区、市）主管党政领导、扶贫办或经协办主任以及中央各部委有关部委领导和相关司局长参加。2018 年 6 月，中共中央组织部、国务院扶贫办、中央党校（国家行政学院）联合举办省部级"学习贯彻习近平新时代中国特色社会主义思想，坚决打好精准脱贫攻坚战"专题研讨班，同期套办厅局级干部专题研讨班、深度贫困地区地市州党政主要负责同志专题研讨班。来自中央和有关部门和地市脱贫攻坚党政领导 236 名同志参加学习。培训班结束后，各省区市照此模式举办了类似培训班，为各行业部门理清脱贫攻坚思路，推动工作起到了促进作用。2018 年 5 月至 2019 年 6 月，中共中央组织部、国务院扶贫办计划分 12 期对 832 个贫困县（市、区、旗）党政正职（2017 年已参加过中共中央组织部有关调训班次的不再参加）进行全覆盖培训。中共中央组织部与国务院扶贫办联合举办 6 期中央和国家机关选派第一书记示范培训班。全面加大扶贫干部教育培训工作力度。据统计，2018 年上半年，28 个省区市和新疆生产建设兵团共组织开展各类脱贫攻坚培训 8737 期、培训 384.7 万人次。全国培训人次最多的前三个省份分别是贵州（64.1 万人次）、云南（42.7 万人次）、陕西（30.8 万人次）。上半年，东部 6 个省共组织开展脱贫攻坚干部培训 22.2 万人次，占全国培训人数的 5.77%；中部 10 个省共组织开展脱贫攻坚干部培训 128.3 万人次，占全国培训人数的 33.4%；西部 13 个省区市和兵团培训 234.2 万人次，占全国培训人数的 60.83%。

（三）拓展提升干部培训效果途径

一是积极加强多部门协作、合力开展扶贫培训。从单一的扶贫部门组织培训拓展到与多部门合力办班，从各地分层级自主组织培训到上下联动协作办班，从本地区培训到跨地区相互学习办班，从政府部门组织培训到发挥社会组织力量办班，从组织国内培训到组织赴国外学习减贫经验。已经逐步形成部门合力、地区互利、社会助力、多方参与、多方聚力的大扶贫教育培训格局。

二是统筹开发各类扶贫培训资源，实现资源共享。首先，国务院扶贫办通过每年组织培训者的扶贫培训研讨班和教材开发等工作，为全国扶贫系统开展教育培训工作的规范开展和资源共享提供指导和服务。其次，加强省际培训交流合作。与各省建立培训资源共享机制和评估考核机制，实现师资、课程、教材、考察点、经验（案例）等方面的合作共享，构建优势互补、合作共赢的培训网络。最后，加强师资库共建共享。按照系统内和系统外相结合、中央机关和地方相结合、领导干部和专家学者相结合、理论工作者和实际工作者相结合的原则，与各省合作建立了结构合理、规模适当、专兼结合、相对稳定的师资队伍。

三是加强扶贫教材编写。全国扶贫宣传教育中心以需求为导向，组织开发扶贫教育培训系列教材。包括：《新发展理念案例选·脱贫攻坚》《中国特色扶贫开发案例选编与评析》《干部驻村帮扶实务参考》《扶贫理论教材》《脱贫攻坚战略与政策体系》《资产收益扶贫培训教材》《贫困村精准扶贫实施指南》《精准扶贫精准脱贫方略——基层干部读本》《贫困村创业致富带头人培训案例选编》《产业扶贫脱贫培训教材》等系列扶贫培训教材。各省也积极配合宣教中心的专家团队开展培训教材的开发调研、培训案例的收集和研究课题的推进。

（四）探索分级分类分区域培训格局

国务院扶贫办每年召开全国培训工作例会，明确任务职责、落实工作部署，总结交流经验。在全国扶贫培训实践过程中，省级突出抓好市县两级党政领导干部、省级单位驻村第一书记和驻村干部、扶贫系统干部扶贫培训工作，开展贫困村基层组织负责人、致富带头人示范性培训。市县两级侧重于乡村党政干部、所辖范围内的驻村第一书记、驻村干部、贫困村致富带头人的扶贫培训。扶贫开发领导小组成员单位也根据部门特点和本职业务，对本系统干部开展了内容丰富的培训活动，助推各地行业扶贫工作，为全面打好脱贫攻坚战提供了强大智力支撑。

三、党的十八大以来干部教育培训助推脱贫攻坚的实践与创新

基于中央层面的规划设计和引领带动，扶贫干部教育培训不断取得新的成绩，培训规模不断增加。伴随着培训实践的不断探索，在方案设计、教学管理、内容生产以及培训模式等方面也做出了有益的创新。

（一）制定地方性规划，培训方案因地制宜

在《培训规划》引领下，各地纷纷组织各级扶贫干部认真学习《培训规划》确定的目标任务和措施要求，结合当地实际制定并落实实施方案，按照"缺什么、补什么"的要求，遵循扶贫干部成长和教育培训的规律，围绕提高基层干部政策执行、推动发展、服务群众、促进和谐等方面的能力，通过精准调研、征求培训对象意见、听取有关领导专家建议，组织开展了分级分类的大规模扶贫干部教育培训。如甘肃、重庆、内蒙古、河北等（省、自治区、直辖市）分别根据《2015—2017年全国贫困地区干部和扶贫干部培训规划》的要求，因地制宜地制定实施方案或省级规划。

以四川省为例，2015年出台的《2015—2017年四川省贫困地区干部和扶贫干部培训规划》提出确保全省在3年内培养造就一支能够切实担当扶贫攻坚重任的高素质干部人才队伍，计划从2015年到2017年3年时间，对6万名干部进行扶贫开发培训。培训对象包括省内"四大片区"所辖12个市（州）、88个贫困县（市、区）党政班子成员，3338个有扶贫任务乡镇的党政主要领导，11501个建档立卡贫困村党组织书记、村委会主任和大学生村官，11501个建档立卡贫困村的驻村帮扶工作组组长、"第一书记"，"四大片区"所辖市（州）、县（市、区）扶贫部门、10个扶贫专项方案牵头实施部门主要领导、分管领导和业务骨干，财政部门负责专项扶贫资金管理的干部等人员。通过一系列措施，将全省的干部扶贫培训工作常态化、制度化，使中央关于扶贫干部和贫困地区干部培训的部署充分落到实处。

2018年《培训意见》印发实施后，全国28个省区市都出台了培训工作实施意见或实施方案。各省区市的党委、政府主要负责同志都对脱贫攻坚干部培训工作作出批示，或召开省委常委会、省政府常务会、省扶贫开发领导小组会议、全省脱贫攻坚大会等会议，安排部署脱贫攻坚干部教育培训工作。例如，山西省在各级成立脱贫攻坚干部教育培训领导小组，负责组织指导、统筹协调、督促检查工作。河南省委组织部把脱贫攻坚教育培训工作作为组织系统服务脱贫攻坚"五大专项行动"之首。贵州省委主要负责同志亲自研究、亲自部署兴办新时代学习大讲堂、新时代农民（市民）讲习所。广

西壮族自治区党委、政府主要负责同志多次主持召开党委常委会、政府常务会、扶贫开发领导小组会，安排部署干部扶贫培训工作。宁夏回族自治区党委、政府主要负责同志亲自审定扶贫干部轮训方案。重庆市委、市政府主要负责同志要求全市各级各部门将干部扶贫培训工作常态化。甘肃省委、省政府主要负责同志对脱贫攻坚干部教育培训重要工作亲自部署，重大计划亲自过问，重要班次亲自协调。青海、甘肃、四川、西藏等省区也加大了脱贫攻坚培训经费投入力度。辽宁、江苏、福建、山东等省都根据不同级别、不同类别、不同领域扶贫干部岗位职责和工作需要，分别设置不同的培训专题和内容，研究开发扶贫课程，组织编写教学大纲，确保培训与实践紧密结合。江苏凝聚各方合力，力求培训工作体现五个"度"，即"定位有高度、对象有广度、内容有精度、形式有热度、效果有态度"。

（二）创新培训管理手段，提升培训实效

教学管理和教学手段直接决定了培训的实际效果，是干部扶贫培训落实的关键环节。国务院扶贫办和各省培训部门在创新培训管理手段方面进行了以下创新。

一是健全工作制度，提高培训管理水平。例如：广西壮族自治区建立扶贫干部教育培训工作台账和定期调度制度，每个月统计1次扶贫干部培训情况，掌握工作进度，及时解决遇到的困难和问题。内蒙古自治区建立全区扶贫干部教育培训情况月度、季度报告制度，及时了解掌握进展情况，督促各地区各相关部门落实培训任务。宁夏回族自治区139期培训结束后都进行精准扶贫精准脱贫业务知识考试，倒逼扶贫干部熟记精准脱贫攻坚业务知识。云南建立培训情况定期上报和专题调研督查制度，由省委组织部和省扶贫办组成调研督查组，每季度进行一次专题调研督查。黑龙江建立定期沟通、定期报送、定期报告、纳入考核、专项督查、协同推进等6项机制，开发研制干部教育培训报送系统，各市（地）扶贫办和省直有关部门通过登录系统向省扶贫办报送培训情况。江西在全省精准脱贫大数据管理平台建立起了扶贫干部教育培训报表系统，每月统计调度，及时掌握、督促和通报培训计划实施进展。河北、山西、福建等省建立扶贫干部教育培训工作台账和信息报送

制度，实行月报统计、季度监测、年度汇总，及时了解掌握培训工作进展情况和培训计划执行情况。

二是发挥职能优势，强化东西协作。东部省市结合职能积极开展脱贫攻坚培训并和东西扶贫协作相结合。浙江省 2018 年计划举办各类脱贫攻坚干部培训班 200 期，培训干部 16748 人次，其中，东西部扶贫协作方面计划举办培训班 102 期，培训各类班干部 6916 人次，省内加快发展地区计划举办培训班 98 期，培训各类干部 9832 人次。北京计划为受援地区干部人才来京举办各类培训班 144 期，培训各类干部人才 6362 人，培训内容对接当地扶贫需求，涵盖扶贫政策经验、农业畜牧、义教卫生、科技创新、电子商务等领域。上海针对本市专门从事东西部扶贫协作和对口支援工作的领导干部、本市援外干部、对口地区贫困村干部、对口地区的党政领导干部、部门行业干部及扶贫系统干部等举办不同班次培训。浙江遴选理论素养高、业务能力强的党校名师和有较强授课能力的领导干部和专家，到帮扶地区为当地干部作专题讲课。天津明确了每年从每个受援地市级专项帮扶资金中至少安排 500 万元用于受援地干部人才培训，重点培养党政干部、基层党支部书记、专业技术等人才 1000 名以上。

三是培训管理科学，更加有效管用。培训前召开预备动员会。介绍研修班课程安排，强调组织纪律，布置学习任务，选出班长和组长。建立班主任负责制。扶贫办与培训机构的工作人员共同担任班主任和班主任助理，并成立工作小组。设立学习交流小组。为便于省际、地区间交流，对不同地区学员进行混编。为学员提供相互学习交流的机会平台。严格执行考勤制度。做到课前签到，有事请假，将考勤作为结业的硬指标。开展问卷调研。通过收集"三带来"材料，发放问卷，把培训班变成基层反映情况和问题的平台，调动扶贫干部学习积极性，学员从被动学习到主动学习，主动研究问题。

（三）探索多元化教学模式，提高培训质量

一是突出理论指导，全面提升扶贫干部能力素质。把学习贯彻习近平总书记关于扶贫工作的重要论述为主线贯穿培训全过程，把业务培训与党的群众路线教育和"两学一做"等党建活动紧密结合，将培训变成党性锻炼的平台，用理想信念教育夯实干部人生观、价值观，增强了干部打赢脱贫攻坚战的责任感和使命感。

二是创新培训方式，努力提高干部教育培训的质量和效果。从传统授课、以会代训、工作部署等培训方式转变为采用案例教学、情景模拟、研讨式培训的培训方法。各地广泛采用案例教学、现场教学、外出学习考察、实战演练、座谈交流相结合，力求培训取得实效。新疆维吾尔自治区扶贫办到南疆四地州进行综合培训，对 22 个深度贫困县扶贫干部开展巡回轮训，实地指导脱贫攻坚业务工作。贵州、四川、陕西、青海等省深入挖掘在脱贫攻坚实践中探索出来的典型经验和先进模范人物事迹，积极开发脱贫攻坚培训教材，建立省级现场教学基地或教学点。广西坚持培训"三统一"，确保培训不走样，即：统一培训课程，做到上下一致，确保培训不走样；统一培训内容，把政策讲透，把方法讲明白；统一讲课口径，确保干部思路清晰。很多省份还采取网络教学、农民夜校等方式开展培训，扩大覆盖面，增强灵活性。

三是以需求为导向注重研究解决实际问题。做到按需施教注重理论和实践相结合，将培训变成调研基层情况的平台，用问题导向培养干部研究问题的能力，促进干部脱贫攻坚能力素质全面提升。如，2013 年全国扶贫宣传教育中心在广东连南县举办的 3 期精准扶贫班，通过案例教学、情景模拟、孵化系统化精准扶贫相关环节操作程序。培训班结束后，各省区市自发组织到连南县举办培训班 31 期，各级扶贫干部前往学习达 3000 多人次，现场召开相关省区市联席会议 15 次，研究解决帮扶单位提出的问题 100 余个。

四是示范培训和大规模轮训相结合。各省普遍采取点面结合、以点带面的培训方式，省级层面主要是举办示范培训班和专题培训，市、县层面针对不同对象分级分类开展大规模轮训。例如：河南举办 3 期省级示范班，对全省 18 个省辖市党政分管副职、129 个脱贫攻坚任务重的县（市、区）党政正职、市县扶贫办主任、省脱贫攻坚督查巡查组全体成员、省脱贫攻坚领导小组所有成员单位和民主党派的有关负责同志进行了集中培训。山西举办全省致富带头人示范培训班、全省农村实用人才带头人示范培训班，对全省 5600 多名贫困村党组织书记和全省选派的 9393 名农村第一书记分批分期开展集中轮训培训。安徽省、市、县三级按干部管理权限对第七批选派帮扶干部 7000 余人进行轮训。黑龙江计划 2018 年对扶贫系统干部、行业部门干部、帮扶干部全部轮训一次，全部扶贫干部 2019 年实现全员轮训。辽宁正在筹备实施全省"十百千"脱贫攻坚培训工程，即对全省 10 个深度贫困县、100 个重点贫困乡镇的 1000 余名扶贫干部及驻村第一书记进行培训，通过送项目、送政策、送技术，提升一线扶贫干部的精准扶贫精准脱贫能力和政策水平。

五是请进来和走出去相结合。大多数省份坚持"请进来"与"走出去"相结合，一方面邀请中央有关部门、高校专家教授、全国脱贫攻坚奖获得者等传经送宝，解读脱贫攻坚政策，讲授精准扶贫理念，另一方面，把现场教学作为一项重要培训方式，让学员"眼见为实"、切身体验、现场互动。黑龙江、江西、湖北、湖南等省还选择一批实践培训基地、农业科技示范区、脱贫示范村等作为现场教学点。很多地方还组织扶贫干部到外地现场考察，学习兰考、井冈山等率先脱贫摘帽县的先进经验，或者到东部发达省份开阔视野，学习发展思路。

六是请上来和送下去相结合。各地在办班过程中，不断丰富教学课程设计，把脱贫先进典型、优秀驻村干部、致富带头人、"土专家""田秀才"等请进课堂，现身说法，传授经验，用生动鲜活的案例教育群众，激发内生动力。同时，积极开展送教下乡、巡回宣讲等培训方式。例如：福建组织专家学者、党校教师开展习近平总书记关于扶贫开发工作的重要论述研究，编写《精准扶贫的宁德模式》等一批教材。同时，将课堂教学与社会调研、现场教学等结合起来，打造了习近平总书记"三进下党"调研现场、福鼎赤溪全国扶贫第一村等一批颇具特色的现场教学点，组织学员重走习近平总书记当年"三进下党"的道路，重温习近平总书记当年深入基层、扶贫攻坚的历史。吉林开展"一送两服务"（即：送专题培训项目，提供师资服务和提供专题服务）送课巡讲行动，通过"基层公务员流动讲坛"，对镇赉、通榆、汪清等 8 个贫困县开展专题培训。山东省扶贫办举办"我眼中的脱贫攻坚"影像档案征集活动骨干培训班，引导各地各单位留住扶贫开发伟大历史，让扶贫精神薪火相传。

七是扶贫业务与作风建设相结合。例如，江西注重利用当地丰富的红色资源，引导广大扶贫干部大力弘扬井冈山精神、苏区精神和方志敏精神，大兴求真务实之风。河南把省级示范班安排在焦裕禄干部学院举办，第一书记班安排在红旗渠干部学院、大别山干部学院举办，让学员切身感悟革命精神、顽强意志和拼搏作风。山西、湖南等省也都将作风建设作为一项重要内容，结合反面典型，深刻汲取教训，引导党员干部自觉抵制扶贫领域中存在的不正之风。

八是坚持突出重点，聚焦深度贫困。各地突出实践导向、需求导向和问题导向，紧扣脱贫攻坚中心任务，重点瞄准扶贫干部实战能力较弱、想干不会干、帮扶供需错位、精神扶贫办法不多、政策理解和执行偏差等能力不足问题开展培训，向深度贫困地区倾斜培训。例如宁夏在授课过程中，所有课程都针对中央办公厅、国务院办公厅通报和国务院扶贫办反馈的 2017 年省级党委和政府扶贫开发工作考核发现的问题、日常工作中屡改屡犯的突出问题，落实"六个精准"和"五个一批"方面存在的问题，一个一个剖析讲解，引导扶贫干部理清问题，认真剖析根源，明确整改要求，确保所有问题不折不扣整改到位。四川集中 3 天时间，分 14 个行业系统对 3500 余名凉山州脱贫攻坚综合帮扶工作队员进行脱贫攻坚政策、驻村帮扶工作方法等专题培训。云南举办深度贫困地区基层干部示范培训班，培训 459 人。新疆维吾尔自治区开展自治区深度贫困地区党委新任脱贫攻坚工作专职副书记集中培训班。

（四）通过政府购买服务，打造地方性扶贫课程

扶贫培训对于一线扶贫干部而言，不仅需要充分领会中央大政方针，也需要深入分析地方经济社会发展状况。这意味着扶贫培训不仅要讲授方略与政策，还需要针对地方发展实际提出建议与对策。因而基层培训也有对于地方性扶贫课程的需求，这就需要根据地方发展特点设计和建设相应的课程。为此，一些地方创新机制，通过购买服务的方式来建设省内的地方性扶贫精品课程。

例如：湖北省《2015—2017 年全省贫困地区干部和扶贫干部培训规划》提出，"加强扶贫开发重大理论和现实问题研究，充分借助社会力量购买服

务，打造扶贫培训精品课程，2015—2017年继续组织开展精品课程招标15个左右"。2015年以来，湖北省扶贫办连续发布湖北扶贫培训精品课程研究课题的公告，对扶贫培训精品课程研究课题进行公开招标，邀请专家学者和社会各界积极申报。围绕湖北省脱贫攻坚的重点难点问题选题，基于省情开展调研和课程设计，因为有较强的针对性和时效性，对于提升省内扶贫能力效果明显。

（五）探索线上培训模式，扩大扶贫培训覆盖率

如何将优质扶贫内容及时传递到一线扶贫干部，是扶贫干部培训取得实效的关键环节。然而脱贫攻坚任务繁重，广大一线扶贫干部又长期分布在乡村，把他们聚集起来集中培训难度大、成本高。为此一些地方尝试利用网络手段，在完善传统办班方式的同时，充分运用"互联网"新载体，创新干部培训方式，以线上培训模式来弥补扶贫干部集中培训不易的问题，提高培训的覆盖率，取得了良好的培训效果。

如山西、吉林、黑龙江、河南、安徽、湖北等依托网络教学平台，运用"互联网＋干部培训"模式，开设网上专题班，开发扶贫专业课程，提升强化干部党性修养和脱贫攻坚能力。海南开设脱贫致富电视夜校，采取电视直播、电视录播、网上点播等方式，每周固定播出一课，乡镇干部、帮扶干部、第一书记、村"两委"干部和贫困群众同听课、同学习、同讨论。江苏、浙江、山东、辽宁、福建、上海等依托网络教学、视频会议平台，运用"互联网＋干部培训"模式，开设网上专题班，开发扶贫专业课程，提升干部党性修养和脱贫攻坚能力。有的省还探索使用微信、微博、手机客户端、在线学习APP等培训手段，有效破除干部学习培训场所、时间、载体等条件限制。

四、经验与启示

党的十八大以来，干部扶贫培训取得了良好的成效，有效地将习近平总书记关于扶贫工作重要论述精神落到基层，落到实处，有力地助推了打赢脱贫攻坚战。与此同时，也为干部培训工作积累了经验和启示，具体表现在以下几个方面。

（一）坚持正确方向，习近平总书记关于扶贫工作的重要论述提供了根本遵循

党的十八大以来，习近平总书记把脱贫攻坚摆到治国理政突出位置，将如期脱贫作为实现小康社会的底线目标，极大地鼓励了贫困地区和扶贫干部的士气，提振了精神，尤其是从事扶贫教育培训工作的同志，更感责任重大使命光荣。习近平总书记提出了一系列新思想新观点新论述，作出一系列新决策新部署，成为我们打赢脱贫攻坚战的行动指南和根本遵循，也为扶贫教育培训指明了方向。通过教育培训，各级扶贫干部深刻领会总书记关于扶贫工作重要论述的精神实质、丰富内涵、历史意义和实践价值，进一步牢固树立"四个意识"，提高政治站位，进一步增强了打赢脱贫攻坚战的荣誉感、使命感，进一步提高了扶贫干部运用总书记关于扶贫工作重要论述精神武装头脑、指导实践、推动工作的自觉性。

（二）坚持规划引领，持续推进贫困地区干部大规模培训

中共中央组织部牵头出台的《培训规划》《培训意见》，对贫困地区干部和扶贫干部培训工作进行科学统筹、总体部署，成为指导全国推进贫困地区干部和扶贫干部培训工作的纲领性文件和有力保障，在规划和意见的引领下，各地组织开展了分级分类的大规模扶贫干部教育培训。

（三）坚持示范引领，分级分类分区域培训格局初步形成

坚持"中央统筹、省负总责、市县抓落实"的管理体制。中央层面，主要是制定规划、完善政策、督促检查，开展示范性培训，开发干部培训统计业务信息系统，调度全国扶贫干部培训工作。省级层面，主要是制定扶贫干部培训实施意见，组织实施年度培训计划和滚动规划，总结宣传先进典型经验做法，督促市县完成培训任务，提高培训质量。市县层面，组织好各类别各班次培训，突出问题导向、实践导向，紧扣脱贫攻坚中心任务和重点工作，有针对性地设计培训专题和课程，改进培训方式，提高培训实效。

（四）坚持问题导向，着力提高参训干部扶贫能力

围绕贯彻落实习近平总书记关于扶贫工作的重要论述精神，落实中央打赢脱贫攻坚战的决策部署，本着脱贫攻坚工作需要什么就培训什么，干部素

质能力提升需要什么就培训什么的原则，以任务需要、解决问题为导向，定班次、定主题、定课程、定师资，在培训主题、内容体系、课程设置等方面，坚持立足实践、按需施教、学以致用，以提高学员扶贫能力为培训目的。对县级以上领导干部，重点是提高思想认识，引导树立正确政绩观，掌握精准脱贫方法论，培养研究攻坚问题、解决攻坚难题能力。对基层干部，重点是提高实际能力，要多采用案例教学、现场教学等实战培训样式，培育懂扶贫、会帮扶、作风硬的扶贫干部队伍，增强精准扶贫精准脱贫工作能力。

（五）坚持改革创新，贫困地区干部培训活力逐步增强

一是努力创新教学方式。在课堂讲授、现场考察和专题研讨的基础上，减少课堂集中讲授，增大案例教学、入户体验式教学、拓展训练的培训。多数培训班都安排了进村入户或扶贫项目现场考察，让学员们"眼见为实"，切身体验，现场互动。二是拓展培训空间和时间。各地区在创新教学方式的同时，利用现代化技术手段，组织在线学习平台的课程学习、利用扶贫开发综合平台视频会议系统组织开展培训班、探索专家咨询微信群等。省时、省力、省钱，扩大了培训范围，提升了培训效果，使培训无处不在、无时不在。三是增加到发达地区办班次数。使来自偏远贫困地区干部走出山门，感受发达地区经济社会发展氛围，开阔视野、启迪思路，分享经验。2013年以来，国务院扶贫办80%的培训班放到了东部省份举办。四是开展干部培训东西协作。一些西部省份，将扶贫干部培训纳入到东西部对口扶贫协作的范围，丰富了东西扶贫协作的内涵。五是调动社会力量开展培训。各地扶贫开发领导小组成员单位主动作为，积极行动，凝聚起脱贫攻坚培训强大合力。积极发挥行业资源优势，依托定点社会培训机构，扎实开展脱贫攻坚培训。引入大中专院校组织开展扶贫志愿者培训活动。利用企业资源、党校教育平台等，实现社会全面参与扶贫干部培训。

驻村帮扶打通扶贫"最后一公里"

在顶层设计完成以后，打通扶贫"最后一公里"，将精准扶贫战略部署和政策安排落实到贫困村和贫困户就成为能否打赢脱贫攻坚战的关键。打通"最后一公里"需要建立顺畅的机制，将贫困村和贫困户的需求与政府和社会各界的扶贫投入密切结合起来；完善贫困治理机制，防止基层的微腐败影响到脱贫攻坚；实现扶贫的创新，满足贫困村和贫困户的需求。

驻村帮扶是打通扶贫"最后一公里"的重要措施，是完成精准扶贫目标的重要保障，充分体现了中国扶贫中的制度优势。2015年习近平总书记在部分省区市脱贫攻坚与"十三五"时期经济社会发展座谈会上就指出，"选派扶贫工作队是加强基层扶贫工作的有效组织措施，要做到每个贫困村都有驻村工作队、每个贫困户都有帮扶责任人"。要求"工作队和驻村干部要一心扑在扶贫开发工作上，强化责任要求，有效发挥作用。对在基层一线干出了成绩、群众拥护的驻村干部，要注意培养使用，让他们在扶贫开发工作中发挥更大作用"。

到2018年，全国共选派90.6万名干部驻村帮扶，期限不少于1年；选派20.6万名优秀干部到贫困村和基层党组织薄弱涣散村担任第一书记，实现了对所有贫困村的全覆盖。向农村派驻工作队是我党多年的传统，在继承这个传统的基础上，驻村帮扶在人员选派、组织管理、发挥作用和监督考察等制度上都做出了重要创新，从而使驻村帮扶在精准扶贫打通"最后一公里"中发挥了重要作用。

一、脱贫攻坚政策落实的"最后一公里"

习近平总书记多次强调要提高脱贫的实效，2015年在中央扶贫开发工作会议上就强调，"脱贫攻坚要取得实实在在的效果"，"必须在精准施策上出实招、在精准推进上下实功、在精准落地上见实效"。精准落地就要体现在贫困村和贫困户的层面上。精准扶贫的目标能否达到，最终的成效要体现在贫困村和贫困户的脱贫上。贫困村和贫困户能否真正脱贫，打通扶贫"最后一公里"是十分关键的。打通"最后一公里"，不仅要靠贫困村的村级组织，同时也需要来自贫困村之外的帮扶力量。

首先，部分贫困乡村基层干部的知识结构不能适合精准扶贫的需求。精准扶贫对贫困村的村干部提出了更高的要求，但是在贫困地区，随着中青年劳动力外流，干部年龄老化和文化水平低的现象比较普遍，村干部年龄和知识结构的双重老化使他们无法适应精准扶贫的需求，在精准识别、产业扶贫、发展规划方面都存在诸多困难，特别是产业发展和村庄发展规划，需要大量的专业知识，这是许多贫困村的村干部所不具备的，因此需要有专业知识的人才深度参与村庄精准扶贫。

其次，大量扶贫资源进入村庄，也需要有人才实现村庄需求与外部资源的对接。比如对口帮扶在精准扶贫中发挥了重要作用，但是帮扶单位的资源如何安排，贫困村有哪些需求，需要大量的沟通和协商。从对口帮扶单位派驻的扶贫工作队可以将帮扶单位和被帮扶的贫困村密切地联系在一起，从而使帮扶资源发挥更好的作用。

再次，乡土社会的人情、面子和关系往往对精准扶贫产生负面的影响。对贫困户的帮扶涉及大量资源的投入，包括资金和项目的投入，在识别贫困户和扶贫资源的投放中，往往会出现优亲厚友的现象，这在乡土社会中很难避免。生活在乡土社会的村干部也往往难于摆脱乡土社会的影响，这就会影响对贫困户的精准识别和精准帮扶。

最后，贫困村微腐败现象的存在也影响到精准扶贫的实施。精准扶贫离不开村干部的工作，但是对村干部的监管难度很大，有些村干部不作为，扶贫工作不能扎实推进；有些村干部乱作为，挪用，甚至侵吞扶贫款的事件时有发生。2018年上半年，全国各级纪检监察机关查处扶贫领域腐败和作风问题4.53万个，处理6.15万人，其中村干部占比61.28%。村级组织软弱和村干部腐败，直接影响了精准扶贫目标的实现。

在这种背景下，建立贫困村的帮扶责任制度，向贫困村派驻干部和工作队，增加了贫困村扶贫资源，明确了贫困村的发展规划，完善了贫困村的治理结构，具有十分重要的意义。中组部、中共中央农办和国务院扶贫办在《关于做好选派机关优秀干部到村任第一书记工作的通知》中指出，多年来，一些地方和单位探索选派机关优秀干部到村任第一书记、选派党建指导员、派干部驻村等做法，抓党建、抓扶贫、抓发展，取得了明显的成效，积累了有益经验。

二、"驻村帮扶"的制度设计

2013 年习近平总书记在湘西考察时提出精准扶贫的概念，提出要"实事求是、因地制宜、分类指导、精准扶贫"，精准扶贫的核心就是要基于贫困村和贫困户的致贫原因，采取有针对性的措施。要实现精准扶贫就意味着从下而上的信息传导机制能够准确地反应贫困村贫困户的贫困状况，同时自上而下的机制能够准确地将各级政府扶贫的政策在基层落实，向贫困村派驻工作队可以加强贫困村的领导，增强其发展能力。

（一）"驻村帮扶"的顶层设计

2014 年中共中央办公厅、国务院办公厅印发《关于创新机制扎实推进农村扶贫开发工作的意见》明确提出要"健全干部驻村帮扶机制。在各省（自治区、直辖市）现有工作基础上，普遍建立驻村工作队（组）制度。可分期分批安排，确保每个贫困村都有驻村工作队（组），每个贫困户都有帮扶责任人"。2015 年中组部、中央农办和国务院扶贫办联合发出通知，要求向党组织涣散的村庄派驻优秀机关干部任第一书记，并要求对所有建档立卡贫困村实行全覆盖。

是否能精准地选派合格的干部到贫困村工作，对于贫困村和贫困户能否按时脱贫具有重要的影响，习近平总书记在阐述精准扶贫的六个精准时强调了"因村派人精准"，要选拔那些有能力且有经验的干部到扶贫第一线发挥作用。在 2015 年发布的中共中央、国务院《关于打赢脱贫攻坚战的决定》中，进一步强调了驻村帮扶的工作，指出："注重选派思想好、作风正、能力强的优秀年轻干部到贫困地区驻村，选聘高校毕业生到贫困村工作。根据贫困村的实际需求，精准选配第一书记，精准选派驻村工作队，提高县以上机关派出干部比例。加大驻村干部考核力度，不稳定脱贫不撤队伍。对在基层一线干出成绩、群众欢迎的驻村干部，要重点培养使用。"

在《"十三五"脱贫攻坚规划》中，强调："加大驻村帮扶工作力度，提高县以上机关派出干部比例，精准选配第一书记，配齐配强驻村工作队，确保每个贫困村都有驻村工作队，每个贫困户都有帮扶责任人。"要使驻村帮扶真正发挥作用，还需要克服形式主义，针对驻村帮扶中的一些问题，国务院扶贫办发布了《国务院扶贫办关于解决扶贫工作中形式主义等问题的通知》。在通知中也强调需要"完善驻村帮扶工作。主动沟通协调，会同有关部门整合帮扶力量，加强驻村工作管理。防止'只转转、不用心''只谈谈、不落地'。坚决杜绝'走读式''挂名式'帮扶。普遍建立驻村干部召回制度，对不作为、不务实、不合格的驻村干部坚决撤换"。

中央对驻村帮扶给予了高度重视，各地也出台了驻村帮扶的管理细则，包括对驻村干部的选派、工作职责，必要的资源保障和驻村干部的考核及奖惩机制，都作出了明确的规定。在精准扶贫的背景下，驻村帮扶受到了前所未有的重视。

（二）党的十八大以来驻村帮扶的新格局

为了推动贫困地区农村发展，全国各地采取不同形式向贫困村派出工作队，帮助贫困村发展。这个传统在党的十八大以后得到了继承和发扬，通过广泛派驻、提供支持、加强制度和强化责任，驻村帮扶在精准扶贫中发挥了至关重要的作用。

第一，驻村帮扶的力度空前。党的十八大以前的驻村帮扶多是由省或市县组织实施，覆盖部分问题比较严重的贫困村或一些典型村，且驻村的力量也不尽相同：有些是一个干部驻村帮扶，有些是几个干部一起驻村；时间也不固定，有些驻村并不是长期驻村，而是短期到村解决一些问题；各地驻村的方式多种多样，缺少严格的管理和监督制度，驻村帮扶只是地方或部门层面的工作。党的十八大以来，作为顶层设计，驻村帮扶成为一项制度，受到各级党委、政府的高度重视，派驻的人员增加，且每个村都是多人组合的队伍，县级以上机关干部所占比例增加。每个贫困村都配备了第一书记，参与贫困村党组织建设，第一书记制度和驻村帮扶相结合，将扶贫、发展和基层党组织建设紧密地结合起来。随着精准扶贫的深入，脱贫的难度也越来越大，提高县以上机关的派出比例有利于提高驻村帮扶的力度。由于县级以上机关有限，不能覆盖所有贫困村，所以在许多贫困地区，县以上机关的驻村帮扶工作队往往被派驻到贫困程度较深，脱贫难度较大的贫困村。

第二，驻村帮扶承担了更重要且明确的责任。从中央层面上对驻村帮扶提出了明确的要求，中共中央办公厅、国务院办公厅印发的《关于创新机制扎实推进农村扶贫开发工作的意见》中指出，"驻村工作队（组）要协助基层组织贯彻落实党和政府各项强农惠农富农政策，积极参与扶贫开发各项工作，帮助贫困村、贫困户脱贫致富"。在中共中央组织部等三部门《关于做好选派机关优秀干部到村任第一书记工作的通知》中明确第一书记要"推动精准扶贫。重点是大力宣传党的扶贫开发和强农惠农富农政策，深入推动政策落实；带领派驻村开展贫困户识别和建档立卡工作，帮助村'两委'制定和实施脱贫计划；组织落实扶贫项目，参与整合涉农资金，积极引导社会资金，促进贫困村、贫困户脱贫致富；帮助选准发展路子，培育农民合作社，增加村集体收入，增强'造血'功能"。基于中央的要求和各地实际情况，各省为驻村帮扶工作队和第一书记制定了具体的责任要求，比如宁夏制定了《扶贫开发驻村工作队及农村基层党组织第一书记管理暂行办法》，其中为驻村帮扶提出了5项责任——理清发展思路、加强基层组织建设、推动精准扶贫、提高服务能力和提升治理水平。由于许多贫困村都存在着程度不同的组织涣散和能力不强的问题，在贫困程度较深的地区，驻村帮扶承担了主要的扶贫责任，特别是规定不脱贫不撤出以后，许多驻村帮扶更感受到责任重大。

第三，制定了完善的监管制度。从2015年开始，各地都建立了严格的驻村干部管理制度。对于驻村帮扶的管理主要从两个方面进行，首先是日常管理，比如在贵州为了保障驻村干部的驻村时间，要求驻村干部与原单位的工作脱钩，驻村干部每个月在贫困村的驻村时间不得少于 20 天。为了便于对驻村干部进行管理，各地都制定了具体的制度，比如要求驻村工作队每天都要有日志，记录当天的工作和活动，不仅可以督促驻村干部，也便于检查。日常管理可以解决驻村干部驻下来的问题，避免驻村干部走读不驻村。对驻村干部不仅有日常的监督，更重要是考核，不仅组织部门和乡镇政府参与对驻村帮扶干部的考核，而且贫困村的村民也参与对驻村干部的考核。一年一度的考核结果被反馈到干部的原单位，对干部的晋升提拔有重要的影响。驻村帮扶不仅仅是扶贫的手段，也是锻炼干部的机会，通过驻村帮扶，发现优秀的干部，并将不符合条件的驻村干部召回，通过有效的奖惩机制，驻村工作队的工作积极性被充分调动起来。比如甘肃就明文规定，对于驻村帮扶工作队的考核要作为干部使用、公务员考核的依据。有效的考核机制提高了驻村干部的工作积极性。为了取得好的帮扶成绩，许多驻村干部是动员了单位和个人的大量资源，创造性地开展了驻村帮扶工作。

第四，为驻村干部配备了必要的资源。在实施精准扶贫以后，为了使驻村帮扶能够真正发挥作用，各地都为驻村帮扶提供了必要的物质条件。首先，在贫困地区财政资金比较紧张的背景下，各地都根据当地的条件为驻村干部提供了必要的生活补助。其次，各地为驻村干部配备了必要的工作经费和帮扶经费。在贵州，财政部门同意解决驻村干部的工作经费问题；而在山东，专门为贫困村提供第一书记经费 30 万元，用于村内扶贫活动。再次，为驻村干部提供了组织支持。驻村帮扶得到了两个系统的支持，一个是派出单位的支持，驻村帮扶在被派出的同时，承担了对口帮扶的任务，帮扶单位的帮扶支持多是通过驻村帮扶实现的。另一个支持则来自驻村帮扶的系统，县级组织部门对驻村工作进行统一的领导，在县级和乡级配备队长，对各村的驻村帮扶提供领导和支持。

第五，驻村帮扶与第一书记、干部联户等扶贫措施实现了有机的结合。在实施精准扶贫过程中，各地也相应地出现了许多与驻村帮扶相联系的帮扶措施，如第一书记制度，第一书记覆盖了所有贫困村，但是不仅仅局限于贫困村。在贫困村，第一书记就是由驻村帮扶工作队队长兼任，这样就将帮扶工作与党建工作有机地结合起来，解决了驻村帮扶与村级组织的关系问题；此外，在贫困地区广泛开展了党员干部联系贫困户的制度，每个贫困户都有一个党员干部负责帮扶联系。这些制度相互配合，共同在贫困村产生影响，对于驻村帮扶起到了支持作用。

三、通过"驻村帮扶"打通扶贫"最后一公里"

党的十八大以来，我国的扶贫进入了精准扶贫时代，驻村帮扶在精准扶中发挥了无可替代的作用。

第一，驻村帮扶完善了贫困村的治理结构。驻村工作队要想实现脱贫的目标就必须推动贫困村完善治理结构。驻村帮扶的工作队员来自村庄之外，他们与村庄没有直接的利益关联，这保证了驻村工作队可以在村庄中以客观公正的身份参与村庄事务。在贫困户识别、扶贫资源使用和产业发展中，驻村工作队和村级组织既相互配合，又相互监督，从而改善了村级治理格局。

驻村帮扶以精准扶贫为突破，帮助贫困村建立村务公开制度，推动村民参与，对村级组织的运行产生示范影响。驻村帮扶要求驻村工作队遍访贫困户。在我们调查的一些村庄，工作队员不止一次地走访贫困户，他们能够认识大部分的村民，了解多数家庭的状况，深入的走访促进了村庄信息的透明。驻村帮扶与村级组织共同完善了村级治理制度，比如村务公开制度，涉及扶贫的信息，不管是贫困户的识别还是扶贫资源的使用，都要在村内公开，重要的事情都要通过上墙的方式公开，并接受村民的监督。村庄事务公开和村民参与决策的机制并非始于驻村帮扶，一直以来村务公开和民主监督都是改进村庄公共事务治理的重要手段，但是由于缺少有效的监督，以及村民对村务不熟悉，这些制度在许多贫困村并没有认真落实，通过工作队的推动和监督，特别是与遍访贫困户相结合，在贫困村村务公开和民主监督被认真落实。

驻村帮扶也改善了村级治理的技术手段和工作人员构成。驻村帮扶在很大程度上提高了村级的管理技术，比如在贫困户的调查技术、档案管理和信息电子化方面，都发挥了关键作用。围绕着精准扶贫所建立的乡村治理结构和治理技术，是在驻村帮扶的协助下完成的，从这个意义上说，驻村帮扶推进了村级治理的现代化。

第二，驻村帮扶实现了更有效的扶贫资源动员。驻村帮扶工作队来自上级机关，具有更强的资源动员能力，他们的加入大大增加了贫困村的帮扶资源。与驻村帮扶密切相关的扶贫资源投入有相当部分是帮扶单位的投入。由于驻村工作队多是由对口帮扶的单位派出，许多驻村工作队就是代表对口帮扶单位在贫困村开展工作，所以与驻村帮扶相配合，对口帮扶单位向贫困村投入了大量的扶贫资源。驻村工作队的另外一项重要工作是帮助贫困村设计项目，争取政府项目支持。政府不同的部门都有支持农村建设的项目，从基础设施到文教卫生，但是由于村级组织对这些项目管理单位不熟悉、对于项目申请的程序不熟悉，因而许多农村发展项目不能落户到贫困村。驻村工作队多来自政府机构，对政府农村发展项目的程序比较熟悉，在基于贫困村深入调查的基础上，可以将贫困村的需求与农村发展项目有效地结合起来，帮助贫困村获得政府部门的项目支持。在工作队的支持下，贫困村更容易获得政府支农项目。在一个典型的贫困村，如果驻村帮扶的力度较大，我们就会看到政府项目、对口帮扶资金和社会的扶贫援助被有效地整合在一起，共同发挥扶贫的作用。

第三，驻村帮扶推动了贫困村的产业发展和脱贫攻坚任务的完成。在驻村帮扶工作队的支持下，贫困村形成了脱贫发展的策略和因户施策的扶贫方案。驻村帮扶在进驻贫困村以后都会根据贫困村的特点和问题，深入分析其致贫原因，并提出相应的发展规划，包括基础设施发展、产业发展和农民文化设施建设。尽管村庄发展规划并不是开始于驻村帮扶，但是驻村帮扶工作队参与的村庄发展规划与以往的规划相比较有许多不同。首先是村庄规划与资源的投入密切结合，驻村帮扶会深入分析贫困村所存在的问题，在综合考虑到各方投入的前提下作出村庄发展规划，因此这些规划具有更强的可行性。大多数规划的活动都能够如期开展。其次，规划意味着各方投入，在规划制定以后，驻村工作队为了实现规划会主动动员各方资源进入贫困村。我们看到一些驻村帮扶工作力度比较大的村庄，在工作队进入以后迅速改变了面貌，村庄的面貌焕然一些，修建了文化广场，村民活动室，一些村庄还建立文化活动中心；交通条件迅速改善，通村公路和村内的道路被整修；村庄形成了主导产业，一些农业企业被引入到贫困村，形成公司加农户的生产和供销模式，在驻村帮扶的推动下，一些贫困村形成了主导产业；村民被组织起来，围绕主导产业建立了农民的合作社。

在村庄规划和发展过程中，贫困户的受益和脱贫被作为第一目标。针对不同的贫困户的具体情况，在深入调查的基础上制定了可操作的贫困户脱贫计划。驻村帮扶工作队要全程参与贫困户的识别，以及帮扶计划的制订。此外，贫困户与党员干部的对口联系机制在解决贫困户的具体问题上也发挥了重要作用。在贫困地区建立了广泛的党员干部帮扶贫困户的机制，如县处级干部帮扶 4 户，科级干部帮扶 3 户，股级干部帮扶 2 户和一般党员帮扶 1 户的机制。这些党员干部要定期访问帮扶的贫困户，解决贫困户具体的生活和生产困难。在这方面产生了许多新的经验，如帮扶的党员干部为贫困户提供信贷担保，使贫困户可以获得发展生产所需要的资金支持。在党员干部对口帮扶贫困户的机制中，驻村帮扶工作队起到了中间桥梁作用。此外，驻村工作队利用工作队的优势，帮助贫困户解决所面临的许多具体困难，他们还利用朋友圈帮助贫困户销售农产品。机关干部以驻村帮扶的身份进入到农村以后，与农民有了越来越直接的接触，发现贫困户有许多具体的需求需要满足，这些干部以自身的资源帮助贫困户解决具体问题，就使得机关干部的工作越来越接地气，在这个过程中，一些机关干部也成了农民的朋友。

驻村帮扶使干部有机会长时间住在农村，接触农民，特别是贫困户，并通过制度安排，让他们密切联系贫困户，负有扶贫的责任，这拉近了政府与群众的距离，增强了执政党在群众中的威信。作为顶层设计的精准扶贫面临的最大困难也就在于如何解决扶贫路上"最后一公里"的问题，如果说精准扶贫是从大水漫灌改为滴灌，那么村庄一级就是滴灌的最后一段，因为最终需要扶贫资源在贫困村和贫困中发挥作用。在精准扶贫中需要三个机制共同发挥作用：群众参与、基层党建和驻村帮扶。三个机制的有机结合，为打通扶贫路上"最后一公里"，提供了坚实的基础。

四、脱贫攻坚时期"驻村帮扶"的模式创新

向农村派驻工作队以配合党的中心工作是中国共产党的重要执政经验，在长期的农村工作实践中，曾经多次向村庄派驻工作队。在新时期驻村帮扶中，为了实现精准扶贫的目标，工作队的组成、工作机制和管理制度也都相应地变化，并产生了积极的作用。

（一）组织机制创新

驻村帮扶首先要选择有能力、素质高的干部作为驻村工作队的队长，负责驻村帮扶工作。为了使派出单位重视扶贫工作并派出得力干部，各地做了许多具体的规定，如广东省明确规定，省直和中直在粤单位要选派副处级以上且年龄不超过 45 岁的干部作为驻村帮扶的工作队队长并兼任第一书记。珠三角地区要派出优秀干部作为驻村工作队队长，同时贫困村所在市要派出优秀科级干部任第一书记。尽管一些地区在工作之初缺少经验，会有不熟悉农村工作的干部被派驻农村，影响了扶贫工作。随着扶贫工作重要性不断提高，扶贫的成效也被作为指标之一考核派出单位，特别是考核派出单位主要领导的工作，因此派出单位越来越多地将本单位的得力干部，特别是一些后备干部派驻到贫困村。

驻村工作队队长的素质对贫困村的脱贫攻坚起着至关重要的作用。能力强的干部可以有效地协调工作队与村级组织的关系，动员更多资源，制定更加切实可行的规划。如果工作队长不熟悉农村工作，在农村就很难开展工作。强化派出单位的扶贫意识和扶贫责任有助于派出单位派出最得力的干部。

驻村工作队队长来自帮扶单位，而工作队成员往往来自多个部门和多个层面，特别是驻在贫困程度较深且脱贫难度较大的工作队的人员构成往往是复合型的，工作队员有多方面的工作经验和知识背景，代表着不同的帮扶机构，发挥着不同的作用。首先，工作队员来自不同的层面，如果驻村工作队队长来自省市以上单位，那么会配备来自县级单位的工作队员以配合他们的工作，这样可以综合发挥上级单位的资源动员能力和基层干部对贫困村熟悉的优势。其次，工作队的成员可能来自不同的系统或不同的

单位，这有利于发挥综合扶贫的作用，比如如果对口帮扶的人员来自农业部门，可能会根据村庄的贫困问题和脱贫需求配备林业部门，或文化卫生系统的干部，从而可以发挥各自优势。此外，一些驻村工作队员还吸收乡镇干部和农村能人参与工作队的工作。乡镇包村干部进入驻村帮扶工作队可以将短期的驻村帮扶与长期的农村工作更好地结合起来。包村干部熟悉贫困村状况，长期在贫困村工作，不会随着驻村帮扶的结束而结束。而村庄能人，特别是村中那些受教育程度较高的年轻人是农村的未来，让他们中能力突出的人参与到驻村工作队中，既可以使农村青年受到锻炼，也使工作队更容易了解乡村情况，开展工作。

大部分地区建立了逐层领导的制度，在县一级设立驻村工作领导小组，在乡镇一级设立驻村帮扶的统一领导机构，通过县、乡、村三级的管理体制，实现了对驻村帮扶工作队的指导、培训和监督。这样一套系统有助于对驻村帮扶工作进行统一领导、统一培训和统一的监测评估。

（二）工作机制创新

驻村帮扶的责任非常清楚，就是要保障完成精准扶贫的任务。围绕精准扶贫的任务，因地制宜，各地都创新了很多工作机制。

精准派人和平衡扶贫力度。由于单位的层级、所管辖的事务不同，单位的帮扶能力也不同，总的来说上级单位的帮扶资源要比下级部门多，比如中央和省级单位资源动员能力比县级单位要强。帮扶单位的不同实力造成了帮扶中的不均衡。在精准扶贫时期，以县为单位，要平衡扶贫的强度。第一种措施是将帮扶能力强的机构派驻到深度贫困村，利用其较强的帮扶能力解决更多的困难。第二种是具体分析贫困村的现状，分析其扶贫需求，给予不同的需求，有针对性地派驻扶贫工作队。贵州的经验是"科技干部配产业村、经济干部配贫困村、政法干部配乱村、党政干部配难村和退休干部回原村"。

全面开展工作中，驻村帮扶将加强基层党建当成重要的任务来做。驻村工作队有明确的职责，又要依靠党支部村委会，同时对于薄弱涣散的村级组织，又要通过多种方式帮助完成基层党建工作。比如宁夏对驻村帮扶提出的任务包括指导村党组织开展星级基层服务型党组织创建活动，推动村党组织晋位升级、创先争优;对村"两委"班子不健全的要协助配齐,着力解决班子不团结、软弱无力、工作不在状态等问题,物色培养村后备干部;协助乡镇党委做好村"两委"换届工作;健全完善村级组织各项规章制度,严格落实"三会一课"、民主评议党员等制度,严肃党组织生活;推动落实村级组织工作经费和服务群众专项经费、村干部报酬和基本养老医疗保险,抓好村级组织活动场所"六个中心"建设,努力把村党组织建设成为坚强战斗堡垒。

服务贫困人群,实现精准脱贫是驻村帮扶的核心工作,所有的考核都会围绕精准扶贫进行。在实践中,驻村帮扶要密切联系群众,深入贫困户家庭,详细了解贫困户的困难,脚踏实地开展工作。

(三)管理评估创新

在驻村帮扶的管理中充分结合了自上而下管理和自下而上的主动精神。驻村工作队同时受到派出单位、县乡党委政府的双重领导,为了保证驻村帮扶能够在贫困村真正开展扶贫工作,各地制定了一系列的管理制度,以保证工作队能够在村庄真正驻下来并且开展工作。

管理创新体现在自上而下的统一管理和自下而上的监督考评相结合。各个省对驻村帮扶都提出了明确的要求,工作队是否如期完成这些要求,考核多采取自下而上的途径,通过群众评议,地方干部评价,全方位地考核驻村帮扶的成效,并将驻村帮扶的成绩作为干部使用的重要参考。

五、进一步完善驻村扶贫的若干思考

今后三年是精准扶贫关键的三年,随着越来越多的贫困县、贫困村和贫困户摘掉贫困帽子,驻村帮扶的工作也面临着转型:在深度贫困地区,驻村帮扶要凝聚力量,扎实工作;在已经脱贫地区,要巩固脱贫成效,防止返贫。各级党委和政府要严格考核,将驻村帮扶作为识别干部、选拔干部和锻炼干部的平台。

首先,在已经脱贫的贫困村,驻村帮扶要将贫困村和贫困户的可持续发展作为今后三年的工作目标,本着脱贫不改变扶贫政策原则,与贫困村的干部群众一起,认真分析脱贫以后返贫的风险,制定村庄的长远发展规划,巩固扶贫的成效。在深度贫困地区，要加强驻村帮扶的力度，派出年富力强的后备干部，充实到驻村帮扶的第一线，特别是经过多年锻炼，已经具有扶贫经验的干部，要成为深度贫困地区驻村帮扶的主力。

其次，要真正将驻村帮扶看作识别干部、培养干部的平台。组织部门要加强对驻村帮扶的评估，不仅评估贫困村和贫困户是否真正脱贫，更要考察驻村帮扶是否发挥了作用，驻村帮扶的工作队成员是否在扶贫中发挥主动性，得到了锻炼和提高。对于那些在驻村帮扶中表现好，有能力的干部，要兑现承诺，把他们放到更重要的岗位上，以发挥更重要的作用。

再次，要研究驻村帮扶的长久机制。驻村帮扶已经成为贫困地区发展的重要动力之一，不能因为精准扶贫的任务完成而结束。在 2020 年以后，对于欠发达的村庄和农户，如何继续帮扶，需要认真设计。既不能延续精准扶贫时期的大规模动员干部驻村帮扶，也不能一走了之，需要在新形势下探索出新的方式，使未来的低收入村和低收入户获得可持续的帮助。

参与式扶贫的制度化与本土化

一、参与式扶贫的内涵及其在中国的发展

（一）参与式扶贫的内涵

从严格学术角度来看，"参与"的概念大概出现在 20 世纪 40 年代末期，这一概念在其后的 20 世纪 50—60 年代中才逐渐发展到了具有实践意义的"参与"式方式。20 世纪 50—60 年代期间，"社区发展"（Community Development）是当时国家发展的主流思想。社区发展的框架主要支持在发展中国家的城乡社区进行基层设施建设。当时的"参与"主要是指动员和鼓励地方群众参与建设并管理这些设施，同时，支持开发当地群众的能力，并鼓励他们在社区的事务中发挥作用。20 世纪 70—80 年代，国际发展领域开始对其发展援助进行反思。可以说，20 世纪 70—80 年代是"参与式"概念实践化最活跃的阶段，当然，也还是一个初步的阶段。20 世纪 90 年代以后，"参与式"的概念经过了 20 年的实践，更加趋向于成熟，其涵盖的方面也更加广泛，从而开始成为当代国际发展领域最常用的概念和基本原则。①

参与式扶贫是 20 世纪 80 年代以来逐渐发展起来的扶贫方法，其核心是在扶贫开发实践中外来的施援方与当地贫困人口之间的相互关系和作用。参与式扶贫是"参与式发展"理论被用于农村扶贫工作而形成的一种扶贫模式，"参与式发展"由美国康奈尔大学的 Norman Uphoff 教授最早提出，他认为发展对象不仅要执行发展，还要作为受益方参与监测和评价。这个思路引申出了"参与式计划监测与评价体系"，当这种方法的理念和实施程序被

---

① 李小云：《参与式发展概论：理论—方法—工具》，中国农业大学出版社 2001 年版。

扶贫实践所采纳，就成为提高扶贫效果的有效手段，我们将之称为参与式扶贫模式。[①]

"参与式扶贫"是对社会弱势群体赋权，使社会各种角色在发展进程中平等参与，最终共同在社会变革中发挥作用的一种发展观。"参与式"方法，是把当地社区及村民作为自然资源管理的主体，通过能力的培养、赋权和管理机制的建立等，从而实现山区自然资源、社会经济的可持续利用和发展。参与式发展被广泛地理解为在影响人民生活状况的发展过程中，相关决策主体积极全面介入的一种发展方式，带有多元化发展道路的价值取向。参与式扶贫，就是在扶贫项目的设计、规划、实施、监管和验收过程中，将参与式理念和工作方法贯穿始终，通过采用自下而上的决策方式，激发群众的积极性、主动性和参与性。

"参与"对于中国来讲并不是一个陌生的东西，在革命战争年代，参与得到了最广泛的运用，"从群众中来，到群众中去"便是对参与的最好注解。中国基层社会的村民小组也存在广泛的参与现象，由选举产生的村民小组长和所有村民一起对组内的大小事务进行着参与式的管理。学术意义上的参与式发展是在 20 世纪 80 年代末才被引入中国的。关于"参与"的中文概念可能最先出现于联合国等国际组织的中译本出版物中。1989 年，北京农业大学原综合农业发展中心（CIAD）翻译了德国的《区域农村发展》一书，正式对"参与"等相关概念进行了解释。此后，CIAD 为参与式发展理论的引进和在中国的实践和研究做了大量的工作。1990 年以后，国外的许多基金会和多边发展组织陆续在中国各地开展参与式发展的研究和实践，涉及农、林、牧等各个领域。在这个过程中，国内一大批研究机构也相继进入参与式发展这个研究领域，并形成了制度化的机构设置，这些机构为国内参与式发展的研究和专业人才的培养做出了巨大的贡献。经过几十年的发展，国内参与式发展的研究和实践方式已经广泛用于扶贫、资源管理、农村社会经济评估、社区发展和管理、发展计划、小流域治理、小额信贷和农村医疗等各个领域，从

[①] 李兴江，陈怀叶：《参与式扶贫模式的运行机制及绩效评价》，《开发研究》2008 年第 2 期。

而成了一种主流的发展模式。更值得一提的是，李小云等人所研发的"中国参与式村级发展规划"在 2001 年被国务院扶贫办采纳并在全国范围内实施，基于他的研究与实践，中共中央、国务院在《中国农村扶贫开发纲要（2000—2010 年）》中采纳了参与式扶贫村级规划方法，在全国 27 个省开始试验性推广，2000 年按此技术系统确定了约 14.8 万个贫困村，并完成约 9 万个贫困村的村级规划。以此，参与式方法在国内扶贫领域取得了主流化的地位。"参与式"方法在我国扶贫工作中方兴未艾。应该说，从参与式发展引入中国到其成为国内的一种主流发展模式，参与式发展在中国经历了一个吸收与消化的过程。①"参与式扶贫"是参与式发展方法在扶贫领域的运用和呈现，这是一个本土化的概念。

（二）中国参与式扶贫的发展阶段

从历史上来看中国的参与式扶贫主要经历了三个发展阶段：即试验尝试阶段、大规模推广阶段和深化提高阶段。②

1. 参与式扶贫的试验尝试阶段（1993—2000 年）

参与式方法是由福特基金会引入中国的。1993 年福特基金会邀请英国教授 Robert Chambers 到云南和北京介绍参与式方法，在此之前，云南农村发展调研中心组织翻译了 Robert Chambers 的著作《农村评估：快速、轻松、参与》。大约在 1994 年，联合国开发计划署（UNDP）在支持贫困地区干部培训的项目中，也介绍了参与式方法。这是参与式方法首次与中国政府扶贫系统见面。从此，参与式方法开始了在中国应用的历史。

参与式扶贫的试验尝试活动可以大致分为两个大类：一类是国内外 NGO 的参与式扶贫尝试。最初阶段（1996 年前）的参与式方法应用主要集中在中国西南贫困地区。另一类是政府扶贫系统开展的参与式扶贫试验尝试。最早试验活动可以追溯到 1996 年，大多数试验活动主要围绕如何设计和实施村级扶贫规划来开展。按照时间顺序，扶贫部门主导参与式扶贫试验有以下几个标志性事件：

---

① 明亮：《参与式发展的中国困境》，《乐山师范学院学报》2009 年第 9 期。
② 参考郑易生：《中国西部减贫与可持续发展》，社会科学文献出版社 2008 年版。

（1）秦巴山区扶贫世行贷款项目开展"农户选择项目"（1996 年）；

（2）"农户参与式村级脱贫规划"研究（1998—2000 年）；

（3）"国家基础工程扶贫试验项目"开展参与式项目识别（1999 年）；

（4）中国农村扶贫项目的途径和方法研究（1999 年）；

（5）国务院扶贫办"村级参与式扶贫开发规划研究"项目（2001 年）。

从 20 世纪 90 年代初到 2000 年这一时期可以称之为参与式扶贫的试验尝试阶段，参与式方法被引进到国内扶贫领域之后被一些特定机构在部分区域所使用，但是还并没有得到广泛推广。

2. 参与式扶贫大规模推广阶段（2001—2004 年）

2001 年，中国政府颁发了《中国农村扶贫开发纲要（2001—2010 年）》。根据农村贫困人口分布从过去的区域性转变为地域性分布的现实，以及在参与式扶贫试验探索阶段取得的成绩，国务院扶贫办调整了扶贫瞄准模式，提出以村为单位，采用参与式方法制订和实施村级扶贫规划的思路。"以村为单位""参与式规划"和"一个村一个村地解决贫困问题"被整合成"整村推进"，在全国范围内大规模推广，成为政府扶贫体系中参与式扶贫的主要内容。

2001 年，国务院扶贫办在甘肃、河北和广西举行参与式扶贫规划培训，甘肃省提出的"群众参与式整村推进"得到全面认同，以后逐渐演化和简化成为"整村推进"。新华社记者姜雪城在《扶贫开发：让贫困农民自己做主》的报道中，描述当年在中国兴起的"参与式整村推进"新模式："确定重点贫困村后，村民们便被组织起来召开全体大会，采用民主投票选举的方式推选出自己的代表。这些代表与干部一起分析致贫原因，找出脱贫办法且提出开发项目，经相关部门和专家评价论证后，再交给全体村民大会民主表决。最后，政府根据村民意愿和实际，制订出全村的扶贫开发规划，再交付村民项目小组负责监督实施。"

这一阶段，各地在整村推进方面创造出许多经验，如"资金项目公示制"，"以群众选定项目为主、以群众选定贫困户为主、以群众参与制定实施方案为主"的"三为主"原则等。黑龙江省在 2002 年把扶贫开发整村推进战略具体表达为"一次规划、两年实施、逐村验收、分批推进",湖北省强调由村民"海选"项目,"项目跟着规划走,资金跟着项目走,监督跟着资金走"。通过大规模培训、宣传发动、能力建设、总结交流等努力,参与式扶贫的理念逐渐被全国扶贫系统以及一些地方政府接受。

3. 参与式扶贫的深化阶段(2004 年—)

参与式扶贫深化的一个重要特征是,更突出和更有效地建立贫困群体的主体地位和强化对扶贫主体的赋权。从这个意义上来说,2004 年中共中央组织部和国务院扶贫开发领导小组联合发布的《关于加强贫困地区农村基层组织建设推动扶贫开发整村推进工作的意见》则是参与式扶贫从大规模推广阶段转入深化阶段的标志。该文件着重强调在参与式整村推进过程中要通过具体的制度建设来推进基层民主制度,"要重点抓好村务公开和民主管理,特别是财务公开制度、村民代表会议制度、民主决策制度、民主监督制度的落实;要坚持贫困农户参与讨论扶贫开发项目,实行扶贫资金项目公告公示制度,切实保证扶贫项目、工程招标、款物发放、项目承包、财务收支等情况全面公开,接受群众监督"。2005 年,国务院扶贫办制定出台了《关于加强扶贫开发"整村推进"工作的意见》,进一步强调了群众的主体地位和相应的权利,"由贫困村群众民主认定贫困农户,民主确定扶贫项目,民主监督资金使用和项目实施,使群众成为整村推进的参与者、实施者、管理者和监督者",并要求整村推进不搞形式主义和形象工程,要求各地严格执行"扶贫资金专款专用专户运行""扶贫资金报账制"和"项目公示公告制度"等。此后,各地的参与式扶贫继续深化。许多地方把整村推进和推动基层民主制度建设相结合,政府治理有了很大的改善。整村推进和参与式扶贫理念已经逐渐主流化。这一阶段政府扶贫部门比较有影响的深化参与式扶贫探索的行动主要有:

(1)"扶贫开发建构和谐社会试点"(2005 年);

(2)民间组织和政府合作扶贫试验(2005 年);

(3)中国社区主导型发展试点(2006 年)。

2004 年之后可以称为参与式扶贫的深化阶段。参与式扶贫在全国广泛推广之后，其理念和方法被逐渐完善和制度化，具体的参与式扶贫方法被运用到各类扶贫项目之中。

二、参与式扶贫的地方实践

传统的贫困治理方式呈现出自上而下、部门主导和行政推动的特点。不管是以贫困县为瞄准重点还是以贫困村为瞄准重点，都没能直接对接贫困主体，深入了解贫困村民的需求，从而造成资源的浪费和腐败的滋生。精准扶贫重新重视贫困群众的主体地位，充分调动、积极引导其参与贫困治理的全过程。这种参与式的贫困治理新理念，将以往处于"被脱贫"地位、参与脱贫工作缺乏积极性的贫困群众转变为积极主动、自愿地参与到扶贫开发工作中来，从而提高扶贫工作的效率和满意度。①党的十八大尤其是开展"精准扶贫"以来，参与式扶贫的理念已经被广泛地运用在全国各地的反贫困实践之中，从根本上来讲，在扶贫瞄准、扶贫帮扶、扶贫管理以及扶贫考核等各个方面，"参与式扶贫"的理念都是与"精准扶贫"的政策目标相契合的。参与式扶贫在近年来的实践与发展主要表现在以下几个方面。

（一）参与式扶贫瞄准的地方实践

扶贫开发是一个瞄准穷人的扶持计划，包括瞄准的区域、瞄准的群体和瞄准的政策。从区域瞄准来说，先后经历了从大片区的、区域性的瞄准，到县级瞄准、整村式的村级瞄准以及到户到人四种方式。研究表明，与县级瞄准相比，村级瞄准覆盖的贫困人口更少，主要原因是村级瞄准的错误率更高，2001年贫困县的瞄准错误率是25%，而贫困村的瞄准错误率为48%。同时，各项财政扶贫资金瞄准出现偏离，减贫效率与效果不佳。财政扶贫资金分配逐年流出扶贫重点县，2001—2003年间重点县获得的财政发展资金从66%依次下降到59.8%和52%，以工代赈资金从2001年的79.4%下降到2003年的75.2%，少数民族发展资金从50%依次下降到34.9%和22.9%。各种扶贫资金到达贫困村的比例不理想，财政发展资金用于重点村的比例最高平均为

---

① 李萍、李飞：《精准扶贫实践中的重点难点与有效治理》，人民网（理论频道）http://theory. people.com.cn/n1/2017/0421/c40531-29227256.html。

80.3%，"三西扶贫"资金、以工代赈资金和少数民族发展资金分别为 72.8%、53.0% 和 28.6%。到村项目的瞄准也发生严重的偏离，贫困户、中等户和富裕户在扶贫项目中的受益比分别为 16%、51% 和 33%，[1] 非贫困户排挤了贫困户。由于贫困人口呈现出"大分散、小集中"的特征，甚至是极小范围内聚集，并不主要以贫困村为单位，而是呈片状、呈特殊经济地理带状分布。为了提高扶贫的瞄准率，开始探索直接的贫困家庭瞄准。至于瞄准的政策，采用参与式发展的办法，把识别贫困人口的权力交给贫困人口、基层组织和社会组织，是一种有效方法。[2] 扶贫有几个核心问题：一是瞄准的区域，二是瞄准的群体，三是瞄准的政策。

"精准扶贫"的重要观点最早是在 2013 年 11 月首次被提出，习近平总书记到湖南湘西考察时作出了"实事求是、因地制宜、分类指导、精准扶贫"的重要指示。"精准扶贫"政策的提出使得瞄准单位进一步下移，从瞄准村开始转向瞄准到户到人的更加精准的方式。2014 年 1 月，中共中央办公厅详细规制了精准扶贫工作模式的顶层设计，推动了"精准扶贫"思想落地。精准扶贫"瞄准机制"扶贫新模式由政府主导转为政府引导与社会力量参与共同解决贫困问题；扶贫工作的瞄准对象由贫困区域转为直接瞄准贫困农户或贫困人口；扶贫工作机制在政府主导的同时又保障了贫困人口的知情权、主动权、管理权与受益权。"精准扶贫"将瞄准单位下移到户到人是与"参与式社区发展"中"扶贫到户"的理念相契合的，它们对于贫困农户的直接支持以及对扶贫资源有效利用的结果显示出了生命力。

在"精准识别"的过程中，为了找到贫困户，各地纷纷采取了入户调查 + 民主评议等参与式的方法来识别出贫困户并对其建档立卡。比如在精准识别贫困户的过程中，并不是简单采用单一贫困线来进行识别，而是明确精准识别"六必看"法，以此确保贫困人口评定核实工作的真实性。"六必看"法

---

① 李小云：《扶贫资金要瞄准贫困》，腾讯网（财经频道）https://finance.qq.com/a/20050920/000314. htm。

② 汪三贵，Albert Park 等：《中国新时期农村扶贫与村级贫困瞄准》，《管理世界》2007 年第 1 期。

即：一看房屋，确定第一印象；二看粮食，计算生活用粮和余粮斤数；三看劳动力，家中的体力活和田间的劳动由谁去做；四看有否读书郎，家中的子女就读状况要摸清；五看有否病人卧在床，掌握贫困户病情和身体状况；六看有否恶习被沾染。让村干部先介绍、然后听邻居讲、再让本人如实说。这是一种综合了各种因素在一起的多维贫困的识别办法，在"六看"的过程之中伴随的是扶贫干部以及周围群众的互动与参与。同时在确定建档立卡贫困户的时候在程序上普遍采用民主评议的办法，让贫困户本身以及村民代表都参与到贫困户的识别过程中来，而不是自上而下的确定指标，才能有效地识别出真正的贫困户。

陕西柞水创出"四瞄准"精准扶贫模式：一是包村包户瞄准"人"。按照"宜种则种、宜养则养、宜林则林、宜培训转移则培训转移"的思路，对能人大户，激励创业，领办合作经济组织，带领贫困户增收脱贫；对有一技之长的明白人，扶持发展个体经济、家庭经营农场，依靠产业稳定脱贫；对丧失劳动能力、严重残疾、五保户等特殊群体，采取"保"的办法，实行政策托底，保证他们有饭吃、有衣穿、有房住，能就医，实现能人带动、明白人创业、"五类人"保障。二是增加收入瞄准"业"。牢固树立"产业第一"的扶贫理念，按照"龙头企业主导，农户全程参与，统分结合经营，扶企扶户配套，技术服务支撑，基金化滚动发展"的思路，坚持以市场为导向，以资源为依托，帮助贫困村、贫困户培育壮大特色产业。结合全县三大产业发展布局，逐步形成"企业＋基地＋贫困户""农民专业合作社＋贫困户"等产业发展模式，促使农村分散生产向规模化、集约化、现代化、品牌化迈进，以产业化提升农业，以农业现代化带动农村整体脱贫。三是抓点示范瞄准"型"。围绕"企业引领型、产业配套型、套餐扶持型、科技支撑型、园区承载型、因户施策型"6个示范典型模式，在全县打造10个双包双促典型示范村，按照"县级财政拿一点、扶贫部门给一点、包扶部门筹一点、金融部门贷一点"的方式筹集抓点示范资金，重点用于产业发展和基础设施建设。落实"县级领导牵头、责任部门包扶、工作队驻村包抓"机制，明确发展理念，创新发展模式，探索发展路子，加快脱贫致富步伐。四是全面脱贫瞄准"能"。将扶贫与扶智相结合，充分依托县内外各职业院校及"雨露计划"培训、"人人技能工程"等技能培训平台，把劳动力转移技能培训和农民实用技术培训相结合，作为农村脱贫致富的一项长期性、根本性措施来抓，不断增强外出务工人员的劳动技能。进一步加大惠农政策宣传力度、致富信息的供给力度、技能技术的培训力度，积极推行参与式扶贫，每年完成100个职业农民培训任务，使每个贫困户都能掌握1至2门实用技术，实现贫困群众自我脱贫能力大提升。

（二）参与式扶贫项目的地方实践

参与式扶贫的核心是"赋权于民"，就是符合群众需求、顺应群众期盼、满足群众意愿，这与"群众路线"的根本路线高度一致。在扶贫项目的设计、规划、实施、监管和验收过程中，将参与式理念和工作方法贯穿始终，通过自下而上的决策方式，激发群众的积极性、主动性和参与性，增强群众对项目的拥有感，真正实现从"要我脱贫"到"我要发展"的转变。扶贫项目采用地理区域集中瞄准机制，瞄准最边远山区的连片贫困村，在项目工作人员的协助下采用参与式贫困分析（PPA），由贫困村群众对贫困状况及脱贫策略进行评估，制定项目清单和规划，确保项目瞄准最贫困人群，提高扶贫精准度和扶贫资金使用效率。

参与式扶贫项目的实施与管理就是对扶贫开发项目的实施过程实行全方位、科学、有效管理。是指在一定范围内，采用各种组织方式、管理方法、管理制度，充分利用有效的人力、物力、财力，通过项目的实施，达到最终的扶贫目标。实施项目的过程是一个对各类人员组织领导的过程，是扶贫项目的执行过程，是技术方案的实施过程，是扶贫资金的使用过程，是方方面面参与的过程，也是对规划目标检测评价的过程。项目规划指导小组（这里可以是扶贫干部、驻村干部和第一书记、村干部等）和村民一起完成对贫困村的参与式扶贫规划以及扶贫台账的编制工作之后，经乡镇政府审核上报县扶贫开发领导小组，县政府将各个贫困村的扶贫开发规划整合成为县级扶贫开发规划，经过几个反复的评估过程，由县级扶贫开发领导小组对贫困村扶贫规划作出评审和批复①。由此我们可以看出，扶贫项目与扶贫规划的形成过程是多元主体共同参与而形成的符合贫困村实际情况结果，而非简单的自上而下的规划。同时这个扶贫规划与扶贫项目实施的过程也是调动广大贫困户共同参与的过程，贫困户在项目实施的过程之中积极性被调动了起来。

2007年以来，广西天等县根据自治区、崇左市扶贫办关于开展参与式扶贫工作要求，以扶贫项目为载体、以贫困村为平台、以贫困群众为主体，赋予贫困群众知情权、发言权，充分激发贫困群众的参与意愿、参与热情、参与动力。从解决群众最基本、最紧迫的要求和最关心、最直接、最现实的切身利益问题入手，选择贫困群众急需的事来扶，选择贫困群众关心的热点难点问题来扶，使扶贫开发内容源自民意、合乎民心，增强了扶贫开发的针对性。各个项目按时、按质、按量完成，项目的效果不断显现，实现了社会效益和经济效益双丰收。对天等县进结镇爱乐村三卡屯在外务工的村民黄道坚来说，屯里通了公路是参与式扶贫带给村民最大的"礼物"。2009年，天等县开展社区主导与参与式扶贫管理机制创新试点，该屯经过竞选得到了10万元修路的项目。当时在外务工的黄道坚听说三卡屯公路建设被列入社区主导与扶贫机制创新试点项目，感到兴奋不已。2009年7月26日，他告别女友返回家乡参加施工建设，直到2010年3月3日通路后才返回务工地。参与式扶贫激发了村民的积极性，就连80多岁的农村留守老人冯桂莲也参与到劈山开路的劳动中。在外地教书的农胜老师，为三卡屯公路建设捐款1万元，项目实施过程中，他积极联系修路所需物资，做好协调工作，利用假期组织全屯男女老少上山修路。时隔半年，一条长3570米、宽5米的乡村公路终于竣工。该项目创下了广西11个县社区主导与参与式扶贫管理机制创新试点项目中的几个之最：垫资最多——142138元；修路最长——3570米（其中石山路2940米），户均132米，人均28米；义务投工投劳最多——17850工日，户均661工日，人均141工日；开凿土石方打炮眼最多——29400立方米，户均1089立方米，人均231立方米，打炮眼2940眼，节省了道路施工费用至少35万

①　王国良、李小云：《参与式扶贫培训教程》，中国财政经济出版社2003年版。

元。参与式扶贫使当地群众全面参与了本村屯扶贫规划制定、项目选定、实施管理、监督检查、评估验收的全过程，使贫困群众真正做到当家做主，有效地激发他们参与扶贫开发的热情，克服了他们"等、靠、要"的思想，积极地投身到扶贫开发和新农村建设中。[①]

（三）参与式扶贫评估的地方实践

参与式评估方法使得扶贫资源更加容易向贫困人口集中，增加农民的积极性，减少扶贫资源的分散与浪费，弥补了传统扶贫方式的不足。参与式方法是真正能做到"真扶贫、扶真贫"的好方法。参与式评估的常用方法，包括有半结构访谈、问卷调查、村民（农户）会议、排序与矩阵打分，以及制作参与式社区资源图、问题树分析、季节历、优势劣势—机遇风险（SWOT-矩阵分析法）等多种形式。参与式评估在扶贫项目中，强调扶贫工作来自农户、依靠农户、与农户一道学习、了解农村、发展农村。调查人员通过对当地人民进行半结构式访谈，并开展合理的实地考察，从而快速收集本地农村的基本信息、资源状况与优势、农民愿望等资料；同时不断增强当地农民对自身和本村环境条件的理解，使其在调查工作中起主导作用，并与发展工作者一起制定出发展计划及最后付诸实施的方法。

精准扶贫开展以来，在扶贫评估考核方面不断提升群众的发言权，从中共中央办公厅、国务院办公厅印发的《省级党委和政府扶贫开发工作成效考核办法》的具体内容来看，其主要体现在两个方面：一是扶贫的考核主体延伸至省级党委和政府，有力敦促地方政府将扶贫工作摆放在更突出的位置，继而加大对扶贫的重视、投入与方法创新；二是扶贫绩效的评估体系更优化，如引入第三方扶贫成效评价机制，并提升民众在扶贫考核中的"发言权"，进一步防范扶贫政绩造假和"被脱贫"现象。第三方评估大致分为四种类型：一是高校专家评估模式，二是专业公司评估模式，三是社会代表评估模式，四是民众参与评估模式。在以上的四种评估模式之中，都是通过对于贫困户的直接调查与走访而形成最终的评估结果，在这个评估的过程之中贫困户本

[①] 天等县委宣传部：《"参与式"扶贫"造血式"扶助》，http://www.xyshjj.cn/bz/xyjj/sib/201411/73439.html。

身作为评估的主要对象而直接提供信息、发表意见，贫困户的真实需求得到了反映。地方介入改变了分权治理模式之下中央政府的信息劣势，为贫困人口将意见有效反馈给中央政府提供了渠道，同时改变了地方政府的行为逻辑，驱使其主动了解、回应贫困人口的发展诉求。这就为贫困人口发挥贫困治理的主体作用开辟了新的空间，构成了一种具有中国特色的贫困问题民主治理模式。① 参与式评估将扶贫资源的分配和使用的效果进行考核，并且在评估过程之中将贫困户本身意见和满意度考虑在内，有效地规避了扶贫项目和扶贫资金使用效果不佳，以及解决了在农村治理之中作为弱势群体的贫困户的"集体失语"。

参与式扶贫就是在扶贫工作中充分发挥贫困群众的积极性、主动性和创造性，让群众直接参与到扶贫规划制定、项目实施及监督的全过程，其核心是"赋权于民"。参与式扶贫符合群众需求、期盼和意愿，是改善党群干群关系、密切联系群众的最直接最有效的举措。② 由此看来"参与式扶贫"并非完全是外来移植过来的理论和方法，在具体实践的过程之中与我党的工作理念和方法（群众路线、民主集中等）也都是深深地相互契合。而"参与式扶贫"也是在参与式方法运用到中国扶贫领域并被逐渐制度化、本土化后所产生的概念。

三、参与式扶贫地方实践需要注意的几个问题

随着"参与式扶贫"在全国各个贫困地区的实施以及扶贫对象和扶贫环境的不断变化，"参与式扶贫"现在也面临着很多挑战。一方面，在参与式扶贫实践的过程中缺乏一种整体性理解发展对象地方性知识体系的发展观，就如何将本土性的社会文化因素切实引入扶贫开发实践的问题仍没有很好解决；另一方面，由于过分重视参与的过程与程序，而容易忽视农户能动性的培育以及社区权力结构的改变，造成了很多参与式扶贫项目没有发挥最初的扶贫效果，也就是贫困户并没有最终受益。具体来看，在"参与式扶贫"实践中

---

① 陆汉文、梁爱友：《第三方评估与贫困问题的民主治理》，《中国农业大学学报》2017 年第 5 期。
② 汤闻博、韦松龙、王奕：《参与式扶贫创新与成效》，《中国扶贫》2014 年第 11 期。

有以下几个方面的问题值得重视。

（一）以经济、技术为中心的发展模式影响深远

技术和物资的扶贫模式仍是参与式扶贫的核心，扶贫项目仍然以治贫、治愚、治病为主要内容，局限在物质资源的单方面输入和分配，缺少从社会文化因素方面着手的有效反贫困措施，并没有从文化观念上改变贫困户的思想。对于地方性知识的关注，带有明显功利性和工具性，对影响贫困和脱贫的社会文化因素，尤其是外部发展力量对贫困的影响理解不够全面和深入，且考察手段也十分有限。项目之前开展社会经济文化调查的时间很短，其目的也主要是为了帮助项目援助能够顺利地推行。这就导致人们缺乏对地方性知识的整体性研究，而仅仅关注了与项目有关的文化事项，如经常被提及的地方性技术知识、生物学知识、医疗知识等，但忽视了对当地人价值观层面的地方性文化逻辑的探寻。

（二）以当地人是否赞同项目作为项目是否适合于地方性知识的标准

这个标准在参与式发展项目中得到特别推崇，但这并不一定能保证项目适合于地方性知识体系的逻辑。很多时候，生活在自己文化中的人们，往往很难总结出自己文化的逻辑，并不能意识到他们自己的文化其实并不赞同外来的发展援助，造成缺乏在发展项目中自始至终关注地方性知识的机制。即便是参与式扶贫，对于地方性知识的关注也主要是在项目的设计阶段。一旦项目设计完成了，这套项目方案就被认为是符合当地地方性知识体系而被加以实施。如果项目失败了，人们容易以当地基础太差、穷人素质低等原因解释，而地方性知识体系对于项目成败的决定性作用，则很少有人会关注到。[①]

（三）参与式扶贫中参与的"形式化"问题

许多部门在开展工作时通过机构"代理人"不断给村民进行项目参与式管理培训，灌输"参与式"思想，强调其自主性和参与性，以便提高项目的质量和培养村民对发展项目的社区拥有感。事实上，村民的这种认同感非常

---

① 杨小柳：《参与式扶贫的中国实践和学术反思——基于西南少数民族贫困地区的调查》，《思想战线》2010 年第 3 期。

低。因为这种所谓的"参与"其实只是外在形式上"表演"，并没有真正把"参与"思想根植于村民的思想深处。[1]项目专家的观点起到了重要的作用，并与地方精英力量相结合成为一种"霸权"，处于边缘和底层的贫困户的声音极易被忽视和湮没。另外，参与式扶贫过分重视程序和过程，文件表格越来越烦琐，"参与"最终成了一种形式，并没有发挥实际上的作用。

（四）参与式扶贫中的精英俘获现象

参与式扶贫对于贫困地区资源的输入和项目的扶植，虽然短期之内可以使得贫困地区基础设施条件得到很大的改善，但是由于贫困村内部固有的权力关系结构的影响，在熟人社会以及农村内部阶层分化的大背景之下，扶贫项目仍然难以避免精英俘获的现象，甚至可能会出现由于外来资源的输入使得社区内原有精英权力加强的现象，村庄精英对于扶贫资源的俘获手段也越来越隐蔽化。随着监督的加强，现在直接的扶贫资金贪污截取的情况越来越少，但是间接地控制扶贫项目以及对于扶贫资源资本化的运作等都会不同程度地排斥贫困户。

（五）参与式扶贫面临乡村空心化困境

随着当下农村劳动力大量外出，乡村出现空心化等新的农村治理环境，也为参与式扶贫的实施提出了新的挑战。20世纪90年代中期以后参与式扶贫模式在中国广大贫困地区开始得到倡导与推广。但是，随着乡村空心化程度的不断提高，尤其是随着城镇化的进一步推进，农村劳动力大量向大城市转移，扶贫主体开始缺失，这种建立在农民广泛参与基础上的工作机制开始难以发挥作用。一些基层干部表示，由于村庄很多人外出打工导致现在村民代表会议和村民大会难以召开，另外很多产业扶贫项目由于缺乏青壮年劳动力也很难落地与实施。

总体来说，参与式方法应用在脱贫攻坚之中，有利于发挥群众主体作用。

参与式理念和方法虽然是从国外引进的，但是其宗旨和中国传统的"群众路线"有很多类似的地方，和中国现行的政治体制并不冲突，很多时候可

---

[1] 郭占锋：《走出参与式发展的"表象"——发展人类学视角下的国际发展项目》，《开放时代》2010年第1期。

以引导中国目前的社会形态和政府治理向更好的方向发展，有助于贫困地区农村实现"治理有效"。参与式扶贫的初衷是为了提高扶贫工作的效率和效果，而实践表明，推动应用参与式扶贫方法所带来的效益远远比所期望的更多。参与式扶贫改善了扶贫工作的效果，实现了中国扶贫机制的历史性创新，甚至可以说在很大程度上引领了中国农村的治理和进步。党的十八大以来尤其是"精准扶贫"战略提出以来，参与式扶贫的思想在全国各个贫困地区政策实践过程之中得到了广泛的使用，从"精准识别""精准帮扶""精准管理"和"精准考核"的各个环节都充分尊重贫困户的意愿和需求，在扶贫过程的同时也调动了他们的能动性，有助于激发贫困户的内生动力，将扶贫"输血"逐渐变为"造血"，从根本上推动了扶贫治理方式的转型。

参与式扶贫是把参与式理念和方法运用于中国扶贫事业的新生事物和新概念，世界上没有哪一个国家把参与式方法这样大规模地用于扶贫事业而产生巨大的社会影响，也没有哪个国家宣称自己开展的政府扶贫是参与式扶贫。从长期的扶贫效果来看，中国参与式扶贫的发展过程就是在政府的主导下所推行的最为行之有效的扶贫方式。从这个意义上来说，参与式扶贫在很大程度上是在中国长期扶贫实践中所诞生的一个本土化概念。参与式扶贫的发展是一个不断探索、不断修正和不断完善的过程，是不断和中国现实相结合、不断和国家推行的政治体制改革潮流相融合的过程，是中国扶贫体制的伟大创新。[1]而参与式扶贫也作为中国特色扶贫治理模式的重要部分，与东西协作、定点扶贫、社会扶贫等其他方式共同构成了扶贫治理的中国经验。参与式扶贫已经在中国实现了主流化，随着中国脱贫攻坚行动的进一步推行，参与式扶贫的理论与实践也必将进一步深化和继续发展。

---

[1] 郑易生：《中国西部减贫与可持续发展》，社会科学文献出版社 2008 年版。

益贫导向的特色产业扶贫路径

产业扶贫是一种建立在产业发展和扶植基础上的扶贫开发政策方法，相比于一般的产业化发展，产业扶贫更加强调对贫困人群的目标瞄准性和特惠性，更加强调贫困家庭从产业发展中受益。[1] 产业扶贫的发展和推进与我国农业的产业化发展密不可分。20 世纪 70 年代末，以家庭联产承包责任制为伊始的农村改革开始启动，农村获得前所未有的发展。20 世纪 80 年代中期，东部地区和一些大城市的郊区开始涌现出"产加销一体化""贸工农一体化"的经营方式。这种经营方式是以农村家庭联产承包制为基础，以企业为龙头，以市场为导向的一种新型经营方式，这种经营方式被认为是我国农业产业化的开端或雏形。农业产业化被纳入到国家层面的发展计划开始于 20 世纪 90 年代初期，作为实现农业现代化和促进农业经济发展的战略性举措备受重视。在此时，产业化的概念开始引入到扶贫开发工作当中，产业扶贫开始兴起并逐渐在扶贫开发中占据越来越重要的位置。

一、我国产业扶贫的历程与政策演变

（一）产业扶贫的兴起与发展

1984 年以来，我国启动了"三西建设"工程，这标志着我国大规模扶贫开发工作的开始。从 1984 年到 1994 年"八七攻坚计划"颁布期间，产业扶贫概念尚未明确，扶贫开发工作更多的是享受"农村改革红利"，贫困地区的产业发展更多体现为农村经济发展带动。直到 1993 年，"中国扶贫开发协会"在民政部登记成立，作为国务院扶贫开发领导小组办公室主管的扶贫领域的

---

① 殷浩栋：《产业扶贫：从"输血"到"造血"》，《农经（农业产业扶贫专刊）》2016 年（增刊）。

全国性社团组织，其组织章程中业务范围内专门列了产业扶贫，即"动员和引导会员企业和社会各界力量，在贫困地区开展产业扶贫开发"。

1994 年颁布的《国家八七扶贫攻坚计划（1994—2000 年）》采取扶持与开发并举的策略，文件列举了扶贫开发的五条基本途径，其中第一条、第二条属于产业扶贫的途径。第一条途径为："重点发展投资少、见效快、覆盖广、效益高、有助于直接解决群众温饱问题的种植业、养殖业和相关的加工业、运销业。"第二条途径为："积极发展能够充分发挥贫困地区资源优势、又能大量安排贫困户劳动力就业的资源开发型和劳动密集型的乡镇企业。"

《国家八七扶贫攻坚计划（1994—2000 年）》指出了扶贫开发的七个主要形式，其中前三个属于产业扶贫范畴。文件规定，扶贫开发要"依托资源优势，按照市场需求，开发有竞争力的名特稀优产品。实行统一规划，组织千家万户连片发展，专业化生产，逐步形成一定规模的商品生产基地或区域性的支柱产业"。

从《国家八七扶贫攻坚计划（1994—2000 年）》指出的扶贫开发的主要途径和主要形式中可以看出，国家在扶贫开发层面开始有意识培育扶贫开发中的市场主体，主张通过产业发展，利用市场力量解决贫困问题，产业扶贫走上正式化、规模化发展道路。1997 年 7 月，国务院发布《国家扶贫资金管理办法》，其中第十条明确规定："实施扶贫项目应当以贫困户为对象，以解决温饱为目标，以有助于直接提高贫困户收入的产业为主要内容。"这从资金管理上明确和加强了产业扶贫在扶贫开发中的地位，也是在国家层面对产业扶贫的进一步规范化。

（二）产业扶贫的正式提出与推进阶段

2001 年，中共中央、国务院印发《中国农村扶贫开发纲要（2001—2010 年）》文件，该文件被认定为产业扶贫概念的正式提出。《中国农村扶贫开发纲要（2001—2010 年）》的第十四条明确指出要"积极推进农业产业化经营"，要"对具有资源优势和市场需求的农产品生产，要按照产业化发展方向，连片规划建设，形成有特色的区域性主导产业"。文件对产业扶贫的具体思路和举措进行了明确规定，为产业扶贫指明了方向和路径。产业扶贫以此为契机，借着农业产业化的东风，获得了长足的发展和进步，产业扶贫在整个扶贫开发体系中占据着日益重要的地位。

2011年，中共中央、国务院印发《中国农村扶贫开发纲要（2011—2020年）》文件，文件进一步明确"产业扶贫"的概念以及产业扶贫发展的方向和路径，文件的第十六条明确指出，要"充分发挥贫困地区生态环境和自然资源优势，推广先进实用技术，培植壮大特色支柱产业，大力推进旅游扶贫"。2012年国务院扶贫办、农业部、林业局、旅游局四家单位联合下发了《关于集中连片特殊困难地区产业扶贫规划编制工作的指导意见》，该指导意见明确要求各有关省区在编制集中连片特殊困难地区的时候必须编制产业扶贫规划，明确提出每个片区县用于产业发展的扶贫资金要占财政专项扶贫资金的70%以上。产业扶贫获得前所未有的重视，在扶贫开发工作中逐步推进。

（三）产业精准扶贫阶段

精准扶贫是扶贫开发进入全面建成小康社会新阶段关于扶贫脱贫的思想理念和基本方略，更是新时期的崭新政策实践。从精准扶贫思想的提出、完善到创新实践，经历了一个不断丰富和深化的过程。产业扶贫正是在这个不断丰富和深化的过程中不断完善、不断成熟，成为全面建成小康社会新时期扶贫开发的重要支柱。

2013年11月，习近平总书记在湖南湘西考察时指出："扶贫要实事求是，因地制宜。要精准扶贫，切忌喊口号，也不要定好高骛远的目标。"基于此思想，2013年12月，中共中央办公厅、国务院办公厅发布《关于创新机制扎实推进农村扶贫开发工作的意见》（以下简称《意见》），把扶贫开发的工作机制创新摆到了更加重要、更为突出的位置。《意见》将"特色产业增收工作"列入十项重点工作之中，提出要"积极培育贫困地区农民合作组织，提高贫困户在产业发展中的组织程度。鼓励企业从事农业产业化经营，发挥龙头企业带动作用，探索企业与贫困农户建立利益联结机制，促进贫困农户稳步增收"。《意见》中分阶段明确了产业扶贫的目标，指出"到2020年，初步构建特色支柱产业体系"。

二、党的十八大以来我国产业扶贫的顶层设计与制度安排

（一）党的十八大以来产业扶贫的整体设计

2015年11月29日，中共中央、国务院制定了《关于打赢脱贫攻坚战的决定》（以下简称《决定》），这是指导中国打赢脱贫攻坚战的纲领性文件。《决定》再次强调了产业扶贫在脱贫攻坚战中的重要地位，明确指出了产业发展在实现贫困人口脱贫中的目标和任务。《决定》强调："按照扶持对象精准、项目安排精准、资金使用精准、措施到户精准、因村派人精准、脱贫成效精准的要求，使建档立卡贫困人口中有5000万人左右通过产业扶持、转移就业、易地搬迁、教育支持、医疗救助等措施实现脱贫。"

《决定》基于对产业扶贫重要性的考量，对脱贫攻坚时期产业扶贫的发展规划和具体举措进行了详细规定。《决定》指出要"发展特色产业脱贫"，要"制定贫困地区特色产业发展规划"，强调要从出台专项政策，"统筹使用涉农资金，重点支持贫困村、贫困户因地制宜发展种养业和传统手工业等"。《决定》从六个方面阐述和规定了如何发展特色产业助力脱贫攻坚，包括：

第一，实施贫困村"一村一品"产业推进行动，扶持建设一批贫困人口参与度高的特色农业基地；

第二，加强贫困地区农民合作社和龙头企业培育，发挥其对贫困人口的组织和带动作用，强化其与贫困户的利益联结机制；

第三，支持贫困地区发展农产品加工业，加快一、二、三产业融合发展，让贫困户更多分享农业全产业链和价值链增值收益；

第四，加大对贫困地区农产品品牌推介营销支持力度。依托贫困地区特有的自然人文资源，深入实施乡村旅游扶贫工程；

第五，科学合理有序开发贫困地区水电、煤炭、油气等资源，调整完善资源开发收益分配政策。探索水电利益共享机制，将从发电中提取的资金优先用于水库移民和库区后续发展；

第六，引导中央企业、民营企业分别设立贫困地区产业投资基金，采取

市场化运作方式，主要用于吸引企业到贫困地区从事资源开发、产业园区建设、新型城镇化发展等。

通过六个方面的阐述和规划，《决定》对脱贫攻坚时期的产业扶贫进行了整体勾画。

2016 年，《中华人民共和国国民经济和社会发展第十三个五年规划纲要》把产业扶贫放在脱贫攻坚八大重点工程之首，要求到 2020 年，每个贫困县建设一批贫困人口参与度高的特色产业基地，初步形成特色产业体系。2016 年 11 月颁布的《"十三五"脱贫攻坚规划》(以下简称《规划》) 作出了一系列具体的、操作性的产业扶贫的政策、项目和工作安排。《规划》从农林产业扶贫、旅游扶贫、电商扶贫、资产收益扶贫、科技扶贫五个层面对产业扶贫的路径和具体举措进行了详细阐述和规定，为"十三五"期间产业扶贫提供了发展指引。

2018 年 6 月 15 日，中共中央、国务院颁布《关于打赢脱贫攻坚战三年行动的指导意见》，其中第三条"强化到村到户到人精准帮扶举措"第一点明确指出要"加大产业扶贫力度"，从特色产业提升工程、发展扶贫产业园、拓展农产品营销渠道、完善利益联结机制、建立产业发展指导员制度、实施电商扶贫以及推动农村农业改革带动产业发展七个方面为 2018—2020 年的产业扶贫指明了方向。

（二）党的十八大以来产业扶贫的制度和政策创新

自精准扶贫基本方略提出以来，产业扶贫在制度和政策层面的创新逐步围绕精准识别、精准帮扶等展开，更强调产业发展对贫困人口和贫困地区的带动作用。概括而言，十八大以来产业扶贫的制度和政策创新主要集中在以下几个方面：

一是发展特色产业。党的十八大以来，在总结前期发展弊端和困境的基础上，产业扶贫致力于结合贫困地区资源禀赋和地域特色，找准适应地区发展的特色主导产业，发展"一村一品"。2013 年 12 月，中共中央办公厅、国务院办公厅发布《关于创新机制扎实推进农村扶贫开发工作的意见》就将"特色产业增收工作"列入十项重点工作之中。2014 年，农业部、国务院扶贫办等七部门制定了《特色产业增收工作实施方案》，为我国 14 个连片特困地区明确了区域主导产业，并对特色产业增收工作的各项任务进行分解，明确各部门职责与目标。2015 年启动的《农业综合开发扶持农业优势特色产业规划（2016—2018 年）》编制，要求各级农发机构科学编制区域农业优势特色产业规划，每县确定的优势特色产业不超过两个。2015 年 11 月 29 日发布的《关于打赢脱贫攻坚战的决定》指出要"发展特色产业脱贫"。2016 年 5 月，农业部、国家发展改革委、国务院扶贫办等九部门联合印发《贫困地区发展特色产业促进精准脱贫指导意见》，将"科学确定特色产业"作为产业扶贫的首要任务。2018 年 6 月 15 日发布《关于打赢脱贫攻坚战三年行动的指导意见》指出要"积极培育和推广有市场、有品牌、有效益的特色产品"。

二是促进"三产融合"。2015 年 11 月 29 日颁布的《关于打赢脱贫攻坚战的决定》提出要"支持贫困地区发展农产品加工业，加快一二三产业融合发展，让贫困户更多分享农业全产业链和价值链增值收益"。2015 年，国务院办公厅发布《关于推进农村一二三产业融合发展的指导意见》，提出要"支持贫困地区农村产业融合发展"。2016 年 5 月发布的《贫困地区发展特色产业促进精准脱贫指导意见》提到要"促进一二三产业融合发展。积极发展特色产品加工，拓展产业多种功能，大力发展休闲农业、乡村旅游和森林旅游休闲康养，拓宽贫困户就业增收渠道"。2016 年，中央财政安排 12 亿元，在全国选取 12 个省（自治区）开展农村一二三产业融合发展试点工作。2017 年，国家发展改革委会同农业部、工业和信息化部、财政部、国土资源部、商务部、国家旅游局联合印发了《关于印发国家农村产业融合发展示范园创建工作方案的通知》，部署国家农村产业融合发展示范园（以下简称"示范园"）的创建工作。《国家农村产业整合发展示范园创建工作方案》提出，要以示范园建设为抓手，着力打造农村产业融合发展的示范样板和平台载体，带动农村一二三产业融合发展，促进农业增效、农民增收、农村繁荣。2018 年 6 月 15 日颁布《关于打赢脱贫攻坚战三年行动的指导意见》，指出要"支持有条件的贫困县创办一二三产业融合发展扶贫产业园"。

三是培育和扶持新型农业经营主体。2012 年 12 月 31 日，中共中央、国务院发布《关于加快发展现代农业进一步增强农村发展活力的若干意见》，指出要"围绕现代农业建设，充分发挥农村基本经营制度的优越性，着力构建集约化、专业化、组织化、社会化相结合的新型农业经营体系"，"要尊重和保障农户生产经营的主体地位，培育和壮大新型农业生产经营组织，充分激发农村生产要素潜能"。《中国农村扶贫开发纲要（2011—2020 年）》提出，要"通过扶贫龙头企业、农民专业合作社和互助资金组织，带动和帮助贫困户发展生产"。《关于创新机制扎实推进农村扶贫开发工作的意见》和《关于打赢脱贫攻坚战的决定》均提出要"培育贫困地区农民合作组织和龙头企业"，"发挥其对贫困人口的组织和带动作用，强化其与贫困户的利益联结机制"。《贫困地区发展特色产业促进精准脱贫指导意见》指出要"发挥新型经营主体带动作用。支持新型经营主体在贫困地区发展特色产业，与贫困户建立稳定带动关系，向贫困户提供全产业链服务，提高产业增值能力和吸纳贫困劳动力就业能力"。2017 年 5 月，中共中央办公厅、国务院办公厅印发了《关于加快构建政策体系培育新型农业经营主体的意见》，提出要"加快培育新型农业经营主体，综合运用多种政策工具，与农业产业政策结合、与脱贫攻坚政策结合，形成比较完备的政策扶持体系，引导新型农业经营主体提升规模经营水平、完善利益分享机制，更好发挥带动农民进入市场、增加收入、建设现代农业的引领作用"。

三、党的十八大以来我国产业扶贫的实践创新

（一）产业扶贫实践模式创新

党的十八大以来，在精准扶贫基本方略的指引下，全国各地开展了产业扶贫的丰富实践，探索出一系列适合地区区情、能有效解决地区产业发展问题和贫困问题，带动贫困地区经济社会发展的产业扶贫模式，包括直接带动模式、就业创收模式、资产收益模式和混合带动模式。[①]

直接带动模式采用的主要组织方式是"公司＋合作社＋贫困户"。在这

---

① 此部分内容来源于殷浩栋：《产业扶贫：从"输血"到"造血"》，《农经（农业产业扶贫专刊）》2016 年（增刊）。

种实践模式中，合作社发挥着重要作用。有能力的农户与贫困户一起按照相关政策要求，在相关扶贫政策的支持下组建专业合作社，与相关公司和企业实现对接。这种模式避免了企业直接与贫困户合作成本过高的问题，节省了大量的服务和交易成本，在一定意义上符合或响应了国家层面鼓励培育和扶持农业新型经营主体的政策要求。在这种模式中，公司主要与合作社打交道，公司为合作社提供产前、产中和产后的全方位技术支持与服务，合作社按照公司的要求负责组织会员，即参加合作社的农户和贫困户进行产品的生产。这种模式，一方面降低了合作社运行的成本和风险，另一方面又降低了公司的生产和运营成本。通过益贫性的利益联结机制的构建，公司在生产环节对合作社特别是贫困户让利，实现公司、合作社、贫困户多方共赢的利益格局。直接带动模式是产业扶贫中的经典模式，更多的学者将之表述为"龙头企业＋合作社＋贫困户"组织形式。长期以来，这种模式在带动贫困地区经济发展、带动贫困户脱贫致富方面有着非常重要的作用，但其内在的弊端也使这种模式备受质疑，其原因之一即为这种模式带来精英俘获现象。党的十八大以来，各种政策对参与产业扶贫的公司或龙头企业增加了诸多约束和规定，有效增强了直接带动模式的益贫性。

就业创收模式是党的十八大以来产业扶贫的主要实践模式之一。当前贫困地区在发展产业、推动产业扶贫的过程中，大都是劳动密集型的农业产业。这些产业在生产和流通环节能够提供大量的工作机会，需要大量劳动力，而且这些工作机会大多是技术含量低甚至没有技术要求、低强度的，特别适合农村"三留"人员参加，适合劳动能力有限、缺乏技术的弱能贫困户，建档立卡贫困户大多能适应这种工作强度和工作要求。如贵州省在推进产业扶贫的过程中，将茶叶、食用菌等作为主导产业之一，在茶叶、食用菌的采摘、种植过程中需要大量劳动力，工资收入成为贫困户脱贫致富的有效途径之一。

资产收益模式是党的十八大以来产业扶贫的重要创新模式之一。在精准扶贫精准脱贫基本方略指引下，资产收益模式以产业发展为平台，将自然资源、农户自有资源、公共资产（资金）或农户权益资本化或股权化，相关经营主体或经济实体以市场化的方式进行经营，产生经济收益后，贫困村与贫困农户按照股份或特定比例获得收益。这种模式在一定程度上可为贫困户带来可持续的财产性收入，从而达到持久脱贫、长效致富的目标。产业扶贫的资产收益模式的具体形式主要有四种：第一种是贫困村、贫困户将农村土地、森林、荒山、荒地、水面、滩涂等集体资产及个人土地承包经营权、林权进行流转，直接取得租金等资产收益。第二种是将农村土地、森林、荒山、荒地、水面、滩涂等集体资产以及个人土地承包经营权、林权资产量化入股到龙头企业、农民合作社、种养大户等经营主体，获取分红等资产收益。第三种是在不改变资金性质的前提下，将财政扶贫资金或其他涉农资金投入设施农业、养殖、光伏、水电、乡村旅游等项目形成资产，或投入到有能力、有扶贫意愿、带动能力强、增收效果好的龙头企业、农民合作社、种养大户等经营主体，折股量化给贫困户，贫困户按股分红。第四种是贫困村、贫困户将资金或土地经营权、宅基地使用权等投入到营利性的城乡供水、供热、燃气、污水垃圾处理、公园配套服务、公共交通、停车设施等市政基础设施或营利性的教育、医疗、养老、体育健身、文化设施建设，再利用这些资产以租赁、经营收费或入股分红等方式获取收益。比较而言，资产收益模式有着三个方面的优势：第一，该模式强调贫困户收入增长和收益的稳定性，能实现和保证贫困户的长效脱贫；第二，该模式不依赖农户的产业发展能力和经营能力，对于全面建成小康社会时期的"啃硬骨头"有着更好的针对性和有效性；第三，该模式强调贫困户的参与，致力于提升贫困的自我发展能力和内生动力。

混合带动模式是一种机制设计相对复杂、操作稍为繁琐的产业扶贫模式。该模式一般是将农户参与生产或就业创收模式与资产收益模式结合起来。从整体上看，混合带动模式是一种扶贫效果最好的产业扶贫实践模式，既能带来稳定收益，又强调农户的参与性，有利于贫困户内生动力的增长和自我发展能力的提升。贵州六盘水的"三变"模式便是混合带动模式的成功经验。

除了上述四种实践模式创新以外，党的十八大以来，在精准扶贫精准脱贫基本方略的指引下，还出现了电商扶贫、旅游扶贫、光伏扶贫、保险业扶贫等多种模式。各地地方政府根据地方资源禀赋与产业发展特色要求，进行了多方探索与实践。

（二）产业扶贫组织形式创新

长期以来，产业扶贫对于推动贫困群体脱贫致富、带动贫困地区整体发展方面有着重要作用。贫困户、贫困群体由于其本身的群体特质，发展能力弱，难以应对巨大的自然风险和组织风险，难以成为产业发展的独立经营主体。推动贫困地区的产业发展是产业扶贫的重要举措，贫困地区产业发展与开发的程度、深度与涉及产业发展的各类生产要素的组织水平和组织模式密不可分。党的十八大以来，在各类政策的推动下，各地的产业扶贫在组织形式方面进行和大胆的创新和实践，推动着产业扶贫的深入发展。

农业扶贫园区的建设和发展是党的十八大以来产业扶贫组织形式的重大创新之一，亦是我国农业产业化发展与扶贫开发工作有机结合的重要实践。就发展历程来看，农业园区并不是个新生事物，但农业扶贫园区与一般意义上的农业园区存在两大方面的区别：一是在建设目的上，一般意义上的农业园区的建设和发展是基于经济目的，集聚各类经济资源实现农业现代化以推动地方经济发展，而农业扶贫园区更多的是为了实现脱贫攻坚的政治目标和社会目标；二是在资源类型上，一般意义上的农业园区发展资金更多来源于社会资金，而农业扶贫园区更多的是来源于扶贫专项财政资金，以及部分在扶贫政策优惠下吸引而来的社会资金。[1]贵州省于2015年在产业扶贫领域提出每年打造"十大扶贫产业园区"的目标。根据贵州省扶贫办关于《贵州省农业扶贫示范园区调研报告》的结果显示，截至2016年年底，贵州省建成102个农业扶贫园区，"农业扶贫园区的数量和规模持续壮大，在完善主导产业、新增龙头企业、招商引资、培训农民等方面完成情况较好，已成为贵州农业示范园区建设的重要组成部分。同时农业扶贫园区通过与贫困农户建立利益联结机制，带动贫困农户就业增收、减贫增收，致富增收，农业扶贫园区的扶贫效应日益凸显，已成为带动广大贫困户脱贫致富的新龙头，贵州扶

---

[1] 邹英：《资本输入与乡村社会秩序的重建：基于M镇农业扶贫菌园的考察》，华中师范大学博士论文，2017年。

贫开发的新模式"。①四川省蓬安县按照"依托大企业、建设大园区、发展大产业、实现大脱贫"的思路，建立健全龙头企业带动、专合组织领办、贫困群众入股"三方联动"机制，分年度、分步骤规划建设水果、畜禽、水产等脱贫奔康产业园 100 余个。根据实际情况，蓬安县探索出"单村兴建""跨村联建"以及"连乡成片"三大建园模式。依托大型龙头企业、现代农业示范园等主体，整合多个乡镇资源，打造"产销加"一体的全链条产业园，形成了产业与扶贫的"双重亮点"。②

社区营造模式是党的十八大以来产业扶贫组织形式的另一大创新。全面建成小康社会时期的精准扶贫已然超越提升经济收入水平、促进经济发展的单一经济目标，而是希冀达成经济、文化、政治等综合协调的地区复合发展目标，这一复合目标与社区营造理念不谋而合。"社区营造"是"一个社区的自组织过程，在这个过程中提升社区内的社群社会资本，达到社区自治理的目的"。③社区营造的开篇布局大都从经济角度伊始，但其最终目标绝不仅仅限于地区产业发展，而往往是综合了文化、生态、旅游观光、教育等多种目的。社区经营通过多管齐下的手段以达到社区自我组织、自我发展、自我治理的目的，这是一种可持续的社区发展模式。社区营造理念的贯彻和坚持主要表现在农旅一体化的"三产融合"产业发展过程中：一是使得产业精准扶贫与社区发展相结合，是一种全方位的发展模式，不仅注重经济脱贫，更注重向人文历史传承开发、生态环境保持、生态农产品开发等诸多领域扩展，注重贫困农户的综合发展，也注重贫困地区社区的多维度发展。二是"农旅一体化"的社区营造促使产业扶贫的扶贫方式更向"扶智""扶志"意义层面深化。在介入和扎根农村社区的过程中，更加注重自身扎根的深度，并着重挖掘农户的能力，发现社区的综合资源，并组织农户参与到扶贫产业及社区发展的各个环节，培养其调查、管理、协商等各方面的综合能力，为贫困社

---

① 贵州省扶贫办：《贵州省农业扶贫示范园区调研报告》2016 年（内部资料）。

② 四川蓬安：《现代农业产业园脱贫致富的奔康路》，http://www.moa.gov.cn/fwllm/tpgj/ztdd/201703/t20170331_5546461.htm。

③ 罗家德：《社区营造与社会建设》，载于朱蔚怡，侯新渠：《谈谈社区营造》（序二），社会科学文献出版社，2015 年版。

区脱贫及长远发展做铺垫。三是注重社区可持续发展。对农户主体性的尊重和培养是实现社区可持续发展的根本，也是脱贫攻坚的根本意义所在。如何实现贫困地区脱贫以及长久发展，说到底还是要归根于人。既包括挖掘培养当地贫困人口的反贫困能力和自组织能力，也包括吸引具有更高知识水平的流动人员和返乡人员，他们是贫困地区未来的主人。[1]

（三）产业扶贫利益联结机制创新

党的十八大以来，各地积极探索和创新产业扶贫的利益联结机制，注重构建益贫性的利益联结机制，取得了可喜的成效。

贵州省按照精准扶贫的要求，突出产业扶贫的效益到户、带动到人，推动市场主体和贫困农户双赢。按照省扶贫办的政策部署，各地涌现出一批成效明显的产业扶贫社会利益联结模式。根据贵州省扶贫办的总结，贵州省探索出六类益贫性的利益联结机制，包括"龙头企业＋合作社＋基地＋农户"、"农业扶贫园区＋龙头企业＋合作社＋基地＋农户"、"乡村党政＋企业＋合作社＋基地＋农户"、农户互助合作、"技术部门＋乡镇（合作社＋协会）＋基地＋农户"以及"政府＋银行＋企业＋合作社＋农户"。[2]

河南省兰考县在推进产业扶贫的过程中要求各乡镇（街道）坚持扶贫开发与经济社会发展相互促进，结合村情民意，按照"宜工则工、宜农则农、宜牧则牧、宜商则商"的原则，支持培育和发展特色种植、农业基地、产业集群、专业园区、扶贫创业园、示范园建设等，找准优势富民产业，确保"项目安排精准"。在利益联结机制上，要求充分发挥比较优势，大力发展有利于贫困户增收致富的产业项目，推动"一村一品、多村一品"产业的形成；鼓励贫困人口积极参与到产业主体和交通运输、服务等产业链中来，促进一、二、三产业融合发展，让贫困户更多分享产业和产业链增值收益，切实做到以"产业＋扶贫"的模式带动贫困户脱贫增收；建立企业与贫困户的利益联结机制，完善"公司＋基地＋贫困户"、"公司＋合作社＋贫困户"模式，提

① 邹英：《资本输入与乡村社会秩序的重建：基于 M 镇农业扶贫菌园的考虑》，华中师范大学博士论文，2017 年。

② 《关于印发〈创新产业化扶贫利益联结机制的指导意见〉的通知》，黔政扶通〔2014〕15 号文件。

高贫困群众的产业参与度和受益度。实践证明，该模式比较成功地构建了益贫性的产业扶贫利益联结机制。

利益联结机制的构建对于推动产业扶贫意义重大。从系统看，利益联结的关键在于做链条，在产业革命和利益联结中进行系统的布局，既要做好产业的链条，更要做好分配的链条，只有合理的分配机制，才能让各方充满活力和动力。从长远看，利益联结的关键在于完善机制。产业革命的根本目的，在于建立和发展现代高效农业。要发展现代高效农业，需要在制度设计、机制建立上不断完善，让企业、合作社和农民利益共享，风险共担。在利益联结机制和体制构建过程中，要统筹构建稳定、紧密的利益联结机制，推动更持久、更长远的农业产业升级发展。完善制度环境要建立负面清单制度，使市场经营主体提升参与农业产业水平和质量。同时，完善相关政策和法律，保障农民、合作社和企业在产业升级和发展中的知情权、参与权和选择权，最终通过法律和制度，维护权益，壮大产业。[1]

四、我国产业扶贫的经验与启示

党的十八大以来，我国确立到 2020 年现有标准下的农村贫困人口实现脱贫、全面建成小康社会的宏伟目标。精准扶贫成为实现这一宏伟目标的基本方略，在这个过程中，产业扶贫逐渐成为我国脱贫攻坚的重要目标内容和实现路径，十八大以来产业扶贫模式的探索丰富了中国特色扶贫理论和政策体系。

（一）产业扶贫要回应当前农村存在的问题

长期以来，在城乡二元结构的社会背景下，在"快速城镇化""政治城市化"的作用下，我国的农村社会出现诸多问题。"乡村空心化"是当前脱贫攻坚与乡村振兴战略下乡村社会发展面临的主要问题之一，主要包括五个层面的内涵：一是人口学意义上的"空心化"。意指乡村人口特别是青壮年人口的

---

[1] 苏江元：《利益联结关键在于破痛点建机制》，http://www.ddcpc.cn/index.php?m=content&c=index&a=show&catid=400&id=46641，2018 年 4 月 4 日。

大量外流，乡村人口结构以"389961"[①]为主体，生育率下降，人口总量大幅度减少。二是地理意义上的"空心化"。随着"村村通"乡村道路建设工程的推进，依然居住在乡村的农民不断地将房屋建于"村村通"道路两旁，或集中在集市等交通要道，农村原有的聚落点逐渐荒芜，村庄内部处于中心地带的老村址悄然变成废墟，留下一片破旧、闲置或废弃的旧房。这种内部闲置、外围新房的"内空外扩"现象我们可视为地理意义上的乡村"空心化"。三是经济意义上的"空心化"。意指农村青壮年劳动力大量外流，大部分青壮年在外长期务工拥有一定经济实力以后在城镇或城市租房或购房定居，乡村留居人口老龄化、贫困化趋势日益明显，人口、资金等关键生产要素流向城市，农业生产逐渐荒芜，乡村经济日益衰退。四是基层政权意义上的"空心化"。意指乡村基层政权组织中有一定文化素质的青壮年劳动力外流，造成乡村基层政权组织在人口年龄结构上出现脱节甚至老龄化，人员构成出现真空，使政府职能在乡村基层得不到有效的发挥，各项政策无法贯彻；在城乡二元社会结构和户籍制度的限制下，乡村基层政权内部人力、物力、财力呈现流失与断层局面，基层政权职能、权力和责任逐步弱化。五是公共性意义上的"空心化"。这既是乡村空心化的表征之一，又是上述层面"空心化"的后果，意指乡村社会联接、地域文化以及公共事务层面的空心化，人口学、地理、经济以及基层政权意义上的"空心化"作用于乡村社会，不可避免造成地域文化和社会联接的解体，乡村公共服务无力承载，公共生活无法开展。[②]上述问题的存在，是当前阻碍我国农村发展的障碍所在。产业扶贫必须正视这些问题的存在，有针对性地选择产业，制定政策，做到产业扶贫与农村社会发展的密切关联。

（二）产业扶贫要着眼于当前农村农业改革大局

2014年1月19日，中共中央、国务院发布《关于全面深化农村改革加快推进农业现代化的若干意见》，指出："全面深化农村改革，要坚持社会主义市场经济改革方向，处理好政府和市场的关系，激发农村经济社会活力；要

---

① "389961"意指妇女、老年人和儿童。"38"指妇女群体，"99"是指重阳节，"61"特指儿童节。
② 刘杰：《乡村社会空心化：成因、特质及社会风险》，《人口学刊》2014年第3期。

鼓励探索创新，在明确底线的前提下，支持地方先行先试，尊重农民群众实践创造；要因地制宜、循序渐进，不搞'一刀切'、不追求一步到位，允许采取差异性、过渡性的制度和政策安排；要城乡统筹联动，赋予农民更多财产权利，推进城乡要素平等交换和公共资源均衡配置，让农民平等参与现代化进程、共同分享现代化成果。"意见认为，全面深化农村改革需要从完善国家粮食安全保障体系、强化农业支持保护制度、建立农业可持续发展长效机制、深化农村土地制度改革、构建新型农业经营体系、加快农村金融制度创新、健全城乡发展一体化体制机制和改善乡村治理机制等方面入手。2015年11月，中共中央办公厅、国务院办公厅印发《深化农村改革综合性实施方案》（以下简称《方案》），明确指出："全面深化农村改革涉及经济、政治、文化、社会、生态文明和基层党建等领域，涉及农村多种所有制经济主体。当前和今后一个时期，深化农村改革要聚焦农村集体产权制度、农业经营制度、农业支持保护制度、城乡发展一体化体制机制和农村社会治理制度等五大领域。"从时间序列上而言，精准扶贫的深入开展与全面深化农村改革保持一致性，这既是产业精准扶贫开展的契机，同时又是难点。产业精准扶贫的开展与推进需要与全面深化农村改革双向联动，这样才能产生应有的效益。从一定意义上而言，农业产业化、农民职业化、农村社区化，既是当前我国全面深化农村改革的目标所在，又是我国农村社会的发展趋势。在推进产业精准扶贫的过程中，我们既要将之作为产业精准扶贫的重要依托和支柱，又要将之列为产业精准扶贫的目标所在，唯有如此，产业精准扶贫才能达到有效性、安全性、益贫性及长久性的效果。

（三）产业扶贫要避免趋同化发展

当前，大力推进产业扶贫，扶贫项目产业化已经成为脱贫攻坚战的共识，产业扶贫成为精准扶贫精准脱贫的重要举措，成为脱贫攻坚的重要模式之一。但是我们必须清晰地认识到，产业扶贫已然出现了局部性、区域性产业趋同现象。产业趋同的最直接后果就是"伤农"，由于没有摸清或者忽视市场规律，在推进产业扶贫的过程中没有突出产业发展的地域性和特色性，导致部分农产品价格波动幅度过大，有的农产品甚至严重滞销，贫困户损失惨重，雪上加霜。精准扶贫思想是党的十八大以来我国扶贫开发工作的基本方略，落实到产业扶贫方面，就是要在精准扶贫基本方略下把产业做精做强，定向打靶。这首先要求政府在推进产业扶贫的过程中，要尊重市场规律，避免扶贫产业同质化，应在仔细研究地区资源禀赋与产业发展意愿的基础上，因地制宜地发展产业扶贫，在地区、区域之间实行差异化竞争。各地要在充分尊重市场规律的基础上，对市场行情进行充分的分析，结合地区的地形、气候、土壤等自然地理条件和特色资源优势，找准适合当地资源禀赋和地方发展的"特色"主导产业，发展"一村一品"，形成"特色"的主导产业带，汇聚资源，集中生产要素投入，把握产业的比较优势，推进产业扶贫的健康有序发展，充分发挥产业扶贫在脱贫攻坚中的基础性作用。

（四）产业扶贫要与乡村振兴战略相衔接

党的十九大报告明确提出要"实施乡村振兴战略"，指出"要坚持农业农村优先发展，按照产业兴旺、生态宜居、乡风文明、治理有效、生活富裕的总要求，建立健全城乡融合发展体制机制和政策体系，加快推进农业农村现代化"。2018年1月，中共中央、国务院发布《关于实施乡村振兴战略的意见》，明确指出"乡村振兴，产业兴旺是重点"，提出要从"夯实农业生产能力基础、实施质量兴农战略、构建农村一二三产业融合发展体系、构建农业对外开放新格局、促进小农户和现代农业发展有机衔接"这五个方面出发，提升农业发展质量，培育乡村发展新动能。这与脱贫攻坚时期的产业扶贫不谋而合。2018年6月15日，中共中央、国务院发布的《关于打赢脱贫攻坚战三年行动的指导意见》指出要"统筹衔接脱贫攻坚与乡村振兴"，"脱贫攻坚期内，贫困地区乡村振兴主要任务是脱贫攻坚。乡村振兴相关支持政策要优先向贫困地区倾斜，补齐基础设施和基本公共服务短板，以乡村振兴巩固脱贫成果"。

教育精准扶贫阻断贫困代际传递

教育扶贫是拔除穷根、阻断贫困代际传递的治本之策。新中国成立以来，党和国家十分重视发展教育事业，普及九年制义务教育、扫除青壮年文盲、优质教育资源均衡发展、贫困家庭子女精准帮扶等一系列教育扶贫措施和行动，对我国减贫事业做出了卓越的贡献。党的十八大以来，在习近平总书记治贫先治愚、扶贫必扶智、教育是阻断贫困代际传递的治本之策等有关扶贫重要论述的指导下，我国教育扶贫顶层设计的核心理念逐渐由追求教育起点公平转向追求教育过程公平，实施教育精准扶贫，形成了志智双扶理论、教育精准扶贫理论、优质教育资源共享理论等，坚持机制创新和方法创新，取得了显著的成效，为我国打赢脱贫攻坚战伟大行动做出了积极的贡献。

一、我国教育扶贫的历程与贡献

（一）我国教育扶贫的发展历程和政策演进

伴随我国扶贫开发的历史进程，教育扶贫大致经历了如下发展阶段：

1. 1949—1978 年救济式扶贫时期：普及工农教育的尝试与努力

新中国成立后，我国的教育基础落后，发展极不平衡，小学入学率只有20%左右，80%以上的成年人口是文盲，农村中文盲的比例更大。新中国成立初期，教育发展的战略就是普及与提高相结合，重点在普及阶段。改革开放之前，虽然没有出台专门的教育扶贫政策和专项行动，但在摸索和探索建设新民主主义教育方面，全国农村基本形成了生产大队办小学，公社办中学，"区委会"办高中的农村教育格局，创造了"政府补贴＋公社公共经费分担"的全民办教育模式。尽管当时的农村教育质量水准十分有限，但在当时国家财力严重不足的情况下，用最少的钱，办成了世界上规模最大的农村教育事业，一定程度上提升了人口的文化素质，有益于缓解农村贫困，初步体现了发展教育在扶贫过程中的作用和价值。

2. 1979—1985 年农村经济改革推动减贫时期：普及初等教育与重点发展职业教育

党的十一届三中全会后，改革开放和农村经济的快速发展，农村贫困状况有了很大改善，贫困人口大幅度减少。但是，农村贫困人口的绝对数量仍然很大，贫困地区教育落后和人口素质低下是导致贫困的重要原因。1984 年 9 月 30 日，中共中央、国务院发布《关于帮助贫困地区尽快改变面貌的通知》（以下简称《通知》），第一次将消除贫困作为一项特殊的政策提出来，标志着我国政府消除贫困正式行动的开始。在《通知》提出的五点具体措施中，非常明确地把增加智力投资作为其中一条重要措施，要求在贫困地区有条件地发展和普及初等教育，重点发展农村职业教育，加速培养适应山区开发的各种人才。这是我国政府文件中第一次明确提出教育扶贫。

3. 1986—1993 年开发式扶贫时期：普及初等教育及农村实用技术培训与扫盲

1986 年 4 月，全国人大六届四次会议将扶持老、少、边、穷地区尽快摆脱经济文化落后状况，作为一项重要内容，列入国民经济和社会发展"七五"计划，把提高人的素质和科技扶贫放在重要位置，在贫困地区实施"星火计划""丰收计划""温饱工程"和"燎原计划"等，普及初等教育，发展职业技术教育和成人教育，积极扫除青壮年文盲等。1993 年 9 月 22 日，国务院贫困地区经济开发领导小组正式更名为国务院扶贫开发领导小组，从组织上强化对扶贫工作的领导。

4. 1994—2000 年国家八七扶贫攻坚时期：普及九年义务教育与扫除青壮年文盲

1994 年，国家制定并颁布实施"国家八七扶贫攻坚计划"，明确提出要改变贫困地区教育文化卫生的落后状况；减免贫困户子女入学的学杂费，并在助学金上给予照顾；到 20 世纪末贫困地区要基本普及初等教育，积极扫除青壮年文盲；开展成人职业技术教育和技术培训；统筹实施农业综合开发、扶贫开发和"丰收""星火""燎原"等计划项目等。1995—2000 年，政府开始实施第一期"国家贫困地区义务教育工程"，中央财政投入 39 亿元，地方财政配套 87 亿元，实施范围集中在 22 个省、自治区、直辖市及新疆生产建设兵团的 852 个贫困县，成为新中国成立以来中央级专项资金投入最多、规模最大的义务教育扶贫工程。与此同时，与收费改革体制相配套的奖学金、贷学金、勤工助学、特困生补助等配套政策也在实践中不断得到完善。

5. 2001—2012 年基本消除贫困时期：加强基础教育与普遍提高贫困人口受教育程度

2001 年，国务院印发《中国农村扶贫开发纲要（2001—2010 年）》，明确指出，要努力提高贫困地区群众的科技文化素质；切实加强基础教育，普遍提高贫困人口受教育的程度；实行农科教结合，普通教育、职业教育、成人教育统筹，有针对性地通过各类职业技术学校和各种不同类型的短期培训，增强农民掌握先进实用技术的能力。"十五"期间，中共中央、国务院继续实施第二期"国家贫困地区义务教育工程"。中央财政投入 50 亿元，地方财政配套 23.6 亿元，在中、西部 19 个省、自治区、市和新疆生产建设兵团的 522 个县级单位实施，共覆盖人口 1.24 亿，其中少数民族人口 0.49 亿，占总人数的 40%。中央专款的分配向西部地区倾斜，为西部地区安排的资金占到了中央专款的 90% 以上。①

6. 2012—2020 年精准扶贫攻坚时期：基本普及学前教育和高中教育与精准教育扶贫

党的十八大以来，中央提出了一系列扶贫开发的新思想、新论断、新要求，并明确提出"到 2020 年如期全部脱贫"的奋斗目标。2011 年 12 月，中共中央、国务院印发《中国农村扶贫开发纲要（2011—2020 年）》，提出了"到 2020 年，稳定实现扶贫对象不愁吃、不愁穿，保障其义务教育、基本医疗和住房"的总体目标。教育扶贫的主要任务是："到 2015 年，贫困地区学前三年教育毛入园率有较大提高；巩固提高九年义务教育水平；高中阶段教

---

① 《第二期国家贫困地区义务教育工程实施》，《人民日报（海外版）》，2002 年 5 月 10 日。

育毛入学率达到 80%；保持普通高中和中等职业学校招生规模大体相当；提高农村实用技术和劳动力转移培训水平；扫除青壮年文盲。到 2020 年，基本普及学前教育，义务教育水平进一步提高，普及高中阶段教育，加快发展远程继续教育和社区教育。"2015 年 11 月 29 日中共中央、国务院发布《关于打赢脱贫攻坚战的决定》，把扶贫开发工作作为重大政治任务，并把教育扶贫作为脱贫攻坚战的重要措施，要求"着力加强教育脱贫"，"让贫困家庭子女都能接受公平有质量的教育，阻断贫困代际传递"。2016 年 12 月 16 日，教育部等六部门联合印发《教育脱贫攻坚"十三五"规划》，提出了发展学前教育，巩固提高义务教育，普及高中阶段教育的奋斗目标，坚决打赢教育脱贫攻坚战。

（二）我国教育扶贫的贡献

联合国、世界银行等权威机构认为，贫困并不只是表现为衣食住行的短缺，也不仅仅只是物质层面的"穷"。在更深的层面，贫困意味着对人的选择和机会的否定和对人格的侵害，意味着缺乏有效地参与社会的基本能力，无法享受基本的教育和医疗服务，没有权利，被排斥在群体生活之外，被剥夺福利状态。正是因为基础教育和医疗保障的缺失，贫困地区和贫困人口往往得不到公平的教育和健康，导致其人力资本低下，这是造成能力贫困的最主要原因。而通过教育手段，提升贫困人口的生存和发展能力，从思想上突破"贫困文化"桎梏，是解决贫困问题的基础和关键环节。

教育在减贫脱贫过程中发挥着非常重要的作用，肩负着减贫脱贫的历史使命。世界银行的研究结果显示，以世界银行的贫困线为标准，如果家庭中的劳动力接受教育年限少于 6 年，则贫困发生率大于 16%；若将接受教育年限增加 3 年，则贫困发生率会下降到 7%；若接受教育年限为 9—12 年，则贫困率下降到了 2.5%；若接受教育年限超过 12 年，则几乎不存在贫困的状况。教育程度的变量同样会反映在平均收入的结果上。随着劳动者平均受教育年限的提高，从 6 年到 6—9 年、9—12 年，到长于 12 年，平均收入指数从 100 分别上升到 130、208、356。[①]

---

① 世界银行、东亚及太平洋地区扶贫与经济管理局：《从贫困地区到贫困人群：中国扶贫议程的演进》，http://www.worldbank.org.cn/。

新中国成立以来，教育扶贫在提高贫困人口科学文化素质、阻断贫困代际传递等方面取得了巨大的成就，主要表现在以下方面：

1. 贫困地区基本普及九年义务教育

1986 年公布实施的《中华人民共和国义务教育法》，为普及九年义务教育奠定了法律基础。经过实施贫困地区"两基"攻坚计划、免除西部地区农村义务教育阶段学杂费等措施，到 2007 年，西部地区"普九"人口覆盖率达到 98%，到 2011 年，最后 42 个边远贫困县通过"两基"验收。至此，全国所有县级行政单位、所有省级行政区域全部普及了九年义务教育，人口覆盖率达到 100%，初中阶段毛入学率达到 100%。[①]

2. 义务教育均衡发展和学校规范化建设成效显著

为帮助贫困地区加快发展基础教育事业，教育部、财政部分别于 1996—2000 年、2001—2005 年实施了两期"国家贫困地区义务教育工程"，有效地改进了贫困地区义务教育的办学条件和办学水平；"十五"期间，中央安排 50 亿元用于专项补助中西部困难地区发放农村中小学教师工资，安排 30 亿元用于"中小学危房改造工程"，并有 1 亿元助学金和 1 亿元免费提供教科书专项经费。[②] 2012 年《国务院关于深入推进义务教育均衡发展的意见》印发，首次从中央政府的层面明确了推进义务教育均衡发展的指导思想和基本目标，为贫困地区义务教育的均衡发展提供了政策和基本条件保障。

3. 乡村教师生存和发展状况不断改善

2000 年国家启动民族、贫困地区中小学教师综合素质培训工作（2000—2003），从 2001 年起建立了中央财政支持中西部贫困地区农村中小学教师工资保障机制，2004 年教育部开始实施"民族、贫困地区中小学教师综合素质训练项目暨新课程师资培训计划（2004—2008）"，同年教育部启动农村学校培养教育硕士师资计划，2013 年 10 月开始实施"农村校长助力工程"，2014 年 6 月又开始实施中西部农村校长培训项目等。这些政策的实施，有效促进

---

① 王定华：《中国义务教育改革发展的回顾与展望》，《中国教育科学》2013 年第 4 期。

② 《2002 年中国教育年鉴》，http://www.moe.edu.cn/jyb_sjzl/moe_364/moe_302/moe_368/tnull_4417.html。

了贫困地区中小学教师的专业发展。2013 年 10 月教育部、财政部下发了《关于落实 2013 年中央 1 号文件要求对在连片特困地区工作的乡村教师给予生活补助的通知》，有效改善了乡村教师的生存状况。

二、党的十八大以来我国教育扶贫的顶层设计与理论创新

（一）习近平总书记关于教育扶贫的重要论述

党的十八以来，习近平总书记围绕"全面建成小康社会"提出了一系列新思想、新论断、新要求，对扶贫工作做出了一系列重要部署，对教育扶贫提出了明确要求，是我国当前和今后一个时期教育扶贫攻坚的重要指导思想。

1. 教育扶贫阻断贫困代际传递思想

习近平总书记历来高度重视扶贫工作，重视教育在扶贫开发中的重要作用。早在 20 世纪 80 年代，习近平在福建宁德工作期间写下《摆脱贫困》一书，特别强调，越穷的地方越需要办教育，越不办教育就越穷。2013 年 12 月，习总书记到河北阜平考察时指出，治贫先治愚，要把下一代的教育工作做好，特别是要注重山区、贫困地区下一代的成长。把贫困地区孩子培养出来，这才是根本的扶贫之策。2015 年 9 月，他在给北京师范大学贵州教师研修班参训教师的回信中指出，扶贫必扶智，让贫困地区的孩子们接受良好教育，是扶贫开发的重要任务，也是阻断贫困代际传递的重要途径。2015 年 11 月下旬，习总书记在中央扶贫开发工作会议上特别强调指出，教育是阻断贫困代际传递的治本之策。贫困地区教育事业是管长远的，必须下大力气抓好。扶贫既要富口袋，也要富脑袋。2015 年全国"两会"期间，习近平在参加代表团审议时指出：扶贫先扶智，绝不能让贫困家庭的孩子输在起跑线上，坚决阻止贫困代际传递。习近平总书记关于教育扶贫阻断贫困代际传递的思想，彰显着扶贫攻坚的决心和毅力。

2. "志智双扶"思想

"扶贫先扶志""扶贫必扶智"作为习近平总书记关于扶贫工作重要论述

的组成部分，是指导我们打赢脱贫攻坚战的根本之策，也是我国打赢深度贫困地区脱贫攻坚战的制胜法宝。党的十九大报告明确提出，注重扶贫同扶志、扶智相结合，深入实施东西部扶贫协作，重点攻克深度贫困地区脱贫任务，进一步强调"志智双扶"的时代意义和神圣使命。扶志就是扶思想、扶观念、扶信心，帮助贫困群众树立起摆脱困境的斗志和勇气；扶智就是扶知识、扶技术、扶思路，帮助和指导贫困群众着力提升脱贫致富的综合素质。扶贫不扶志，即使一度脱贫，也可能会再度返贫，难以逃脱"人穷志短""志短人穷"的恶性循环怪圈；扶贫不扶智，则无力增强摆脱贫困的内生动力和综合素质，难以阻断贫困的代际传递。要从根本上摆脱贫困，必须智随志走、志以智强，坚持"志智双扶"指导思想和实践路径，才能激发活力，形成合力，从根本上铲除滋生贫穷的土壤。

3. 乡村教师发展思想

贫困地区师资队伍建设一直是习总书记关心的重点。2015年习近平总书记给"国培计划（2014）"北京师范大学贵州研修班全体参训教师回信时强调，"发展教育事业，广大教师责任重大、使命光荣。希望你们牢记使命、不忘初衷，扎根西部、服务学生，努力做教育改革的奋进者、教育扶贫的先行者、学生成长的引导者，为贫困地区教育事业发展、为祖国下一代健康成长继续作出自己的贡献"。2015年习近平总书记主持召开中央全面深化改革领导小组第十一次会议，会议审议通过了《乡村教师支持计划（2015—2020年）》，指出"发展乡村教育，要把乡村师资建设摆在优先发展的战略位置，多措并举，定向施策，精准发力"。习近平总书记对教育扶贫过程中乡村教师的地位、功能、作用等方面的论述，不仅表达了他对贫困地区教育事业的高度重视，同时也表达了对乡村教师的关注，为贫困地区打造一支留得下、用得住、素质优良、甘于奉献、扎根乡村的教师队伍奠定了基础。

4. 职业教育扶贫思想

2014年6月，在全国职业教育工作会议上，习近平总书记指出，职业教育是国民教育体系和人力资源开发的重要组成部分，是广大青年打开通往成才大门的重要途径，肩负着培养人才、传承技术技能、促进就业创业的重要职责，必须高度重视、加快发展；要加大对农村地区、民族地区、贫困地区职业教育支持力度，努力让每个人都有人生出彩的机会。这充分肯定了职业教育在扶贫攻坚中的重要作用，也为贫困地区办好职业教育指明了方向。

（二）我国教育扶贫的理论创新与发展

1. 由追求教育起点公平转向关注教育过程公平

长期以来，在普及与提高的教育方针指导下，我国教育扶贫的首要指导思想就是在贫困地区普及义务教育，现阶段逐渐扩大为普及学前一年教育和高中阶段教育，然后在此基础之上，不断提高教育的质量和发展水平。这一指导思想反映了当时经济社会发展的客观现实，保障了贫困地区基础教育的全覆盖，为贫困人口提供了免费接受教育的机会，实现了教育的起点公平和机会均等，取得了显著的效果。党的十八大以来，随着我国经济社会的结构调整和深入改革，教育扶贫的指导思想也在随之改变，不仅要追求教育的起点公平，更要关注教育的过程公平，关注对教育过程的帮扶。如2011年开始施行的"农村义务教育学生营养餐改善计划"、2013年开始施行的"农村义务教育薄弱学校改造计划""人才支持计划——教师专项计划"以及"农村校长助力工程"等，更加关注贫困地区教育条件的改善，为贫困地区争取"更好"的教育资源。《教育脱贫攻坚"十三五"规划》，要求通过发展学前教育，巩固提高九年义务教育水平，加强乡村教师队伍建设，加大特殊群体支持力度，加快发展中等职业教育，广泛开展公益性职业技能培训，积极发展普通高中教育，继续实施高校招生倾斜政策，完善就学就业资助服务体系，加强决策咨询服务等措施，切实改善贫困地区的办学状况，不断提高教育水平。这些措施改变了过去只注重经费投入和机会均等的起点公平思想，更加注重办学过程和办学质量的提升，由追求教育起点公平转向追求教育过程公正。

2. 由粗放式教育扶贫转向精准教育扶贫

改革开放以来，党和国家长期坚持实施扶贫开发工作，使众多农村贫困人口摆脱贫困，取得了举世瞩目的伟大成就。教育扶贫也一直作为扶贫开发的重要组成部分，既扶教育之贫，也通过教育扶贫来促进经济社会发展。在教育扶贫开发的过程中，贫困地区的学校成了最美建筑，但是教育质量却难以提高；贫困地区依然存在严重的教育资源配置不均衡问题，贫困学生享受优质教育资源仍有较大的困难。党的十八大以来，在精准扶贫理论指导下，教育扶贫更加聚焦扶贫对象和更有针对性的教育扶贫举措。例如《教育脱贫攻坚"十三五"规划》明确将"精准"理念运用到教育扶贫当中，在扶贫对象上要以国家扶贫开发工作重点县和集中连片特困地区县及建档立卡等贫困人口为重点，进一步将教育扶贫对象聚焦到建档立卡等贫困人口，精确瞄准教育最薄弱领域和最贫困群体。在扶贫举措方面，国家在政策制定上秉承有差异性扶贫的理念，针对不同教育阶段和教育类型的贫困人口提出有针对性和实效性的精准教育扶贫措施。例如《教育脱贫攻坚"十三五"规划》对建档立卡学龄前儿童，确保都有机会接受学前教育；对建档立卡义务教育阶段适龄人口，确保都能接受公平有质量的义务教育；对建档立卡高中阶段适龄人口，确保都能接受高中阶段教育特别是中等职业教育；对建档立卡高等教育阶段适龄人口，提供更多接受高等教育的机会；对建档立卡学龄后人口，提供适应就业创业需求的职业技能培训。

3. 在公平基础上发展贫困地区的优质教育

"要让人民共享公平优质的教育"是党和国家对人民的承诺，也是教育事业发展的指导思想。教育公平的观念源远流长，追求教育公平是人类社会古老的理念，同时也是多年来教育扶贫事业发展的指南。党的十八大以来，教育公平问题依然是各地在教育扶贫中的重要原则，但是随着全面建设小康社会的进程和人民对高质量教育的需求不断增强，优质教育配置和发展成为贫困地区民众在教育公平基础上更高的诉求。为此，国家启动实施了农村义务教育薄弱学校改造计划，并出台相关政策，切实解决农村地区、边远、贫困和民族地区等经济社会发展相对滞后，教学条件差，寄宿学校宿舍、食堂等生活设施不足，村小和教学点运转比较困难等问题；各地纷纷结合当地实际出台相应政策，探索有效的实践并取得重大进展，形成了各具地方特色的实践模式。2016年国务院出台《关于统筹推进县域内城乡义务教育一体化改革发展的若干意见》，通过统筹学校布局、统筹学校建设、统筹教师队伍建设、统筹经费投入使用、统筹解决特殊群体平等接受义务教育问题、统筹完善教育治理体系，着力解决"城镇挤、乡村弱"的问题，不断缩小县域内城乡义务教育差距，全面提高教育质量。2017 年教育部等四部门印发《高中阶段教育普及攻坚计划（2017—2020 年）》，明确普通高中发展的目标、重点任务等内容，要求提高普及水平，优化结构布局，加强条件保障，提升教育质量。教育部面向连片特困地区先后启动实施了多项结对帮扶政策，把优质教育资源通过对接的方式输送到边疆和少数民族等贫困地区，以此满足人民对高质量教育资源的需求。

三、党的十八大以来我国教育扶贫的制度安排与实践创新

党的十八大以来，在习近平总书记关于扶贫工作重要论述的指导下，我国教育扶贫实践精准施策，不断创新，形成了系列的制度和行动规划，取得了显著成效。

（一）学前教育三年行动计划和儿童保障政策

在学前教育阶段，自 2011—2013 年，各地按照国务院统一部署，以县为单位编制实施学前教育三年行动计划，"入园难，入园贵"问题初步缓解。2014—2016 年实施的第二期学前教育三年行动计划，国家财政给予了大力支持，财政性学前教育投入已经最大限度地向农村、边远、贫困和民族地区倾斜。同时加大了对家庭经济困难儿童、孤儿和残疾儿童接受学前教育的资助力度，中央财政已投入 700 多亿元，支持贫困地区学前教育发展。2011 年至 2016 年，全国幼儿园总数从 15 万所提高到超过 22 万所，在园儿童从 2977 万人增加到 4264 万人，学前教育的毛入园率提高到 75%。[1]

2014 年国务院办公厅印发了《国家贫困地区儿童发展规划（2014—2020 年）》，为贫困地区儿童健康和教育扶贫工作提供指导。该规划由国务院等九个部门共同编制，将 680 个连片特困县从出生开始到义务教育阶段结束的农

---

[1] 《国务院教育督导委员会办公室印发〈幼儿园办园行为督导评估办法〉力推幼儿园办园"底线标准"全覆盖》，http://www.moe.gov.cn/jyb_xwfb/s5147/201705/t20170517_304791.html，2017-05-17/2017-08-20。

村儿童作为实施范围，重点围绕健康、教育两个核心领域，实现从家庭到学校、从政府到社会对儿童关爱的全覆盖，确保贫困地区的孩子生得好、长得好、学得好，编就一张保障贫困地区儿童成长的安全网，切实保障贫困地区儿童生存和发展权益，实现政府、家庭和社会对贫困地区儿童健康成长的全程关怀和全面保障，贫困地区适龄幼儿接受学前教育的权利和健康教育等保障得到落实。

（二）农村义务教育薄弱学校改善计划和城乡义务教育一体化改革行动

在义务教育阶段，2013 年 12 月国务院出台《关于全面改善贫困地区义务教育薄弱学校基本办学条件的意见》，全面实施"薄改计划"；2016 年国务院出台《国务院关于统筹推进县域内城乡义务教育一体化改革发展的若干意见》；教育部也积极统筹推进贫困地区义务教育薄弱校基本办学条件改善行动，持续推进"两免一补"（免学杂费、免教科书费、寄宿生生活补助）政策落实。截止到 2015 年，中央财政安排补助资金 640 亿元，带动地方财政投入 800 多亿元，惠及 3000 多万农村贫困学生。此外，农村义务教育阶段学生营养改善计划，也是教育扶贫的重要措施。教育部等十五部门根据国务院办公厅《关于实施农村义务教育学生营养改善计划的意见》，于 2012 年印发了《农村义务教育学生营养改善计划实施细则》等五个配套文件。财政部、教育部为加强和规范专项资金管理，制定了《农村义务教育学生营养改善计划中央专项资金管理暂行办法》，国家按照每生每天 3 元（2014 年 11 月提高到 4 元）标准为片区农村义务教育阶段学生提供营养膳食补助。截止到 2017 年，全国共有 29 个省（区、市）1590 个县实施了营养改善计划，覆盖学校 13.4 万所，受益学生总数达到 3600 万人，学生营养健康状况得到显著改善，身体素质得到明显提升。广西壮族自治区自 2012 年底开始要求各地为每一所学校编制基本建设计划任务书，并委托有资质的单位编制校园平面规划，做到"一校一本，一校一图"，按照"勤俭办学""缺什么补什么""保基本、补短板"的原则，有效促进了薄弱学校办学条件的改善。

（三）普通高中普及攻坚计划

在高中阶段，党的十八大提出要"普及高中阶段教育"，十八届五中全会再次强调"提高教育质量，推动义务教育均衡发展，普及高中阶段教育"。2017年教育部等四部门印发《高中阶段教育普及攻坚计划（2017—2020年）》，明确普通高中发展的目标、重点任务等内容，要求提高普及水平，优化结构布局，加强条件保障，提升教育质量，并重点面向中西部贫困地区、民族地区、边远地区、革命老区等教育基础薄弱、普及程度较低的地区，特别是集中连片特殊困难地区，家庭经济困难学生、残疾学生、进城务工人员随迁子女等特殊群体。另外，实施针对普通高中学生的资助政策，率先从建档立卡的家庭经济困难学生实施普通高中免除学杂费制度。

（四）高等教育培养提升行动

对于高等教育，教育部自2012年起，组织实施面向贫困地区定向招生专项计划，在普通高校招生计划中专门安排适量招生计划，面向集中连片特殊困难地区生源，实行定向招生，引导和鼓励学生毕业后回到贫困地区就业创业和服务。2013年教育部、国家发展改革委、财政部制定了《中西部高等教育振兴计划（2012—2020年）》，持续落实高等教育学生资助政策，振兴中西部高等教育。目前高等教育阶段已经建立起国家奖学金、国家励志奖学金、国家助学金、国家助学贷款、师范生免费教育、勤工助学、学费减免、"绿色通道"等多种方式并举的资助体系。确保贫困地区的学生能够接受优质高等教育。

（五）乡村教师支持计划和春潮行动计划

贫困地区师资队伍建设一直是制约教育发展的重要因素，国家在帮扶贫困地区师资队伍建设方面，主要通过开展包括特岗计划等在内的贫困地区师资支援行动以及以国培计划等为主线的贫困地区教师培训行动，不断优化和提升贫困地区师资队伍建设水平。2015年国务院办公厅印发《乡村教师支持计划（2015—2020年）》，并对改革实施"国培计划"提出了明确要求，即调整"国培计划"实施范围，集中支持中西部乡村教师校长培训，下移管理重心，强化基层教师培训机构参与，确保乡村教师培训的针对性和实效性。

2018年1月20日，中共中央、国务院发布《关于全面深化新时代教师队伍建设改革的意见》，这是新中国成立以来党中央出台的第一个专门面向教师队伍建设的里程碑式政策文件，将教育和教师工作提到了前所未有的政治高度，明确要求各级党委和政府从战略高度来认识教师工作的极端重要性。为加强贫困村学校教师培训力度，云南对省定510个贫困村150所小学，172所幼儿园园长、小学校长、在校教师依托国家、省、市教师教育网和教师教育基地，采取远程研修和集中培训相结合的方式，进行全员市级以上培训，要求培训学时不少于60学时。陕西省石泉县教体局和师训教研中心依托"国培计划"项目，以"乡村教师培训团队置换脱产研修""送教下乡培训""乡村教师网络研修与校本研修整合培训""乡村教师访名校培训""乡村中小学（幼儿园）校（园）长培训"等多个子项目为培训重点，面向全县乡村中小学和幼儿园教师、校园长开展培训活动。"国培计划"实现了乡村教师多学科、全学段覆盖培训目的，有效提高了乡村教师的能力素质。

"春潮行动"是为贯彻落实中央经济工作会议和中央城镇化工作会议精神，提高农村转移就业劳动者就业创业能力，根据《国家新型城镇化规划（2014—2020年）》和《国务院关于加强职业培训促进就业的意见》，按照国务院要求开展的面向新生代农民工职业技能提升计划。"春潮行动"实施的重点是面向农村新成长的劳动力，组织实施各具特色的职业培训和创业培训，使他们成为符合经济社会发展需求的高素质劳动者。

（六）教育结对帮扶行动与职业教育富民制度

党的十八大以来，教育部面向连片特困地区先后启动实施了多项结对帮扶政策，如面向11个集中连片特殊困难地区的帮扶政策、专门针对新疆南疆四地州、西藏和四省藏区的特殊政策等，通过组织教师培训、派出支教教师、教师交流等措施保障边疆地区的教育提升工程。另外内地民族班、少数民族预科班、少数民族高层骨干人才培养，以及高校对口支援等政策都得到了有效落实。

2012年出台的《关于扩大中等职业教育免费政策范围　进一步完善国家助学金制度的意见》，进一步加强中等职业学校免费补助金的管理，确保免学费政策顺利实施。从 2012 年秋季学期起，对中等职业学校全日制正式学籍在校生中所有农村（含县镇）学生、城市涉农专业学生和家庭经济困难学生免除学费，并给予全日制正式学籍一、二年级在校涉农专业学生和非涉农专业家庭经济困难学生每人每年 2000 元的国家助学金资助。这一政策已对连片特困地区农村学生实现了 100% 全覆盖。

为打赢脱贫攻坚战，实施精准扶贫，江西省按照国务院扶贫办精神，从 2013 年开始改革"雨露计划"的实施方式。其中九江市人社局与市扶贫办合作，打造"雨露计划"本地品牌，开办扶贫移民特色班，招收建档立卡贫困户和水库移民户年满 14 周岁的子女入学，对经扶贫办和市高级技工学校考评合格的学生，学校优先安排顶岗实习和毕业安置，"扶贫班"毕业生就业可获得基本保障，2016 年，该班在全市范围内招生 100 人，并对扶贫班学生全免学费、教材费，每人每年还给予 2000 元补助，连续补助两年，为参与培训的学生提供物质保障，实现了"培训一人、脱贫一户、致富一家"的目标。

四、我国教育扶贫的经验启示

党的十八大以来，党和国家始终将教育扶贫作为扶贫开发、扶贫助困的治本之策，在理论创新和实践实施方面做出了积极的探索，积累了宝贵的经验。

（一）教育扶贫必须坚持中国特色社会主义教育的本质特征

习近平总书记指出，"消除贫困、改善民生、实现共同富裕，是社会主义的本质要求，是我们党的重要使命"。扶贫是直接关系到我国是否走社会主义道路的根本性问题。共同富裕是中国特色社会主义的本质，是中国特色社会主义理论的重要组成部分。教育扶贫是阻断贫困代际传递、促进可持续发展的根本手段和重要途径，是治本之策。发展和改善贫困地区和贫困人口的教育事业，实现教育均衡发展和优质教育资源共享，充分体现了中国特色社会主义教育的本质特征和价值追求。

（二）教育扶贫要坚持机制创新

随着精准扶贫的不断深入，教育扶贫也必然要求从传统的救济式扶贫转向造血式扶贫，构建不同层次教育协调发展新机制。为此，我国在贫困地区推进学前教育普及化发展、义务教育全面化发展、高中教育多元化发展、高等教育深度化发展、职业教育优质化发展、继续教育终身化发展，以及特殊教育标准化发展，全方位提升贫困地区教育发展水平，为阻断贫困代际传递奠定坚实的基础。同时，优质教育资源共享也是教育扶贫的有效机制。开展跨地区战略性协作，携手打造共建共享共赢机制，将使更多的优质教育资源源源不断地输送到教育资源薄弱地区，更多的老师、学生将因此受益，教育扶贫工作进一步深化。

（三）教育精准扶贫需要方法创新

党的十八大以来，我国全面落实教育精准扶贫的基本方略，采取超常规政策举措，精准聚焦贫困地区的每一所学校、每一名教师、每一个孩子，启动实施教育扶贫全覆盖行动。第一，精准识别。教育扶贫必须精准识别工作对象，真正弄清楚每个家庭中优先扶持谁，才能更快脱贫，既要把现有的贫困家庭确定出来，又要把已经脱贫的家庭退出去，把返贫的家庭纳为帮扶对象。这是精准教育扶贫的基础性工作。第二，精准帮扶。依托建档立卡准确资料，对贫困家庭成员在义务教育、学历教育、职业教育及青壮年职业技能培训等方面，视其困难情况，开展针对性帮扶，助力贫困家庭中经济困难学生就学、就业、创业。同时，调动社会各方面力量，采取"一帮一"或"多帮一""一帮多"的方式，开展精准帮扶。第三，精准资助。我国已建立起了从学前教育、九年义务教育到高等教育"全覆盖，无缝衔接"的家庭经济困难学生帮扶体系，确保贫困家庭中的孩子"上得起学"。

（四）强化技能培训和就业创业能力提升

发挥职业教育助力脱贫攻坚的重要作用，面向重点地区、重点人群开展技能培训和就业创业能力，是教育精准扶贫的重要途径。一是面向贫困地区，加快发展农村职业教育，支持中等职业学校改善基本办学条件，开发优质教学资源，提高教师素质；举办内地西藏、新疆中职班，对口支援藏区中等职业教育。二是面向重点人群完善资助政策体系，实施好对贫困地区中职学生的免学费和国家助学金补助政策，确保资助资金有效使用；开展职业教育"求学圆梦行动"；加强农民工学历继续教育与非学历培训。随着《职业教育东西协作行动计划（2016—2020年）》的推进，西部地区职业院校与东部较发达地区职业院校之间深入开展校际合作、招生合作、劳务合作，提高了贫困地区职业教育人才培养质量和学生的就业创业能力。

（五）大力支持乡村教师专业发展

加强乡村教师队伍建设，既是教育扶贫的重要目标，也是教育扶贫的有力支撑，通过全面提高乡村教师思想政治素质和师德水平，拓展乡村教师补充渠道，提高乡村教师生活待遇，统一城乡教职工编制标准，职称（职务）评聘向乡村学校倾斜，推动城镇优秀教师向乡村学校流动，全面提升乡村教师能力素质，建立乡村教师荣誉制度等措施，有效解决当前乡村教师队伍建设领域存在的突出问题，吸引优秀人才到乡村学校任教，稳定乡村教师队伍，带动和促进了乡村教师队伍整体水平提高，为教育扶贫奠定了坚实的基础。

增强社会保障兜底扶贫功能

贫困是伴随人类社会历史发展而演化的复杂经济社会问题，中国政府长期重视贫困问题的解决。1986 年，中国建立扶贫开发领导小组及其办公室，拉开了有计划、有组织、规模化、制度化的扶贫开发的序幕，经历了近四十年的发展，取得了举世瞩目的减贫成就。党的十八大以来，我国扶贫工作进入脱贫攻坚的决胜阶段，剩余的贫困问题多是难啃的"硬骨头"。以习近平同志为核心的党中央高度重视扶贫工作，把贫困人口脱贫作为全面建成小康社会的底线任务和标志性指标，对脱贫攻坚做出一系列新的部署，提出了许多脱贫攻坚的精准措施，而社会保障扶贫是其中一个重要政策内容。全国各部门、各地积极实施并创新社会保障扶贫的方式和模式，社会保障扶贫对打赢脱贫攻坚战、在进一步缩小贫富差距，全面建成小康社会发挥了重要作用。

一、社会保障扶贫的背景与理论逻辑

贫困问题由来已久，其内涵随着时代的改变而不断发生变化，而且在不同国家、不同文化背景之下有所差异。我国的贫困问题不仅仅是生存需求无法满足，还表现为社会保护性需求的无法满足，解决生存需求问题的单一扶贫路径已经不能与反贫困要求完全契合。在脱贫攻坚战中，社会保障与脱贫攻坚之间存在密切的关联，社会保障兜底扶贫是精准扶贫精准脱贫的重要政策举措。

（一）社会保障视角下的贫困与贫困人群

贫困产生的原因一般可归为自身因素、自然环境和社会因素。贫困人口的特征包括了高度生理脆弱性，易受自然条件变化、社会转型、市场经济波动影响等等。从地域分布来看，我国的贫困多发生在山地、丘陵，或土地贫瘠的地区以及少数民族聚居区；就人口特征而言，贫困人口常表现为具有某些特殊社会特征或个人特征的群体，老人和儿童贫困是当前脱贫攻坚的难点所在。21 世纪以来，我国老龄化、高龄化问题逐步显现，老年贫困问题也愈发凸显。2013 年 6 月发布的《中国人口老龄化的挑战：中国健康与养老追踪调查全国基线报告》显示，我国老年人的健康状况随着年龄的增长急剧变差，老年人中面临身体健康问题者十之八九，其中经济贫困的老年人和独居老年人更是如此。贫困老年人是更为弱势的特殊群体，老年贫困主要源于老年人经济自立能力不足和外部经济支持不足。

由于低水平的收入、恶劣的生存环境，贫困人口与非贫困人口相比，营养不良、患病的概率更高，因此有更多的医疗服务的需要。在当前农村贫困问题中，因病致贫返贫是农村贫困人口致贫的主要原因之一。据统计，截至 2015 年底，因病致贫返贫的贫困户共有 838.5 万户，占贫困户总比例达44.1%，涉及近 2000 万人。在贫困人口中，"小病拖大、大病拖重"的现象普遍存在。当家庭成员患病时，家庭的财力资本直接受损，一方面患者的家庭不仅要支付直接的医疗支出，还需支付来往医院的交通费、陪同者的住宿费以及治疗后所必需的康复费用等等；另一方面家庭收入也会减少。在家中有人患病时，不仅患者本人中断了劳动、没有了工资收入，患者的家人为了照顾患者也不得不减少了外出工作的时间，其劳动收入同样也会减少。

随着市场经济体系的发展，从穷人内部的脆弱性以及外部面临的风险的角度来分析贫困表征和贫困成因，已成为一种重要且现实的视角。"脆弱性—风险—贫困"分析框架认为，一方面，许多贫困人口本身具有较高的脆弱性，外部环境中的风险对贫困人口造成的冲击比非贫困人口要大；另一方面，由于贫困人口缺乏社会安全保障机制，因而无法及时防范和化解风险。当社会风险造成的损失超过脆弱性人群的承受范围时，就会产生贫困。从这个角度分析，为贫困人口建立起完善的社会保障制度，是抵御其承受的社会风险和避免贫困再次发生的必要条件。

（二）社会保障体系框架

广义而言，社会保障可被理解为任何通过社会化的手段向社会成员提供的保护与帮助；狭义上来说，社会保障是国家或社会依法建立的、具有经济福利性的、社会化的国民生活保障系统。[1] 尽管国内外对于社会保障的定义的表述有差异，但基本上都认同：社会保障应当以政府为责任主体，以立法为依据，以保护社会成员免于遭受社会风险为目标，以提供现金、实物或服务等为手段。一般认为现代社会保障制度以 1834 年英国新《济贫法》的颁布为开端，时至今日，几乎所有的国家都建立起了符合本国国情的社会保障体系，社会保障的理念、形式和范围都发生了巨大的改变，但其本质仍是"社会性的保护措施"，因此社会保障制度天然就带有对于社会弱势群体的保护与关怀色彩。

改革开放以来，中国政府重视社会保障制度建设，努力补齐这块制度短板。从 1985 年的《中共中央关于制定国民经济和社会发展第七个五年计划的建议》第一次明确提出"社会保障的内容包括社会保险、社会救济、社会福利、社会优抚四个部分"，到 2010 年《中华人民共和国社会保险法》的颁布实施，再到党的十八大报告中将"社会保障全民覆盖"作为实现全面建设小康社会目标的新要求之一，社会保障制度体系逐步完善、国家对其重视水平逐步提升。随着脱贫攻坚战的打响，社会保障制度建设成为推进我国反贫困工作的重要措施，社会保障制度建设也迎来发展的重要阶段。

从国际社会保障事业的格局来看，社会保障制度主要以社会救助、社会保险、社会福利三大制度为包括贫困人口在内的全体社会成员提供各类保障。经过近 40 年的建设，中国目前已形成一套具有中国特色的社会保障制度体系：以社会福利、社会保险和社会救助为基础，以基本养老、基本医疗、最低生活保障制度为重点，以慈善事业、商业保险为补充。[2]

（三）社会保障扶贫的理论逻辑

社会保障制度兼具社会性和保护性，其中社会救助、社会保险和社会福利分别从不同的路径达到反贫困效果。在我国当前的脱贫攻坚战和未来的减贫战略中，作为减贫政策工具，社会保障直接且具体的扶贫济困功能愈发凸

① 郑功成：《社会保障学》，中国劳动社会保障出版社 2005 年版。
② 林闽钢：《社会保障如何在精准扶贫中发力》，《中国社会保障》2017 年第 4 期。

显。在当前脱贫攻坚进程中，中国社会保障制度具有预防贫困发生、提升生计资本、提供解困服务、社会兜底保障以及稳定社会发展等功能。

增强贫困人口生计系统的抗逆性，预防贫困发生。社会保障在预防贫困发生方面有着独特的作用。社会保障的贫困预防功能主要是通过社会福利和社会保险来实现。社会公共服务是社会福利的重要内容，其能够在贫困人口个体和社会整体两个层面同时减少风险的冲击。例如，免费体检可以降低大病发生率、免费午餐可以降低儿童营养不良率，从而在源头上减少家庭医疗支出。同时，社会保险制度，如城乡居民医疗保险制度、大病补充保险制度等，既能通过强制储蓄提升个人的抗逆性，也能创造出更安全稳定的社会环境，因此同样具有"防贫"的积极作用。

拓展贫困家庭或个人社会性生计资本，帮助贫困人口摆脱生活困境。社会福利制度涉及的内容和对象比较多样，它以普遍公共服务及特殊福利提升全体居民的生活质量和发展能力，使得社会保障兼顾减"贫"与解"困"。再者，社会福利通过投资于人力资本，能够帮助人们积累资产，并且能够带来收益。[1] 从基本需求上来说，社会福利制度是对那些通过社会保险与社会救助制度无法获得充分保障的群体的基本生存需求的满足；从精神方面来看，社会福利能够提高社会包容度和弱势群体的主观幸福感，而这些收益正是当前社会保障其他制度设计所无法带给贫困人口的。我国的社会福利制度主要包括老年福利、儿童福利、残疾人福利和妇女福利等子项目，是满足社会特殊群体需求、增加其精神慰藉和幸福指数的重要途径，其制度作用不可被替代。

为贫困人口建立最后一道保护防线，提供兜底保障。社会救助能够保基本，是低收入人群跌入贫困前的最后一道防线，具有兜底作用。社会救助制度在减贫当中，发挥了直接的、兜底性的作用，也是中国实现到 2020 年消除绝对贫困、全面建成小康社会目标的重要保障。一直以来，除开发式扶贫以外，对农村深度贫困人口发挥救助和兜底作用的政策主要是低保和五保制度，而随着 2014 年《社会救助暂行办法》的颁布，目前我国已形成"8+1"社会

---

① 林闽钢：《中国社会福利发展战略：从消极走向积极》，《国家行政学院学报》2015 年第 2 期。

救助体系；再者，低保与扶贫制度之间衔接的加强也有利于实现对深度贫困人口的切实兜底，防止对贫困人口的遗漏。

减少发展差距，稳定社会环境，促进社会发展。社会保障制度作为基本的社会制度，能够通过政府转移支付缩小因市场初次分配导致的收入差距，降低社会中的相对贫困程度。社会保障与国家税收发挥的再分配作用相似，但社会保障更有利于社会弱势群体、正外部性更强。同时，社会保障制度本身也可作为一种包容性经济增长的重要环境条件进而促进广泛就业、从而间接地缩小地区发展差距、减少不平等。可以说，社会保障制度是社会发展的"压舱石"，具有减少发展差距、稳定社会、促进发展的重要作用。

二、党的十八大以来我国社会保障扶贫的顶层设计

随着扶贫开发工作的不断推进，我国贫困问题的特征也不断发生变化，即从过去的同质性大范围的贫困转变为区域连片性、异质分散性贫困，从收入型贫困转变为支出型贫困，从有劳动能力的青年占多数的贫困转变为年老和缺乏劳动能力者占多数的贫困等。贫困的变化要求我国扶贫工作要有新站位、新战略。

（一）我国社会保障扶贫的基本定位

开发式扶贫是我国主流的扶贫方式，然而"扶贫开发"并不完全等于"开发式扶贫"，扶贫开发实质上包含"扶贫"和"开发"两个概念，前者明显具有帮扶的含义，而后者则是对贫困户和贫困地区的开发和发展。与20世纪的贫困现象不同，当前中国农村的贫困具有很强的"剩余"特点，贫困人口贫困程度较深、开发式扶贫的实施成本更高、见效难度更大。

精准识别是打赢脱贫攻坚战的重要前提，精准识别不仅包括精准识别贫困对象，还要精准识别贫困对象的致贫原因，如此才能对症下药，有效缓解贫困。目前，中国的贫困人口越来越向生理性贫困群体集中，而且疾病已成为重要的致贫原因。2017年国务院印发的《关于支持深度贫困地区脱贫攻坚的意见》中指出："剩余4335万贫困人口中，因病因学因残因灾致贫返贫……的群体规模大，补齐这些短板是脱贫攻坚决战决胜的关键之策。"2018

年 6 月，国务院针对当前的脱贫攻坚主要任务制定了《关于打赢脱贫攻坚战三年行动的指导意见》，要求"将开发式扶贫与保障性扶贫相统筹……发挥两种方式的综合脱贫效应"，再次强调了为贫困人口建立起综合性保障体系的重要性。在此背景下，社会保障制度顺应和契合了扶贫工作实际需求，已成为当前中国扶贫工作需要重点强化的领域。

2015 年，在北京召开的中央扶贫工作会议上，习近平总书记系统地阐述了"五个一批"扶贫工作组合措施，即发展生产脱贫一批、易地搬迁脱贫一批、生态补偿脱贫一批、发展教育脱贫一批和社会保障兜底一批。其中"社会保障兜底一批"，是指对贫困人口特别是其中完全或部分丧失劳动能力的人，通过社会保障政策措施来兜底。"五个一批"的提出不仅体现了我国当前扶贫工作遵循的因类施策的原则，而且也揭示了我国扶贫工作对于社会保障性措施的重视。

（二）我国社会保障扶贫的政策依据

2015 年 11 月 29 日，中共中央、国务院制定了《关于打赢脱贫攻坚战的决定》（以下简称《决定》），这是指导中国打赢脱贫攻坚战的纲领性文件。《决定》再次明确此前提出的"两不愁、三保障"的扶贫目标，这一标准与保障人民基本需求的社会保障制度密切相关，其中"三保障"的目标不仅是扶贫的新定位，也正视并提升了社会保障制度的地位，强化了完善社会保障制度建设的必要性，使社会保障制度成为中国国家治理制度建设的重要内容之一。

《决定》要求充分发挥社会保障减贫作用，提出了一系列的社会保障减贫的举措。在《决定》中，社会保障既是脱贫攻坚目标之一，又是脱贫攻坚政策举措之一。《决定》要求要在贫困地区建设县乡基层劳动就业和社会保障服务平台；完善农村低保、特困人员救助供养等社会救助制度；社会养老保险和医疗保险要向贫困人口倾斜；健全农村"三留守"人员和残疾人关爱服务体系，实现社会保障兜底等。《决定》还特别强调扶贫开发和农村低保制度均是我国反贫困的重要战略举措，要求做好两项制度的衔接，要求 2020 年之前确保贫困地区的低保标准要逐步达到贫困标准。

继《决定》之后，《"十三五"脱贫攻坚规划》(简称《规划》)又做出了一系列具体的、操作性的社会保障减贫的政策、项目和工作安排。《规划》重申了"两不愁、三保障"的贫困人口脱贫目标，明确了就业支持、居住安全、教育、医疗卫生、低保等领域社会保障扶贫的具体要求和内容，同时还提出注重健全社会救助体系与"三留守"人员和残疾人关爱服务体系建设，并且要求提高贫困地区基本养老保障水平。

（三）我国社会保障扶贫的制度创新

新时期的贫困问题呈现多维性和复杂性，这决定了当前的扶贫工作要打破单一部门负责的局面，需要实现跨部门的综合治理和协调合作，让扶贫在政府部门内部主流化。民政部、人社部、教育部、卫计委、残联等社会保障相关部门积极响应中央要求，相继出台了扶贫政策文件，例如2016年8月人社部印发的《关于在打赢脱贫攻坚战中做好人力资源社会保障扶贫工作的意见》。在这些政策文件的基础上，社会保障领域的相关政府部门进一步出台更为具体的脱贫攻坚的政策和制度安排（详见下表）。

脱贫攻坚以来社会保障相关部门扶贫政策文件

时间	政策文件名称
2015/09/17	民政部、国务院扶贫办等《关于做好农村最低生活保障制度与扶贫开发政策有效衔接的指导意见》
2016/06/21	卫健委等《关于实施健康扶贫工程的指导意见》
2016/08/12	人社部《关于在打赢脱贫攻坚战中做好人力资源社会保障扶贫工作的意见》
2016/08/25	发改委等《关于进一步完善社会救助和保障标准与物价上涨挂钩联动机制的通知》
2016/10/21	教育部等《普通高中建档立卡家庭经济困难学生免除学杂费政策对象的认定及学杂费减免工作暂行办法》
2017/01/16	民政部等《关于进一步加强医疗救助与城乡居民大病保险有效衔接的通知》
2017/02/10	残联《贫困残疾人脱贫攻坚行动计划（2016—2020年）》
2017/03/02	卫健委《农村贫困住院患者县域内"先诊疗，后付费"工作方案》
2017/04/06	教育部《关于做好2017年重点高校招收农村和贫困地区学生工作的通知》

（续表）

时间	政策文件名称
2017/04/21	卫健委等《健康扶贫工程"三个一批"行动计划》
2017/06/27	民政部等《关于支持社会工作专业力量参与脱贫攻坚的指导意见》
2017/07/03	教育部等《关于进一步加强全面改善贫困地区义务教育薄弱学校基本办学条件中期有关工作的通知》
2017/07/12	残联《关于做好贫困重度残疾人家庭无障碍改造工作的通知》
2017/07/31	卫健委等《关于印发"光明扶贫工程"工作方案的通知》
2017/08/01	人社部等《关于切实做好社会保险扶贫工作的意见》
2018/06/15	中共中央、国务院《关于打赢脱贫攻坚战三年行动的指导意见》

资料来源：根据相关网站公布信息查询整理。

　　社会保障领域相关部门分工协作，积极参与到扶贫工作中，利用部门优势出台了具体的有针对性的扶贫政策，发挥了显著的减贫功效。在社会保险方面整合城乡居民基本养老保险制度，提升医疗保险和养老保险的保障水平，并设立新的社会保险制度，从缴费负担、保障水平以及适用群体等方面改善社会保险，充分发挥社会保险扶贫功能。在社会救助方面，全面推行低保与扶贫两项制度衔接，全面建立困难残疾人生活补贴和重度残疾人护理补贴制度，同时实施医疗救助、临时救助等，为贫困群体建立兜底保障性防线。社会福利方面，在全国范围内基本建成针对经济困难的高龄、失能老年人的护理补贴制度；不断提升失能老人护理补贴和居家养老服务补贴水平，破解特殊群体的养老困境；普通高中建档立卡家庭经济困难学生免除学杂费；给予跨省务工的贫困劳动力交通补贴等。

　　中国目前已初步形成了包括社会保险、社会救助和社会福利三方面的多样立体的社会保障减贫的制度框架和政策体系，形成了中国特色的社会保障减贫模式。

三、党的十八大以来我国社会保障扶贫的地方实践

党的十八大以来，社会保障扶贫成为扶贫工作的重点方式之一，根据中央的社会保障扶贫顶层设计，省市县地方政府积极探索和实践，因地制宜地进行政策创新和模式创新。

（一）增强社会保障的减贫力度

政策具有实现工具性目标的功能，社会保障政策能够作为一种政策工具服务于农村减贫目标。由于地区间的社会发展程度、财政实力以及贫困特征存在差异，地方政府在建设本地区社会保障制度体系时，会基于中央政策的顶层设计因地制宜地做出适当的调整，以增强对贫困群体的政策支持力度。

1. 鼓励贫困人口参加社会保险

《农村扶贫开发纲要（2011—2020年）》中提出"实现新型农村社会养老保险制度全覆盖"是我国扶贫目标之一。目前城乡居民养老保险制度还没有实现目标人群的全覆盖，同时贫困地区的保障水平也亟待提高。为了更好地发挥这一制度的减贫作用，许多省份相继提高基本养老金的水平（详见下页表），部分地方政府实施了帮助贫困人口参加社会养老保险的优惠政策，由政府给贫困人口代缴部分养老保险参保费，例如江西省南康区从2015年起则已开始为本区所有建档立卡贫困户由区财政代缴养老保险参保费。[①] 此外，地方政府还会对建档立卡贫困人口参加城乡居民医保给予保费补贴。

对于贫困地区和贫困家庭而言，外出务工是一个重要的脱贫渠道，但贫困家庭劳动力外出务工时，因诸多原因，往往没有参加城镇职工养老保险，可能导致农民工养老保险参保空白。针对这一问题，一些地方政府大胆探索，如福建省于2017年1月开始实行贫困家庭劳动力参加居民养老保险补贴政策，即对实名制求职登记的贫困家庭劳动力参加居民养老保险的，根据相关

---

① 《2015年财政为贫困户代缴养老保险参保费的情况公示》，http://www.nkjx.gov.cn/zxjf/12345.jhtml，2015年11月30日。

规定，给予不低于最低标准养老保险费 50% 的补贴。①

2012—2018 年部分地区城乡居民养老保险基础养老金最低标准

（单位：元 / 人年）

省份	2012 年	2014 年	2016 年	2018 年
全国	660	840	840	1056
河南	840	900	936	1176
河北	660	840	960	1080
内蒙古	660	780	1020	1416
青海	660	1320	1680	2100
四川	840	840	900	1056*

注：四川省 2018 年城乡居民养老保险基础养老金具体数据缺失，以全国统一调整的城乡居民养老保险基础养老金水平代替。

数据来源：中国人民政府网和各省市民政厅官网。

一些地方政府针对现有的社会保险扶贫项目进行进一步的完善，例如增加医疗保障体系中可报销的病种。如湖南省人社厅于 2017 年起，对符合条件的农民工尘肺病患者提供专项医疗救治救助，以降低农民工因病失去劳动能力、陷入贫困的可能性。② 这些地方性的做法都是对推动贫困劳动力参加社会保险、弥补社会保险对贫困人口"漏保"问题的有效对策。

2. 推进低保和扶贫两项制度有效衔接

2007 年，农村低保制度在全国范围内建立起来。低保制度作为中国社会救助制度的最核心内容，是一种补差型现金救助制度，是政府为无法通过自身努力维持基本生活的群众提供的物质帮助，③ 其在整个社会保

---

① 《贫困家庭劳动力参加居民养老保险可享受补贴》，http://www.ndwww.cn/xw/ndxw/2017/0117/38353.shtml，2017 年 1 月 17 日。

② 《湖南农民工尘肺病患者可获专项医疗救助》，http://www.gov.cn/xinwen/2017-05-25/content_5196799.htm，2017 年 5 月 25 日。

③ 蒲宫光：《充分发挥农村低保的兜底作用》，《行政管理改革》2016 年第 4 期。

障体系中发挥着"兜底保障"的作用。党的十八大以来，我国农村低保范围不断扩大，保障水平逐年提升，从 2012 年的 2068 元 / 人年，提升至 2018 年的 4583 元 / 人年，2015 年时，我国农村平均低保标准就已超过国家扶贫标准（详见下表）。至 2018，年全国农村低保对象有 2038 万户，3695 万人。

农村低保年平均标准水平

（单位：元 / 人年）

指　　标	2012 年	2013 年	2014 年	2015 年	2016 年
农民人均纯收入	7977	8896	9892	11422	12363
贫困地区农民人均纯收入	4602	5389	6090	6828	8452
农村扶贫标准	2625	2736	2800	2855	2952
全国农村低保平均标准	2068	2434	2777	3178	3744

资料来源：作者根据国家统计局、国务院扶贫办和民政部网站历年公布的数据整理而成。

农村最低生活保障制度和扶贫开发两项制度衔接是当前社会保障扶贫工作的重要议题。目前，许多地区致力于标准线和信息库两方面衔接的探索创新，并取得一定成效。但两项制度衔接并非只是"两线合一"和"两库合一"，还涉及管理、制度、相关政策等方面的衔接。2017 年 7 月，海南省下发文件，将农村低保人员和特困人员全部纳入为扶贫政策的受惠对象，这两类人员的教育、医疗、住房保障政策待遇都与建档立卡贫困户享受同等标准；有劳动能力且有脱贫意愿的农村低保对象享受与建档立卡贫困户相当的产业扶持政策待遇。[1] 海南省出台的这一政策是地方对于进一步推进两项制度有效衔接的重要探索。

---

[1]《海南：农村低保人员、特困人员纳入扶贫政策受惠对象》，http://www.gov.cn/xinwen/2017-07/14/content_5210496.htm，2017 年 1 月 14 日。

3. 以福利供给提升贫困预防能力

地方政府通过提升补贴标准和补贴范围提高贫困户的贫困预防能力，补贴的项目包括就业培训补贴、教育补贴、高龄补贴、失能老人补贴、残疾人补贴以及能源补贴。例如 2016 年四川省人社厅出台意见，提出的补贴扶持政策包括：贫困家庭劳动者参加技能培训或创业培训后，取得职业资格证书的，给予一定的职业培训补贴和职业技能鉴定补贴；组织贫困家庭劳动者参加劳务品牌培训的免除培训费；贫困家庭劳动者参加技师培训项目，取得技师或高级技师职业资格证书的，给予 3000 元至 6000 元不等的补贴。[①]

目前，我国的扶贫政策优惠存在一定"悬崖效应"问题，帮扶措施主要瞄准建档立卡贫困户，贫困边缘群体难以享受帮扶措施。针对这一问题，部分地方政府将建档立卡系统以外的部分低收入人群也纳入为福利政策对象。例如：西安市低收入对象中年龄在 60 周岁以上（含 60 周岁）的失能人员每月可享受 260 元护理补贴；[②]内蒙古每年免费为低收入农牧户发放 1 吨冬季取暖煤；[③]山西省为每户低收入农户发放 300 元的取暖补贴。[④]此外，脱贫攻坚以来，我国还实施了一些以服务形式提供的社会福利政策，例如免费体检、贫困孕妇住院分娩服务，以及免费开展特殊疾病手术治疗等。这些措施的实施都有利于提高贫困人口的健康水平，减少贫困人口患病风险。

4. 完善贫困地区基本公共服务供给体系

《决定》中提出要健全留守儿童、留守妇女、留守老人和残疾人关爱服务体系，服务体系建设向贫困地区和贫困群体倾斜。健全农村社会服务体系是解决扶贫"最后一公里"问题的关键，符合基本公共服务均等化的原则，也为城乡一体化奠定基础。服务体系的建设具体涉及服务内容、服务队伍、服

---

① 《四川：19 条意见助推精准扶贫精准脱贫》，http://www.gov.cn/xinwen/2016-06/12/content_5081144.htm，2016 年 6 月 12 日。

② 《西安将提高失能老人护理补贴标准》，http://www.gov.cn/xinwen/2017-05/11/content_5192870.htm，2017 年 5 月 11 日。

③ 《跨上和谐发展黑骏马——内蒙古辉煌 70 年系列述评之民生发展篇》，http://www.gov.cn/xinwen/2017-08/05/content_5216127.htm，2017 年 8 月 5 日。

④ 《山西：今冬取暖期低收入农户每户补贴 300 元》，http://www.gov.cn/xinwen/ 2015-08/08/content_2910127.htm，2015 年 8 月 8 日。

务管理以及服务方式等。

提高公共服务的便利性有利于服务对象更好地获得服务，为此各地方政府致力探索新型的公共服务供给方式。例如成都市双流区人社局通过整合基层社保服务资源，构建了区、镇街、村社区"1+12+N"三级社保服务平台，将30项社保经办业务下沉至镇街、村社区，实现了全区镇街、村社区个体业务服务范围全域覆盖、服务项目全员覆盖，提升了社保公共服务的可及性、针对性和时效性，使社保公共服务直达民生末梢。[①]贵州省黔西南州郊纳镇打破了常规的部门管理和工作形式，推行"全科扶贫专干"工作制，在镇政府服务大厅为每一个村庄设立一个办事处，一人负责扶贫、民政和医保等事宜的不再是多个办事人员，而是由全科扶贫专干统一负责。这种跨部门、多层次的服务方式，既方便了群众，又提高了工作效率。

（二）探索社会保障扶贫新模式

在脱贫攻坚过程中各地社会保障相关部门还根据贫困人口的具体情况，因地制宜地探索和创新了一些新型的社会保障扶贫方式和模式。

1. 开发和提供公益性扶贫岗位

为提高贫困人口自食其力的能力，地方政府在扶贫当中鼓励公益性岗位的开发、为在岗位上就业的贫困人口提供岗位补贴，例如2016年6月四川省人社厅出台意见，鼓励乡镇大力开发孤寡老人和留守儿童看护、社会治安协管、乡村道路维护、保洁保绿等公益性岗位，对贫困家庭劳动者实行过渡性安置，确保每个贫困家庭至少有一人就业，并参照就业困难人员享受适当的岗位补贴。[②]

目前，我国扶贫中较为常见的公益性岗位类型是保洁员和护林员，职业类型并不丰富，无法满足地区的实际需求。近两年，山东省地方政府积极探索，推行公益岗位互助模式扶贫：针对有就业意愿和劳动能力但就业能力较

---

① 《成都双流：创新构建"1+12+N"三级社保服务体系》，http://sc.cnr.cn/sc/2014dfdt/ 20170727/ t20170727_523872146.shtml，2017年7月27日。
② 《四川：19条意见助推精准扶贫精准脱贫》，http://www.gov.cn/xinwen/2016-06-12/content_ 5081144.htm，2016年6月12日。

弱的建档立卡适龄贫困人口，设立四类互助性公益性岗位，即互助养老公益扶贫岗位、互助托幼公益扶贫岗位、互助照料病患公益扶贫岗位和互助助残公益扶贫岗位。[①] 这种互助式的公益岗位，一方面同时缓解了就业者的"贫"和服务对象的"困"，另一方面也有助于在社区内营造良好的互帮互助和谐氛围。

设立公益性岗位是重要的社会保障扶贫方式之一。由于相比于其他救助形式，公益性岗位这种积极的发展型社会救助对贫困人口具有更积极和深远的影响，其在当前扶贫中的运用增多、规模扩大。例如贵州省务川县通过实施"六个就业一批"工程，为搬迁群众提供了 2500 个就业岗位，其中公益性岗位 300 个，占比 12%。

2. 开发多样化的扶贫政策保险

风险无处不在，疾病、衰老以及农业生产等，都可能包含着风险。当前农村地区实施的社会保险制度主要包括城乡居民养老保险（包括新农保）、城乡居民医疗保险（包括新农合）以及大病保险，其分别旨在降低老年和疾病风险。贫困户中劳动力大都从事农业相关的行业，其收入情况与自然环境息息相关。国家统计局农村社会经济调查总队调查的结果表明：自然灾害是大量返贫的主要原因，2003 年的绝对贫困人口中有 71.2% 是当年返贫人口。在当年返贫农户中，有 55% 的农户当年遭遇自然灾害，有 16.5% 的农户当年遭受减产 5 成以上的自然灾害，42% 的农户连续 2 年遭受自然灾害。[②] 由于收入水平低且波动性大，贫困家庭抵御风险冲击的能力远不及非贫困家庭，自然灾害和人为意外事故都可能对贫困家庭造成沉重打击。为此，部分地区在政策性保险扶贫方面展开探索，试图为贫困人口编织一张更能全面抵抗风险的保险安全网。

河南省兰考县政府与保险机构合作，为贫困户投保了 6 个生活风险保障类

---

① 《山东面向农村推行公益岗位互助扶贫模式》，http://www.gov.cn/xinwen/2017-06/26/content_5205477.htm?gs_ws=weixin_636386547877820782&from=timeline，2017 年 6 月 26 日。

② 国家统计局农村社会经济调查总队：《2003 年全国扶贫开发重点县农村绝对贫困人口 1763 万》，《调研世界》2004 年第 6 期。

项目和 10 个生产风险保障项目，①并探索打造"协办农险带脱贫"的"农险＋就业"扶贫模式，在大大降低了贫困户的人身风险和生产风险的同时，通过从农村贫困人口中培训吸纳助理协保员和宣传员，为贫困人口直接提供了就业岗位。② 2018 年，河北省张北县扶贫办与商业保险公司签署协议，为非贫低收入户、非高标准脱贫户两类"易贫人群"购买了"防贫保险"，按照每人每年 150 元的标准、合计 435 万元筹资建立"防贫保险基金"，上述两类目标人群中凡有因病、因病、因学、因灾四种原因所导致的返贫或有重大支出的情况，由防贫基金按比例予以报销。张北县以防贫保险基金为核心建立的"防贫圈"同时为建档立卡贫困人口和靠近贫困线的低收入人群提供了包容性的、综合性的保障方案。其他地区类似的综合性保障扶贫措施还包括宁夏"扶贫保"模式以及辽宁阜新"政银保＋人寿保＋医疗保"模式，等等。

3. 探索资产收益扶贫

《决定》中将资产收益扶贫纳为我国重要的扶贫方略之一。资产收益扶贫是在不改变用途的情况下，财政专项扶贫资金和其他涉农资金投入设施农业、光伏、乡村旅游等项目形成的资产，具备条件的可折股量化给贫困村和贫困户，尤其是丧失劳动能力的贫困户。

各地方政府将资产收益的水平与贫困户贫困特征相挂钩，探索更为公平长效的资产收益扶贫方式。淄博市部分贫困村积极运用资产收益方式开展扶贫，将扶贫资金用于发展乡村旅游业、果蔬种植、食品加工和观光农业等，在收益分配方面，考虑贫困户的贫困深度差异（特困户、中等户和一般户）和扶贫资金来源等，设立多样化的股权结构，按照扶贫资金来源的不同分为"奔康股"、"扶贫股"和"后备股"，贫困户依据股种和股数定期获得分红，且股权由贫困户长期持有。

享受资产收益扶贫的贫困户，仅凭扶贫资金入股即可获得收入，因此资

---

① 《脱贫路上零风险 河南兰考整县扶贫上"保险"》，http://henan.people.com.cn/n2/2016/0325/c356896-28009094.html，2016 年 3 月 25 日。

② 《河南推出"农险＋就业"扶贫项目》，http://www.gov.cn/xinwen/2017-07/14/content_5210479.htm，2017 年 7 月 14 日。

产收益扶贫可以被归为一种新形式的社会福利。另外，由于资产收益扶贫是一种优先倾向于弱能、失能贫困群体的分配制度，所以可以说资产收益扶贫是一种半福利半救助的扶贫措施，具有明显的社会帮扶意义。

四、我国社会保障扶贫的理论贡献与经验启示

中国是全球最早实现千年发展目标中减贫目标的发展中国家，为全球减贫事业做出了重大贡献。党的十八大以来，我国确立了到 2020 年现有标准下的农村贫困人口实现脱贫的扶贫目标，党和政府为实现这一目标而不懈努力。党的十八大以来社会保障扶贫模式的探索丰富了中国特色扶贫理论和政策体系。

（一）正视和回应穷人多样化需求

一些发达国家的数据显示，社会保障水平高的国家，其贫困发生率较低，反之亦然。[1]社会保障作为一项公共产品，应能够满足人们的基本需求，保障其基本生活。但基本需求并不等同于仅有物质和生存需求，而是兼具生存与发展的多样化需求。

在当前贫困问题中，贫困的多维性愈发明显。要想长效解决贫困问题，还需要通过社会保障制度的建设和完善以及向贫困人口政策倾斜，构建一个包容性增长的社会环境，满足贫困群体基本生存和医疗、教育、就业等公共服务的多样化需求。中国已在社会保障体系和公共服务建设上投入大量人力物力，并且取得显著成效，社会养老保险和医疗保险基本实现全覆盖，贫困地区的基础设施和基础服务水平大大提高，但社会保障促进贫困人口发展的功能有待进一步发挥。在未来社会保障反贫困中，应当完善医疗报销制度，切实解决低收入人口的疾病治疗和医疗报销问题，形成稳定的就业环境，建立覆盖农民工群体、灵活就业人员及贫困人口和低收入人口的就业保障体系。

（二）强化开发式与保障性扶贫的衔接

开发式扶贫是对传统救济式扶贫的提升，是一种中国特色的扶贫经验。

---

[1] 高霖宇：《发达国家社会保障水平与收入分配差距关系及对中国的启示》，《地方财政研究》2011年第7期。

1986 年，我国开始全面实行开发式扶贫战略，从 1986 年 1.31 亿极端贫困人口数量降低至 2016 年的 4335 万人，开发式扶贫成效显著。扶贫新时期以来，我国致力于构建大扶贫格局，这是对传统扶贫方式的突破和深化。大扶贫格局不仅意味着扶贫主体多元化、扶贫措施多样化，也意味着需要重新认识扶贫对象。对于扶贫对象的重新认识应不再强调扶贫对象有无"劳动能力"，而是突出"贫困人口"的新概念。在新概念中，身体残疾和年老并不意味着劳动能力的全丧失，即便是低保对象中，也有一部分群体可以再充分激励其脱贫的主观能动性，将其纳入扶贫开发的支持范围。

当前贫困问题呈现出新的特征要求包括社会保障、社会权利救济在内的社会保护式扶贫发挥作用。在发达国家，社会保护已经成为国家反贫困的支柱政策。不同于欧洲发达国家广覆盖、高水平的福利体系，中国以扶贫开发和低保兜底共同应对贫困问题，虽然当前中国两项制度在标准和对象上已有了明显的衔接效果，但两项制度在收入内涵认定、配套政策等多方面的衔接仍存在障碍，需要各级政府持之以恒着力破除。未来反贫困措施，应当保护与开发相互咬合形成开发式扶贫与保护式扶贫并驾齐驱的格局，由此才能形成长效脱贫机制。

（三）创新拓展社会保障扶贫的模式

扶贫新时期以来，社会保障的反贫困功能愈发受到重视，而如何充分发挥这一功能还需要不断的探索和研究。目前，中国社会保障制度建设并不成熟，尚处于不断优化、发展之中，学习和借鉴其他国家的社会保障反贫困经验和模式具有重要意义。从全球范围来看，社会保障减贫经验和模式总在随时代而变，在不同国家和不同地区，社会保障反贫困的具体方式依照其社会保障制度所遵循的发展路径不尽相同。因此，学习借鉴他国经验不适宜完全照搬，必须结合本国国情和地区特征而本土化。目前，我国已采取了一系列措施挖掘社会保障的反贫困功能，例如逐步提升低保水平、社会福利水平、养老保险和医疗保险报销水平，建立公益性岗位扶贫以及创新资产收益扶贫等，历史上的"以工代赈"项目也是中国社会保障减贫的范例，这些举措都体现了中国社会保障扶贫的特色。

（四）增加贫困人口的社会服务供给

习近平总书记始终将人民置于发展的主体地位，提出"以人民为中心"的发展理念。在脱贫攻坚阶段，政府也要紧紧围绕这一发展理念，设计更符合贫困人口需要的服务内容，探索更便捷的服务供给方式。扩大社会保障制度在基层的"一站式服务平台"的覆盖范围，有利于减少贫困人口因不理解、不知道帮扶政策而无法获得政府帮助的问题，进而有利于为贫困人口设计的社会保障政策落到实处，最终能够进一步增强社会保障减贫促发展的作用。在提供便利的公共服务供给方式的同时，也要强化公共服务队伍建设。中国农村地区的社会工作发展滞后、专业人才缺乏，可以大力培养"全科型"的扶贫社会工作队伍服务于农村贫困人口的发展需要。如此，通过在服务内容、服务方式、服务团队等多方面强化基层的社会服务能力，使发展结果更好地惠及贫困人口，带动贫困人口脱贫致富。

后 记

党的十八大之后，以习近平同志为核心的党中央把贫困人口脱贫作为全面建成小康社会的底线任务和标志性指标，作出一系列重大部署。习近平总书记亲自部署、亲自挂帅、亲自出征、亲自督战，以前所未有的力度推进。经过全党全社会共同努力，脱贫攻坚取得决定性进展，5年平均每年减少贫困人口1370万，贫困县摘帽100多个，贫困地区群众生产生活条件明显改善，贫困群众收入水平明显提高，获得感明显增强，全社会合力攻坚局面基本形成，中国特色的脱贫攻坚制度体系不断完善。

党的十九大以来，党中央把精准脱贫作为决胜全面建成小康社会的三大攻坚战之一，继续响鼓重锤、高位推进。2018年2月12日，习近平总书记在打好精准脱贫攻坚战座谈会上发表重要讲话，对扶贫干部教育培训工作作出重要指示，总书记指出，"打好脱贫攻坚战，关键在人，在人的观念、能力、干劲"，"贫困地区最缺的是人才"。"今年，要突出抓好各级扶贫干部学习培训工作"。中央组织部、扶贫办认真贯彻落实总书记重要指示精神，中共中央组织部、国务院扶贫办印发《关于聚焦打好精准脱贫攻坚战 加强干部教育培训的意见》，全面部署对贫困地区党政干部、部门行业干部、扶贫系统干部、帮扶干部、贫困村干部进行分类分级培训，实现全员培训、精准培训。地方各级党委政府及组织、扶贫部门，加强统筹谋划，加大工作力度，加快推进速度，增强针对性、实效性，开创了扶贫干部教育培训工作的崭新局面。据统计，2018年上半年，28个省区市和新疆生产建设兵团共组织开展各类脱贫攻坚培训8737期，培训384.7万人次。

2018年8月，中共中央组织部、国务院扶贫办分别召开东、中、西部省区市脱贫攻坚干部教育培训工作推进座谈会，与会代表普遍反映，各地缺乏全国脱贫攻坚干部培训基础性教材。为加强干部培训体系建设，满足各地开展扶贫干部大培训的需要，经国务院扶贫办办务会批准，国务院扶贫办政策法规司、全国扶贫宣传教育中心在征求各省（区、市）扶贫办和有关方面意见的基础上，与中国出版集团研究出版社联合开发《脱贫攻坚干部培训十讲》《脱贫攻坚前沿问题研究》两本脱贫攻坚干部培训基础教材，列入全国扶贫教育培训教材系列（第二批）。

两本教材以《习近平扶贫论述摘编》为根本遵循，《脱贫攻坚干部培训十讲》主要针对脱贫攻坚的基础性问题进行讲解，《脱贫攻坚前沿问题研究》针对当前脱贫攻坚的前沿问题进行研究探讨。

本书由国务院扶贫办政策法规司、国务院扶贫办全国扶贫宣传教育中心组织编写。承担本书各前沿问题研究的专家均有长期从事扶贫领域理论实践研究的积累。黄承伟负责全书总体策划、拟定编写大纲和编写规范、指导各报告修改、审定书稿。参加本书各报告或论文编写的专家分别是（按书中问题排序）：李海金、贺青梅，吕方、袁泉，覃志敏，苏海，左停，游俊、丁建军，谢玉梅，向德平，陆汉文、刘晓山、骆艾荣，王晓毅，李小云，刘杰，李兴洲，左停。王晓毅、张琦、李海金、陈琦、吕方、刘杰、袁泉、刘欣、公丕宏和宣教中心的骆艾荣、刘思圻、阎艳完成了统稿、审稿工作。

感谢国务院扶贫办领导、各司各单位主要负责同志审阅书稿并提出审读意见，感谢社会扶贫司周晓云、张伟、安珣同志对于社会扶贫相关内容的修正，感谢中国出版集团研究出版社赵卜慧社长和社长总编办、重大题材项目部张博主任及该社编审团队的大力支持和专业指导，感谢承担撰稿、统稿、审稿的各位专家的辛勤付出。

脱贫攻坚内涵丰富、涉及领域广、政策性强，因各种原因，本教材难免有疏漏之处，敬请广大读者批评指正。

本书编写组
2018 年 9 月

本书作者名录

1.《中国扶贫脱贫的历史进展与发展趋向》
中国地质大学（武汉）马克思主义学院教授　李海金
2.《国家贫困治理体系的创新与完善》
华中师范大学社会学院副教授　吕方
华中农业大学文法学院副教授　袁泉
3.《创新精准扶贫方略落实的工作机制》
广西大学公共管理学院讲师　覃志敏
4.《深度贫困问题综合治理的理论与实践》
山东女子学院社会与法学院讲师　苏海
5.《相对贫困治理的理论与实践》
中国农业大学人文与发展学院教授　左停
6.《脱贫攻坚与乡村振兴有效衔接》
吉首大学党委书记、教授　游俊
7.《建立稳定脱贫长效机制》
江南大学商学院教授　谢玉梅
8.《大扶贫格局中的社会扶贫参与》
武汉大学社会学系教授　向德平
9.《东西部扶贫协作创新发展》
华中师范大学社会学院教授　陆汉文
10.《干部教育培训助推脱贫攻坚实践》
全国扶贫宣传教育中心副主任　刘晓山
全国扶贫宣传教育中心处长　骆艾荣

11.《驻村帮扶打通扶贫"最后一公里"》

　　中国社会科学院社会研究所研究员　王晓毅

12.《参与式扶贫的制度化与本土化》

　　中国农业大学人文与发展学院教授　李小云

13.《益贫导向的特色产业扶贫路径》

　　华中师范大学社会学院副教授　刘杰

14.《教育精准扶贫阻断贫困代际传递》

　　北京师范大学教育学部教授　李兴洲

15.《增强社会保障兜底扶贫功能》

　　中国农业大学人文与发展学院教授　左停